Der Mensch im virtuellen Zeitalter

Darmstädter Theologische Beiträge zu Gegenwartsfragen

Herausgegeben von Walter Bechinger
und Uwe Gerber

Band 9

PETER LANG
Frankfurt am Main · Berlin · Bern · Bruxelles · New York · Oxford · Wien

Susanne Dungs
Uwe Gerber
(Hrsg.)

Der Mensch im virtuellen Zeitalter

Wissensschöpfer oder Informationsnull

PETER LANG
Europäischer Verlag der Wissenschaften

Bibliografische Information Der Deutschen Bibliothek
Die Deutsche Bibliothek verzeichnet diese Publikation in der Deutschen Nationalbibliografie; detaillierte bibliografische Daten sind im Internet über <http://dnb.ddb.de> abrufbar.

Frontispiz:
Albrecht Genin: „Fischhüter".
Holzschnitt 1993, 30 x 30 cm, Blatt 60 x 50 cm
(Mit freundlicher Genehmigung der
Galerie Horst Dietrich, Berlin)

Gedruckt mit freundlicher Unterstützung
der Evangelischen Kirche in Hessen und Nassau.

ISSN 0948-4736
ISBN 3-631-51167-1

www.peterlang.de

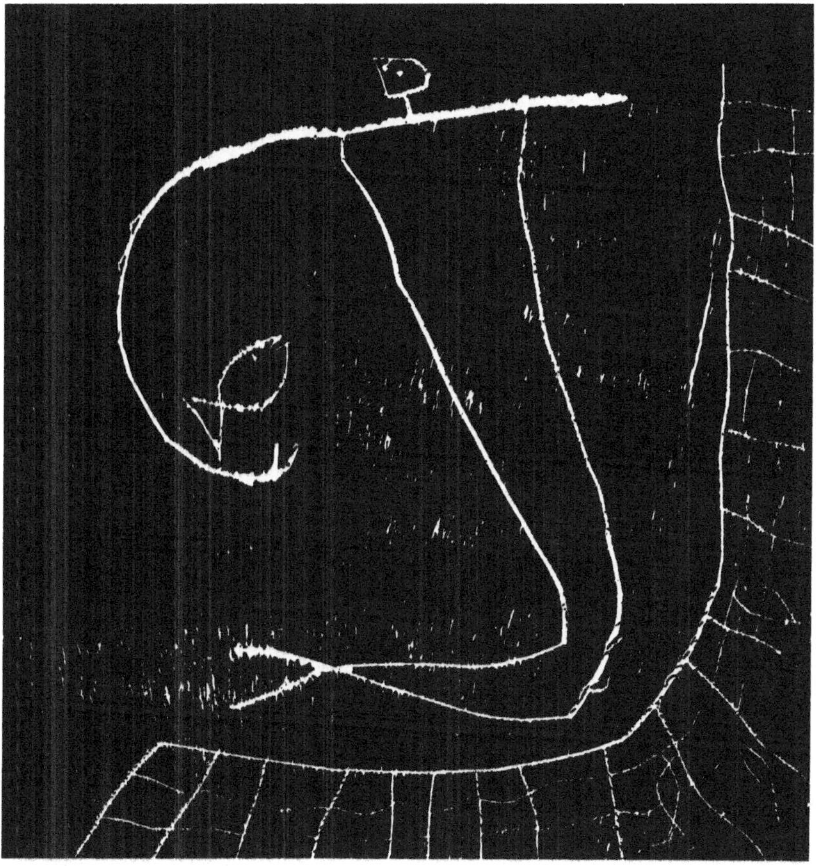

Inhaltsverzeichnis

Menschliches und Zwischenmenschliches

Ästhetisches

Vorwort

Sie haben einen Sammelband zu grundlegenden und zu hochaktuellen Problemen und Fragen der Informationsgesellschaft vor sich. Einige der vorliegenden Beiträge wurden während des Symposions „Information – Virtualität – Cyborg“ des Vereins für Ethische Urteilsbildung am 14./15. Februar 2003 in dem Religionspädagogischen Studienzentrum in Schönberg/Taunus gehalten und diskutiert. Im Nachgang zu diesen Diskussionen wurden weitere Experten und Expertinnen um Beiträge gebeten, damit ein interessantes Panorama der Problematik „Informationsgesellschaft“ entstehen kann.

Wir danken den Autoren und Autorinnen für ihre Mitarbeit, dem Künstler Albrecht Genin und der Galerie Dietrich in Berlin für die Abdruckgenehmigung der „Netz-Arbeiten“ und dem Verein für Ethische Urteilsbildung für einen Druckkostenzuschuss. Allen Lesern und Leserinnen wünschen wir eine aufregende und anregende Lektüre. Wir sind für Rückmeldungen dankbar, da diese Debatte weitergeführt werden muss.

Susanne Dungs Uwe Gerber

Darmstadt, den 1. September 2003

Einleitung

Die in diesem Sammelband zusammengestellten Aufsätze beschäftigen sich mit Auswirkungen der Informationsgesellschaft auf unser Selbst- und Weltverhältnis. Der gemeinsame Nenner der Aufsätze ist die Beschreibung und Analyse von Veränderungen, mit denen wir durch neue Medien konfrontiert sind. Wir wollten diesem Prozess auf die Spur kommen, ein Panorama eröffnen. Nicht wenige Aufsätze haben dazu die Ethik der „Spur des Anderen" von Lévinas herangezogen. Je nach Disziplin und Forschungsschwerpunkt nähern sich die Aufsätze dieser Problematik jedoch auch ganz verschieden, so dass wir vier Schwerpunkte der Auseinandersetzung gebildet haben. Unter GESELLSCHAFLTICHES finden sich Beiträge von *Uwe Gerber, Hardy Frehe* und *Hubert Meisinger*. Die Autoren fragen nach Transformationen, die sich im Blick auf das Gesellschaftliche, Politische, Öffentliche und Private abzeichnen. Zum Bereich RELIGIONSPÄDAGOGISCHES sind Beiträge von *Bernd Beuscher*, *Astrid Dinter* und *Andreas Mertin* zusammengestellt, die sich aus der Sicht der Religions- und Medienpädagogik dem Themenbereich neue Medien nähern. Im dritten Schwerpunkt MENSCHLICHES UND ZWISCHENMENSCHLICHES sind die Beiträge von *Eric Mührel*, *Susanne Dungs* und *Markus Hundeck* zusammengefasst. Sie fragen nach Modifikationen, die sich in Bezug auf unsere Bilder vom Menschen und seinem Verhältnis zur Alterität ergeben könnten. Viertens schließlich kommt unter ÄSTHETISCHES durch *Birgit Käufer* und *Dietrich Zilleßen* die Kunst im Sinne von Wahr-Nehmung (aisthesis) zu Wort, da traditionelle Medien, wie die Fotografie, durch die Nutzung digitaler Medien in einem anderen Licht erscheinen.

I. GESELLSCHAFTLICHES

Welches Spiel spielen die Neuen Medien mit uns und wir mit ihnen? *Uwe Gerber* unternimmt einen Gang durch die diversen ambivalenten Phänomene der Informationsgesellschaft. Er stellt den *wahrnehmungs- und gesellschaftskritischen Überlegungen* sein von der Theologie Luthers und der Religionsphilosophie Lévinas' inspiriertes Menschenbild voran. So lässt er Goethes Faust zu Wort kommen: „Zwei Seelen wohnen, ach! in meiner Brust". Die beiden Seelen bedeuten für *Gerber*, dass wir zugleich in zwei Reichen leben, dem der Wirklichkeit und dem der Möglichkeit. Wirklichkeit bedeutet, dass uns – wie aus dem Nichts – Mitmenschen, Luft, Licht, Nahrung immer schon geschenkt wurden. Im Reich der Möglichkeit dagegen antworten wir auf dieses Geschenk, sind fasziniert und erschrocken, versuchen uns gegenüber dem uns Vorausgegangenen zu inszenieren oder gar zu verschließen. Die Vorstellung von den beiden aufeinander bezogenen Reichen unter uneinholbarer Prävalenz der (göttlichen) Wirklichkeitsdynamik liefern das Konstrukt für *Gerbers* Verortung von Wahrnehmung und kritischer Deutung. Durch seine Zeilen klingt die Hoffnung hindurch – die er eingangs als These formuliert –, dass trotz der vielen Möglichkeiten, die von den neuen Medien versprochen werden, die dazu quer liegenden Optionen offen bleiben, um dem Trend zur Selbstabschließung der Medien und damit des Menschen entgegenzuwirken. Diese anderen Optionen speisen sich aus den Erfahrungen, „dass wir den uns begegnenden anderen Menschen nicht verstehen, einholen, einverleiben können, indem auf unserer Seite immer Narzissmus, Beschlagnahmung, Bilder, so etwas wie Klonen des anderen Menschen mitlaufen, und dass auf der Seite des anderen Menschen eine Eigenständigkeit aufleuchtet, die vor unserem Wahrnehmen existiert, die unser Werten des Anderen schon immer durchstreicht, die uns als Bilder-Verbot gegenübertritt." Nur, wie kann ein Wahrnehmen dieser ambivalenten Erfahrungen in der postmodernen Mediengesellschaft gelingen, die keine 'große Erzählung' mehr zu bieten hat, von der aus Einspruch gegen den „Medien-Zwang" und den mit ihm verbundenen Risiken erhoben werden könnte? Auch im Blick auf diese Frage wählt *Gerber* den Weg der Ambivalenz. Zwar können einerseits die vier „Betreiber", die das „anonym-logifizierte Medien-System" steuern, identifiziert werden: Wissenschaften, Medien, Wirtschaft und Politik. Andererseits aber ziehen sich diese Instanzen in eine „organisierte Unverantwortlichkeit" (Beck) zurück. Zudem scheint es die politisch interessierten Bürger und Bürgerinnen derzeit nicht zu geben, gegenüber denen sich die „Betreiber" zu verteidigen hätten. Sind die Einzelnen schon so sehr zur „Informationsmonade verplattet"? Der letzte Rest kritischen Potentials könnte schon aufgesogen worden sein von den Energien, die der Einzelne für sein Funktionieren und Inszenieren in der komplexen Mediengesellschaft aufwenden muss, so dass er oder sie die erleichternde Wellness-Bewegung einem Politisch-Bewegtsein vielleicht vorzieht. Bleibt am Ende nichts anderes als die „Selbstunterwerfung unter die Zwänge einer pseudo-vereinheitlichenden Medien-Welt", gekoppelt an den Glauben, der Wirklichkeit, wie sie wirklich ist, damit ein Stück näher gekommen zu sein? *Gerber* zeigt sich insgesamt sehr skeptisch ob aller Verheißungen der Medien-Szene. Seiner Ansicht nach ist dasicht nach ist damit – in einem sehr politischen Sinne – eine „Entwertung des Menschen“ verbunden, die dazu führen könnte, dass wir uns in eine Ansammlung von Wesen verwandeln, die nicht erwachsen werden wollen, „weil wir unsere Verlassenängste, Schuldgefühle und Allmachtsphantasien lieber regressiv-infantil und mit autistischem Touch aufbereiten, als körperlich-sinnlich, interpretatorisch-nachdenklich und sozial-kommunikativ zu uns selbst zu stehen“.

Hier schließt sich der Beitrag von *Hardy Frehe* gleichsam anwendungsorientiert an: Wer kennt es nicht, in Behörden, Kaufhäusern, Banken, auf großen Plätzen: das Gefühl der Sicherheit durch Videoüberwachung. Wem es nicht schon einmal unangenehm aufgefallen, körperlich schmerzhaft und emotional wie eine Fesselung: eben dieselbe Videoüberwachung öffentlicher Räume, diese Schließung von Räumen und Plätzen und diese filmische Aufbewahrung von Menschen. *Frehe* macht sich auf solche Spurenverfolgung am Beispiel der neuen Qualität der Videoüberwachung seit 2000 in Leipzig. *Frehe* bezieht sein (auch in den meisten anderen Beiträgen thematisiertes) Plädoyer für die „leere Mitte“ und gegen „fatale Schließungsbewegungen“ sowohl auf den einzelnen Bürger und Bürgerin als auch auf die Gesellschaft: „Der die Alterität abschneidende kategoriale Zugriff bei der Videoüberwachung und die sich der Sicherheitstechnologien bedienenden Versuche, den öffentlichen Raum mittels struktureller Gewalt von urbaner Irritation zu befreien und dabei eine als Medium zu verstehende Überwachungsinfrastruktur aufzubauen, untergraben das Fundament einer offenen Gesellschaft durch die dadurch beförderte Konformität (Selbigkeit) und den Verlust der Unbefangenheit“. Die Ambivalenz von Offenheit und Integration, von Bewegungsfreiheit und still stellender Sicherheit, von „leerer Mitte“ und technokratischer Kontrollierbarkeit scheint bei uns schleichend zu kippen. Sowohl die Unendlichkeitsdimension „der leiblich-personalen Begegnung als auch die Sterblichkeit und Endlichkeit der einzigartigen Subjekte werden negiert. Pluralität geht verloren.“ Für Frehe leitend ist bei dieser kritischen Sicht der All-Überwachung das „Verständnis von der leeren Mitte des Sozialen und des Selbst, die zwar beständig des Einschließens in einer Form bedarf, aber ebenso durch Offenheit charakterisiert ist“. Wo diese Ambivalenz der „leeren Mitte“ unter der Priorität der Offenheit verloren zu gehen droht im derzeit grassierenden Prozess fataler Schließungsbewegungen, da ist Prostest im Namen des Anderen und für den Anderen angesagt.

Hubert Meisinger entfaltet in seiner Predigt vier grundsätzliche Thesen zur postmodernen Medien-Gesellschaft: dass Leiblichkeit und mit ihr sinnliche Wahrnehmung verschwinden, dass damit auch der konkrete Andere und die andere Natur als Schöpfung zurücktritt und die Gefahr eines Autismus droht, dass Selbstständigkeit und damit verbunden Lebensweisheit verloren gehen und dass schließlich Zukunft als nicht herstellbare Zukunft ausgelöscht wird. Demgegenüber kann Lévinas aufgerufen werden: „Einem Menschen begegnen heißt, von einem Rätsel wachgehalten werden".

II Religionspädagogisches

Der Gewinn von *Bernd Beuschers* kritischer Darstellung medialer Technologien mit der Fokussierung auf das techno-eschatologische Heilsbild der einen Großen Maschine liegt in dem Hinweis, dass der postmodernen Medienkultur nicht durch die Kontra-Anstrengung eines sich ideologiekritisch konstituierenden ästhetischen Subjektes beizukommen ist. Die traumatischen Irritationen, so nimmt er mit Nietzsche an, führen ihr passendes Gegen- oder Heilmittel mit sich, „dies favorisiere ich auch im Blick auf eine religionspädagogische Kompensation von Multimedia-Technologien. Auf der Basis eines vitalen Optimismus im Sinne kreativer Balance von Risiken und Nebenwirkungen scheint es legitim und notwendig, auf letztere hinzuweisen". Es gibt eben keine postmoderne subjektzentrierte Gegenstrategie.

Astrid Dinter wendet sich gegen die grundsätzliche christlich-kirchliche Technik-Feindlichkeit, die auch in der Studie des Kirchenamtes der Evangelischen Kirche in Deutschland „Die neuen Informations- und Kommunikationstechniken" von 1985 zum Vorschein kommt, obwohl im Untertitel neben Gefahren und Aufgaben verantwortlicher Gestaltung auch Chancen mindestens angedeutet werden. Jugendliche erfahren, so arbeitet *Dinter* in einem phänomenologisch orientierten Zugriff heraus, im Umgang mit dem Computer und anderen neuen Medien Identität und Selbstbildung. In Schule und Freizeit erschließen sie sich per Internet Wissen und Informationen. Sie kommunizieren miteinander per Mail, Chat, Handy. Jugendlichen gelingt es, „sich jenseits des Alltags im virtuellen Raum – ähnlich wie bei den Spielen – als kompetent und machtvoll zu erleben". Andererseits müssen sie lernen können, mit der Informationsflut, den vielfältigen Angeboten und den Desinformationen umzugehen, unter Beachtung von

Schicht-, Bildungs-, Geschlechterdifferenzen. „Daher besteht die Herausforderung für die Religionspädagogik sowohl bezüglich des schulischen Unterrichts als auch bezüglich der außerschulischen Jugendarbeit darin, die genannten Phänomene im Kontext der Computernutzung Jugendlicher unterstützend und aufklärend zu begleiten. Dies gilt sowohl für die Erarbeitung von Medienkompetenz – als pädagogischem Gesamtauftrag von Schule wie von Jugendarbeit – als auch für die Unterstützung und Begleitung der medial gekoppelten Identitäts- und Selbstbildungsprozesse. Letzteres betrifft gerade den Religionsunterricht in seiner sozialisationsbegleitenden Funktion. In ihm sollte die Lebenswelt der Schüler und Schülerinnen, die aktuell zukünftig nachhaltig von dem Medium Computer geprägt sein wird, notwendig Berücksichtigung finden".

Der Beitrag von *Andreas Mertin* nimmt einerseits die fast ausschließlich warnende und abwehrende Haltung der Kirchen Neuen Medien gegenüber aufs Korn und stellt andererseits Elemente von E-Teaching und E-Learning vor. Auch das Vorurteil von der medienabstinenten Lehrkraft gegenüber der mediengeübten Schülerschaft wird entlarvt. Freilich bleiben für beide Seiten schwierige Probleme über z.B. eine qualitative Bewertung der inzwischen oft nicht mehr überschaubaren Quantität an Themen und Texten im Internet; z.B. das Bemerken von Manipulationen an Texten, wofür *Mertin* einleuchtende Beispiele anführt; z.B. die Auswahl von Angeboten auf Seiten der Anbieter, die größtenteils anwendungsorientiert sind ohne weitergehende wissenschaftliche Reflexionen. Als weiterführendes Modell wird das Bildungsportal RPI-virtuell besprochen. Aber auch hier bleibt die zentrale Herausforderung die Qualitätssicherung: „Dokumentiert wird zur Zeit, was Unterrichtende de facto vermitteln bzw. vermitteln wollen und nicht unbedingt, was Religion lehrt. Abgemildert könnte man sagen, dass das aktuelle Angebot die Lehrpläne und die darüber hinausgehenden Unterrichtswünsche der Schülerinnen und Schüler spiegelt, nicht notwendig aber die Gestalt der Religion in der Gegenwart. Qualitätssicherung wird durch Bewertung vorgenommen, die sich in der Regel aber auf Verwendbarkeit und nicht auf den Inhalt bezieht. Von der Qualität eines Angebots hängt aber auch seine Zukunftsfähigkeit ab". Religionsunterricht per Medien als zivil- und erleichterungsreligiös orientierte Affirmation und Bedienung der religiösen Bedürfnisse von Schülerschaft und Lehrerschaft ohne kritische Konfrontation mit einer Religiosität, in welcher gerade die Ambivalenzen des Lebens ein Wahrnehmungs- und Diskussionsfeld finden können? „Kann es religiöse Kommunikation im Sinne von Religion als einem 'diskursiven Tatbestand' im Internet überhaupt geben?"

III Menschliches und Zwischenmenschliches

Im Antlitz des anderen Menschen ergeht ein Befehl an *mich*: „Du wirst keinen Mord begehen!" (Emmanuel Lévinas). Im Mittelpunkt des Aufsatzes *Das Zwischenmenschliche in der Informations- und Biotechnologie-Gesellschaft* von *Eric Mührel* steht die Lévinassche Ethik. Der Andere ruft *mich* aus der Höhe in die Verantwortung für sein Anderssein. Das Antlitz des Anderen stößt *mir* in leibhaftiger Begegnung zu und nimmt *mich* in Besitz. Der Ruf bedeutet so etwas wie eine Berufung zur Gewährung der Gastfreundschaft für den Anderen, ohne dass diese asymmetrische Relation sich in eine reziproke Anerkennung umwenden könnte: „Das Subjekt ist Gastgeber". Ziel des Aufsatzes von *Mührel* ist es, „diese fundamentalethische Dimension des Zwischenmenschlichen (...) hineinzuwinden in den *Rahmen* der angeblich *posthumanen* Biotechnologie- und Informationsgesellschaft". Wie tragfähig ist die Lévinassche Ethik im Blick auf die Herausforderungen, die sich durch Vermischungen von Mensch und Maschine stellen? Wieviel Mensch muss es sein? Hat eine gentechnisch gezüchtete mit einem menschlichen Ohr versehene Ratte ein Antlitz oder begegnet uns darin eine unfassbare Fremdheit, die das menschliche Antlitz gar pervertiert? Zur Beantwortung dieser Fragen bezieht sich *Mührel* auf den Informationsbegriffs der „Angeletik" von Raffael Capurro und auf die Theologie von Karl Rahner. Bei Karl Rahner ist die Selbstmanipulation des Menschen noch eingebettet in das transzendentale Woraufhin einer absoluten Zukunft. Der Mensch bleibt grundsätzlich „In-die-Frage" gestellt, so dass er trotz aller Möglichkeiten der Selbstgestaltung „nicht sich selbst gehört, sondern dem Geheimnis der Liebe". Vor diesem christlich-metaphysischen Hintergrund stellt die Selbstmanipulation nach Ansicht von *Mührel* noch kein Problem dar. Anders werde dies, wenn die Codierung des Menschen sich von diesem Hintergrund löst, eine Eigendynamik gewinnt und sich zu einer neuen einzig gültigen „Seinsklasse" erhebt, durch die sich das Experiment Mensch in eine andere Logik verkehrt. „Ist ein solcher Übermensch, der in seiner Selbstmanipulation eine absolute Zukunft negiert und sich in seinen Möglichkeiten total über-nimmt, noch Mensch?" Können wir dann überhaupt noch von einer zwischenmenschlichen Begegnung im Sinne von Lévinas sprechen? Insgesamt vertritt *Mührel* die These – trotz aller Bemühungen, über den Bezug auf Capurro, in den neuen Technologien so etwas wie einen neuen Raum auszumachen, in dem menschliche Botschaften aus einer absoluten Zukunft (Cyberspace) auf mich zukommen –, dass über die Auflösung des *Von Angesicht zu Angesicht* im *interface* zwar ein neuer Raum entsteht, der aber als entsakralisiert zu bezeichnen sei: „Ohne eine Verknüpfung mit leibhaftigen Begegnungen mit den Adressaten droht das Umschlagen in jene Anonymität des Es gibt, hier als ein Rauschen im Internet (...). Ein reines Im-Netz-sein als entsakralisierten Raum ist ein Aufenthalt in einer Wüste von Botschaften ohne Menschen.“

Die Vermischungen von Mensch und Maschine (und Primaten) gehen aufgrund der Miniaturisierung der Technik rasant voran. Wir befinden uns in einem Paradigmenwechsel: Der menschliche Körper erhält eine möglichst komplette technische Infrastruktur (G. Gamm). Entsprechend wird das Unverfügbare und Entzogene unseres Körpers cybertechnologisch ersetzt. *Susanne Dungs* fragt, welche Menschenbilder dabei leitend sind. Verwandeln wir uns mehr und mehr in einen Mensch als Cyborg im Sinne von Donna Haraway: „Durch das Changement zwischen Subjekt- und Objektpositionen eröffnet der Cyberspace ein Jenseits von 'class, race and gender', wodurch die patriarchale Gesellschaft restrukturiert werde. Ziel dieses Feminismus ist es, die festgefügte Verbindung von Männlichkeit und Technik zu unterlaufen, um im 'Post-gender-Raum' des Netzes Befreiungsräume für Frauen zu erschließen“. Oder geht es um den Menschen als Hybriden bei Bruno Latour: „Mischwesen entstehen nicht erst mit dem Übergang zur Postmoderne am Ende des 20. Jahrhunderts, wie Haraway schreibt, sondern sie sind elementarer, aber ausgeblendeter Bestandteil der neuzeitlichen Gesellschaft selbst. Die strikte Trennung zwischen den beiden Ensembles 'Reinigung' und 'Übersetzung', zwischen menschlichen und nichtmenschlichen Wesen habe umso mehr zur Produktion von Hybriden geführt. Bruno Latours Strategie ist, dafür zu plädieren, die hybriden 'Quasi-Objekte' anzuerkennen und ihnen ihr Zuhause in der Moderne zurückzugeben“. Dinge haben also den Status von Akteuren. Oder geht es um den digital vervielfältigten Menschen im Sinne von Sherry Turkle? Sie begrüßt die Vermischungen von Mensch und Maschine, von Realität und Virtualität, von Leben und Information, „weil sie zu einer Restrukturierung derjenigen Gesellschaftsform führten, die Andere/s ausgegrenzt und unterworfen habe“. Durch unsere veränderte Beziehung zu Maschinen rückten Differenz, Vielfalt und Fragmentarität in den Mittelpunkt menschlicher Existenz. „Der abendländische Einheits-Subjektsbegriff und die mit ihm verbundenen dualistisch verfassten Kategorien würden gestürzt“. Bei Slavoj Zizek schließlich, den *Dungs* als vierten Vertreter vorstellt, werden Vermischungen von Mensch und Maschine und die damit verbundenen Vervielfältigungen von Identitäten skeptisch betrachtet. Der bei Haraway und Turkle vollzogenen Selbst-Stilisierung und Selbst-Instrumentalisierung ist die Unausschöpflichkeit des Subjektes entgegenzuhalten. „Alle Vorstellungsbilder, die man sich von sich macht, alle Masken, die man im Virtuellen überstülpt, können das Ich nicht umgreifen“. Wir verfehlen uns selbst unaufhörlich und können in dieser Exzentrizität nicht sagen, wer wir sind – dies wird „über den Cyberspace sozusagen erstmals (traumatisch) erfahrbar“. Gleichzeitig verspricht der Cyberspace so etwas wie eine Heilung von den Entfremdungen, die durch Vermischungen hervorgebracht werden, ohne dass dabei wahrgenommen wird, dass sich die Verhältnisse für den Menschen nicht im Virtuellen verändern, sondern durch den „fortbestehenden Rationalitätsanspruch der Life-science-Technologien auf der *realen* Rückseite des Bildschirms derzeit rasant verschoben werden.“ Dadurch könnten Andersheit und Unverfügbarkeit von Selbst und Anderem immer weiter verschwinden.

Die modernen Techniken vor allem der Medien sind nicht mehr nur Instrumente und Produktionshilfen von uns Menschen, sondern sie dringen in uns ein, verschmelzen sich mit uns, machen uns zu Artefakten. Sie werden zum „Gegenüber des Menschen“. Sie erweitern unsere Lebensmöglichkeiten – aber ebenso kränken sie uns. *Markus Hundeck* geht diesem Themenbereich der Anthropotechnik nach und formuliert ihn als „Antagonismus zwischen der Künstlichkeit, in der sich die Kreatürlichkeit des Menschen, seine Schöpferkraft und sein subjektiver Kulturwille ausdrückt, und der Endlichkeit des Menschen, die als Zumutung für jede kreatorische Position erfahren werden muss. Wobei Künstlichkeit eben als das Artifizielle vom Gestaltungswillen des Subjekts ausgeht und gerade weil es immer den Schein des Realen (des Natürlichen) trägt, ist es prothetisch. Denn Prothetik definiert sich als die Natur des Menschen verbesserndes Surrogat, will implizit mehr sein als das Natürliche sein kann. Prothetik dringt auf Haltbarkeit, will immun machen gegen den Verschleiß, die selbstverständliche körperliche Erosion, die in der Endlichkeit begründet liegt“. Damit wird unsere Endlichkeit, unsere Sterblichkeit zu etwas Minderem, dem eben durch Technik aufgeholfen werden soll. Und mit dieser Negierung des Endlichen geht „das Angewiesensein des Menschen auf den Anderen, den Nächsten und Fernsten (Nietzsche)" auf Kosten eines verstärkten Narzissmus ebenfalls verloren. Demgegenüber lässt sich „Solidarität in Situationen der Gebrechlichkeit und der 'Lebensbehinderung' ... als ein Netz von vielen Subjekten erfahren", lassen sich Übergänge schaffen jenseits des Kreislaufes „von Kränkung und Kompensation durch neue Technologien" im Umgang mit der Endlichkeit und den Begrenzungen menschlichen Lebens als einer Chance und nicht als Makel. Es geht um Übergänge humaner Weltgestaltung und gesellschaftlicher Neuorientierung, die intendieren, „den Menschen als den anderen Menschen in den Blick zu nehmen. Der Blick ins Angesichts des anderen Menschen, der über den Menschen das sagt, was er ist: Die Wirklichkeit, die wird, indem sie mir begegnet".

IV ÄSTHETISCHES

Birgit Käufer stellt in ihrem Aufsatz *Alte Medien – zweifelhafte Körper – und die Utopie der digitalen Revolution* Analogien her zwischen den Diskursen der Geschlechterproduktion (Butler), dem französischen Postrukturalismus (Derrida) und kunstgeschichtlichen Diskursen, die sich mit Fotografie als einem theoretischen Dispositiv beschäftigen (Krauss). Auf der Basis dieser drei Formulare analysiert sie in einer historischen Betrachtung die Wahrnehmungsmuster fotografischer Bilder: „Wie beeinflusst die Tatsache, dass es sich um eine Fotografie und nicht um ein Gemälde handelt, die Bedeutung des Bildes? [...] Was ist, kurz gesagt, die besondere Gabe des Bildes?" In welcher Weise ist diese „Gabe" des Bildes auch in der Produktion von Körper, Subjekt und Geschlecht zu finden, so dass sie alle (Foto, Körper, Subjekt und Geschlecht) als Effekte performativer Prozesse auszuweisen sind? Bei näherer Betrachtung zeigt sich, dass alle nicht als fixe und passive Konstanten aufgefasst werden können, sondern sich im Verlauf eines bedeutungsstiftenden Prozesses über den Akt der Verdopplung erst materialisieren. Dabei entsteht ein Changement zwischen „Vorher" und Nachher, durch das etwas nicht mehr eindeutig identifizierbar ist, dem aber doch der Drang eingeschrieben bleibt, die Kopie mit dem Original in eine Verbindung zu bringen. Insbesondere für das Medium der Fotografie zeigt *Käufer*, dass sich in den Begriffen des „punctums" (Barthes) und des „Indexes" (Dubois, Krauss) genau diese Bewegung findet. Beide Begriffe bürgen für die vermeintliche Wahrhaftigkeit des fotografischen Bildes. Sie stellen für die Rezipient/innen die Verbindung zum „Vorfotografischen" her, indem die „Realität" als Repräsentation, als Spur im Bild erscheint. Dies ist wiederum nur möglich, weil mit dem fotografischen Akt eine Differenz zwischen „vorgängigem Ursprung" und (fotografischer) Kopie entstanden ist. Das „vorfotografische Original" kann – in struktureller Analogie zur Körper- und Bedeutungsproduktion – folglich nur als Spur (Derrida) im Bild erscheinen. Verbindung und Differenz vollziehen sich, so *Käufer*, immer simultan. „Die fotografische Betrachtung wird damit zur paradoxen Erfahrung, denn über Index und Mimesis hebt sich die Fotografie als Medium auf. Einen fotografischen Gegenstand nimmt man als den Gegenstand selbst wahr, gleichzeitig erkennt man, dass man nur ein fotografisches Abbild des Gegenstandes betrachtet. Eine unaufhörliche Bewegung zwischen den beiden Eindrücken beginnt. Die Grenze zwischen 'Wirklichkeit' und Repräsentation wird permeabel". Die Verbindung zum „Vorfotografischen" gelingt und scheitert zugleich, so dass der Betrachter/die Betrachterin permanent zur Interaktion mit dem Foto eingeladen ist und über das Schwanken in seiner/ihrer Subjektposition unaufhörlich subvertiert wird. *Käufer* lädt zu dieser Erfahrung ein und zeigt anhand der Besprechung von vier Fotografien, wie sehr diesem Medium die beschriebene ambivalente Struktur inhärent ist. Sie bespricht zwei Künstlerselbstbildnisse von Hans Bellmer. Das eine zeigt ihn in einer fotografischen Selbstinszenierung mit einer zerbrochenen Glassscheibe, im anderen erscheint er zusammen mit seinem Kunstgeschöpf der Puppe. Weiterhin bezieht sich *Käufer* auf eine Fotografie von Pierre Molinier, die gleichfalls eine Puppe darstellt, in die sich der Künstler selbst verwandelt hat. Als viertes folgt eine digitale Fotografie von Inez van Lamsweerde. Die Irritation solcher Aufnahmen besteht darin, dass ihre Wahrnehmung sich zwar nach wie vor auf der Basis des „Wirklichkeitsversprechens" vollzieht, aber aufgrund unseres Wissens, dass diese Bilder digital manipuliert sein können, „ergibt sich auch eine neue Differenz zwischen digital und analog, das uns fotografische wie 'vorfotografische' Szenarien kritischer betrachten lässt".

Dietrich Zilleßen reflektiert und spielt sich durch diverse Phänomene der Medienwelten. Er erinnert an Leni Riefensthal, die in einem Interview zu ihrem Film über die Olympischen Spiele von 1936 sagte: „Viele haben gesagt, ich hätte sie schön gemacht, die Leute. Aber ich hab sie doch nicht geschaffen; der liebe Gott hat sie geschaffen." In Riefensthals Naivität zeigt sich nach *Zilleßen* die Struktur von Medialität. Einerseits machen die Medien die Welt immer schöner. Sie lassen sie in Vollglanz *erscheinen*. Andererseits soll das, was in ihnen zu sehen ist, „unvermittelt da sein und den grundsätzlichen Bruch heilen, die Wunde des Menschlichen." In dieser „Unmittelbarkeitstheologie" liegt nach *Zilleßen* die eigentliche Versuchung der Medien. Alle wünschen sich zu sehen, gesehen zu werden. In diesem auf den Blick beschränkten Umgang mit sich selbst und mit Anderen verstecke sich – auch in unserer säkularisierten Welt – die Sehnsucht nach dem göttlichen Blick und Augenblick. Medien wird daher alles geglaubt und doch vertraut man ihnen nicht ganz. „Das Dargestellte hat keine Präsenz". Es entzieht sich, obwohl man nichts mehr erhofft, als die Welt über Medien erfassen zu können, wie sie wirklich ist. Umso wichtiger ist es nach *Zilleßen* das Problem der Macht und Autorität im Umgang mit Medien mitzubedenken. Denn natürlich hat Leni Riefenstahl die Menschen schön *gemacht* und nicht der liebe Gott. Gerade angesichts des Potentials der Medien, Grenzen zwischen uns Menschen und Anderem zu verwischen, plädiert *Zilleßen* für eine theologisch reflektierte Mediendidaktik. Diese fragt danach, wie Erfahrungen durch Medien konstituiert werden. Am Beispiel der Mode zeige sich dann, dass die Ästhetik der Medien eine Gebrochenheit und eine Verschlossenheit beinhaltet, wodurch sie der Instrumentalisierung entgeht. Durch diese Offenheit hat Mediendidaktik die Chance, spielerisch vorzugehen, „indem sie Kinder und Jugendliche in ihren Medienwelten sucht und besucht. Medien eröffnen selbst Spielräume, weil sie ihnen eigen sind. Insofern werden die Medienhäuser lebendig." Im Zeitalter globaler Ökonomie neigen diese Spielräume aber auch dazu, unproduktiv zu werden, sich in abgesicherte Ordnungen zu verkehren. *Zilleßen* betrachtet unseren lustvoll-schmerz-haften Umgang mit Medien durchaus fröhlich-gelassen. „In diesen oder jenen banalen, populären, alten oder neuen Medien [könnten] Botschaften des anderen Lebens zu hören sein, wenn uns dabei Hören und Sehen vergehen."

Gesellschaftliches

Uwe Gerber

Auch den Medienzwang finden wir entlastend.
Einige wahrnehmungs- und gesellschaftskritische Überlegungen

■ Medien-Ambivalenz

Medien erweisen sich als ambivalent im Gebrauch. Sie fördern in Gestalt von Handys, Internet, Film, Zeitung usw. Kommunikation; sie sind hilfreich in Produktion, Dienstleistung und Verteilung; sie sind als Computer und Produzenten virtueller Welten in Bildung, Wissenschaft, Forschung, Verkehr usw. unentbehrlich geworden. Sie machen einen wachsenden Teil unseres Lebens und Zusammenlebens aus. Und entsprechend vermengen sie sich mit uns selbst, mit unserem körperlich-sinnlichen Wahrnehmen, Fühlen und Denken und stellen die große Gefahr dar, dass wir unsere Möglichkeiten mit der Wirklichkeit verwechseln. Wirklichkeit wird hier verstanden im Sinne einer Schöpfung aus dem Nichts: Indem die Welt, andere Menschen, Licht, Luft, Sonne, Nahrung ... schon immer da sind und mich am Leben erhalten, indem also schöpferische Wirklichkeit schon immer und überall am Werk ist, wird mir die Möglichkeit geschenkt und abverlangt, mein Leben als Antwort, als eigenen Entwurf, als persönliches Experiment zu führen. Wirklichkeit ist uns demnach grundsätzlich entzogen.

Wir führen so etwas wie eine Doppelexistenz oder, so lässt Goethe Faust im Gespräch mit Wagner sagen: „Zwei Seelen wohnen, ach! in meiner Brust". Wir leben zugleich in zwei Reichen, wie Luther das Zueinander des Gnaden-Glaubens-Reiches zu dem Leistungs-Sünden-Reich formuliert hat (Beuscher, Zilleßen, 1998, 23ff.). Andere sprechen von Kontingenz und Unausdeutbarkeit von uns Menschen und meinen damit, dass unsere Mitte schon immer unbesetzt und verschwunden ist, wenn wir sie in den Blick nehmen möchten (Meyer-Drawe, 1990, 150–157; Gamm, 1997). Wir können nicht wir selbst sein, obwohl wir es sein wollen und dann zugleich auch verzweifelt nicht sein wollen. Bieten sich hier Medien als Ersatz, als Heilsweg und Gnadenmittel, als Sakramente einer Erleichterungsreligion und als Sinngebungsinstanzen nach dem CD-Rom-Prinzip „read only memories" an? Steckt in solchen Erinnerungsprozessen ein wahrnehmungs- und gesellschaftskritisches Distanzierungs- und Inszenierungspotential oder bleiben sie rezipierend-reproduzierende Affirmationen der angebotenen Informationen? Ich bin – mit Habermas, Beck, Gross, Bolz und anderen – der Meinung, dass in der christlichen Erlösungs- und vor allem Versöhnungsreligiosität Optionen lebendig sind, deren überschießenden Wirklichkeitsansprüche schon immer quer zu aller möglichen Realität liegen. Sie speisen sich aus den Erfahrungen, dass wir den uns begegnenden anderen Menschen nicht verstehen, einholen, einverleiben können, indem auf unserer Seite immer Narzissmus, Beschlagnahmung, Bilder, so etwas wie ein Klonen des anderen Menschen mitlaufen und dass auf der Seite des anderen Menschen eine Eigenständigkeit aufleuchtet, die vor unserem Wahrnehmen existiert, die unser Werten des anderen schon immer durchstreicht, die uns als Bilder-Verbot gegenübertritt. Diese These möchte ich im Folgenden erläutern.

■ Der postmoderne Medien-Zwang

Die Risikogesellschaft der Zweiten Moderne ist eine reflexive, nämlich mit sich selbst konfrontierte Gesellschaft. Die Risiken bleiben meistens latent, und nur wissenschaftliche Experten und Expertinnen können uns sagen, welchen Risiken wir in welcher Intensität mit welchen Folgen ausgesetzt sind, etwa bei Umweltbelastungen in der Luft, im Wasser, im Boden und entsprechend in Nahrungsketten. Wir müssen uns notwendigerweise nach solchem Experten-Wissen umtun, uns mit diesem medial vermittelten Wissen auseinandersetzen und dies bedeutet, dass wir auf dessen Verbreitung durch Massenmedien angewiesen sind. Wir haben tagtäglich schwere Medien-Arbeit und Medien-Verarbeitung zu leisten: Wir müssen die Medien sortieren lernen, aber nach welchen Kriterien, etwa bei der Internet-Informationsfülle. Und wir müssen die wissenschaftliche Qualität einer Information, etwa zur schädlichen Strahlung von Hochspannungsleitungen, ständig überprüfen, indem wir zugleich die Wissenschaftler und Wissenschaftlerinnen um Elementarisierung des Problems, um allgemeinverständliche Fokussierung auf das Problem und auf die Folgen und auf mögliche Alternativen, etwa beim Energieverbrauch, bitten müssen. Und schließlich müssen wir solche Informationen nach offen formulierten und verschleierten Interessen hinterfragen, etwa nach ökonomischen, medizinischen, rein wissenschaftlichen Interessen z.B. an der Gewinnung und am Umgang mit embryonalen Stammzellen. Zur Risiko minimierenden Gestaltung unseres Lebens sind wir aber auf Medien angewiesen und gezwungen, ihnen (mangels Alternativen) weitgehend zu vertrauen und zugleich üben die Medien den

vertrauen und zugleich üben die Medien den Zwang auf uns aus: Informiere Dich, also bist Du! Ich informiere mich, also bin ich.

Nun könnte man meinen, dass mit den Medien eine potentiell-universale Integrationsinstanz neuer Art entstanden sei. Doch zeigt sich bei genauerem Hinsehen, dass in diesem zwanghaften Kreislauf von Benutzen der Medien und Benutzt-Werden von den Medien soziale Ungleichheiten bestehen bleiben, denn der Konsum von Medien bedarf grundsätzlich der entsprechenden Apparate, kostet Geld, verlangt einen gewissen Bildungsgrad und schließt deswegen diejenigen aus, die von Armut betroffen ausschließlich ihr Überleben sichern, Arbeit suchen, sich um Gesundheit kümmern müssen und nicht nach Risiken fragen können. Hier wird sich mindestens ein Drittel unserer Gesellschaft aus den genannten Gründen aus dem öffentlichen Leben verabschieden müssen. Die erhoffte und versprochene Demokratisierung durch Medien erweist sich m.E. weiterhin als Trugschluss (Gerber, Höhmann, Jungnitsch, 2002, 19–64).

Wenn also die Konsum-Partizipanten im Medien-Zwang untergehen und als kritische Instanz gar nicht gewünscht sind, wo liegen dann die „Betreiber" dieses irgendwie anonym-logifizierten Medien-Systems? Die Schaltstellen der Risiko-Gesellschaft liegen, wie wir bereits gesehen haben, bei den Wissenschaften einerseits, die wie z. B. im Fall des Importierens von embryonalen Stammzellen zwecks Stammzellforschung und therapeutischem Klonen ihr Anliegen medial verständlich, plausibel und überzeugend definieren und vorbringen müssen, und bei den Medien andererseits, die mit Kampagnen wie im Fall „Brent Spar" 1995 selbst Konzerne beinahe aus den Angeln heben können. „Damit werden Medien und Positionen der Risikodefinition zu gesellschaftlich-politischen Schlüsselstellungen." „Die Risikogesellschaft ist in diesem Sinne auch die Wissenschafts-, Medien- und Informationsgesellschaft." (Beck, 1988, 30, 62; Gerber, Höhmann, Jungnitsch, 2002, 29f.)

Fragt man neben Wissenschaft und Medien weitere Instanzen nach dem Movens dieser typisch westlichen, globalisierenden Gesellschaft und nach den Verantwortlichen, dann stößt man auf die Wirtschaft als der Produzentin mit ihren Produzenten von Fortschritt und Risiko, von Leistungs-, Konsum- und Gewinnsteigerung und gleichzeitiger Zerstörung „hinter dem Rücken", also von Produktivitätserweiterung und zugleich Risikoblindheit. Man meint, eine technisch-ökonomische Zwangs-Maschine vor sich zu haben, die unausweichlich so ablaufen muss und die als unausweichliches „System" politisch bestenfalls im Nachhinein legitimiert werden könnte, wodurch Legitimation faktisch ausgehebelt wird und in einer postmodern-präsentischen Informations-Gesellschaft letztlich nicht mehr notwendig und gefragt ist. Der vierte Faktor, nämlich die Politik: sie ist kaum noch mehr als Krisenmanagement (auch hier ohne Legitimationsnotwendigkeit, wie z.B. das beispiellos widervölkerrechtliche Vorgehen der USA-Regierung im Irak-Krieg gezeigt hat). Technisch-ökonomische Rationalität macht einerseits sprach-, argumentations- und legitimitätslos und zugleich verwandelt sie Medien in eine bild-, ton-, buchstabenraubende Spiegelungsmaschine ihrer selbst „nach außen" (was analog bei der „eingebetteten" Berichterstattung über den Irak-Krieg ebenfalls gemacht wurde). Sie anonymisiert auf Kosten von Transparenz und gesellschaftlicher Partizipation; sie macht Zuständigkeit diffus, zerteilt Zuständigkeit auf Sub-Systeme und hebt sie dadurch großen Teils sogar auf. J. Habermas sprach von neuer Unübersichtlichkeit, U. Beck spricht von „organisierter Unverantwortlichkeit" (Beck, 1988, 100). Es gibt die legitimierende und erklärende Große Erzählung nicht mehr, wie J. Derrida, F. Lyotard und andere Dekonstruktivisten dargestellt haben. Ein überschauendes und orientierendes Steuerungszentrum politischer Provenienz ist nicht mehr vorhanden (wenn man davon absieht, dass sich die US-Regierung permanent in dieses Vakuum zu inthronisieren versucht ohne Rücksicht auf Verträge, Konsense, Übereinkünfte, bislang gültige Kommunikations- und Anstandsregeln). Der „Rote Faden" löst sich performativ auf in Risiko-Produktion; die Integration der Gesellschaft am Leitfaden von Gott, Christentum, Nation, Arbeit, Wissenschaft gelingt nicht mehr. Legitimierung ist letztlich nicht mehr notwendig, weil sie die Selbstreferentialität der technisch-ökonomischen Rationalität und der medialen Informations-Präsentation ohnehin nur stört (Gerber, 2002, 9–18, 51–59).

■ Mögliche Perspektiven?

Was tun? Auf der politisch-gesellschaftlichen Ebene plädiert z.B. U. Beck für einen Perspektivenwechsel: aus der zwanghaften System-Perspektive hin zur emanzipatorisch-partizipa-torischen Akteur-Perspektive. Er bezeichnet diese Option als die zweite Stufe reflexiver Modernisierung, wonach die mündigen politischen Bürger und Bürgerinnen das Politische „erfinden" müssen. Entsprechend werden sich auch Wissenschaft und Medien insofern verändern, als deren Unfähigkeit zur Risiko-Aufdeckung durch eine sensibel-kritische Öffentlichkeit politisierend eingeklagt und in Gang gesetzt werden wird. NGOs und andere sozial-politische, ökologische, friedenspolitische, antirassistische Bewegungen können den Finger auf den schleichenden Trend der Selbstabschließung der Medien, der enthistorisierenden und entsozialisierenden Referenzialität der Gesellschaft, der „Verplattung" des Einzelnen zur „Informationsmonade" legen im Namen sowohl der Einzigartigkeit, Selbstständigkeit, Ungleichheit, Würde der Bürger und Bürgerinnen als auch von deren Gleichheit, von Bewahrung der Schöpfung (in Ökonomie, Ökologie, Sozialität), von Frieden und Gerechtigkeit. So werden Wissenschaft und Medien durch die Teilnehmenden „demystifiziert", „enthypostasiert", ihrer Schein-Objektivität beraubt und zu Instrumentarien der Bürgergesellschaft gemacht. Um die selbstläuferischen Medien aufzubrechen, bedarf es deren demokratisierend-partizipatorischer Beschränkung und teilweisen Entmachtung durch eine kritisch gewordene Öffentlichkeit in Gestalt von Bewegungen wie z.B. der Friedens-Demonstrationen zum Irak-Krieg, von Bürgerinitiativen und ad-hoc-Gruppen. So werden gerade die Modernisierungs-Risiken, mit denen Fortschritt, Glück, Perfektion verbunden und versprochen werden, zum Medium der „Selbstpolitisierung" der Gesellschaft. Dabei können Medien als Verbreitungsmittel von Informationen zu Risiken und Risikoproduzenten und als Diskussionsinitianten fungieren. Die vorliegenden Ansätze einer solchen Kritischen Medien-Theorie werden derzeit in verschiedene Richtungen weitergeführt und die wenigen praktischen Initiativen machen sich auch organisatorisch bemerkbar, etwa in medienkritischen, nicht: Medien ablehnenden Kindergärten, Schulen usw. „Wir sind aus der Industriegesellschaft ausgetreten, empfinden aber auch den Begriff der Informationsgesellschaft als technizistisch verengt" (Bolz, 2002, 198): Weil (1) der Begriff „Information" durch „Kommunikation" verdrängt wird, wodurch noch mehr verschleiert wird, dass die Präsenz von medialer Kommunikation ihre eigene Verschleierung und Aufhebung initiiert; weil (2) „Information at your fingertips" das eigentliche Problem und gerade nicht die Lösung ist; und weil (3) die Medien über sich selbst hinausfragen lassen, was nach der Medien-Gesellschaft kommen wird an Hirnforschung, Gentherapie, Nanotechnologie und anderen Veränderungen von Mensch, Gesellschaft, Welt. Je mehr eine Gesellschaft technizistisch von sich weiß, desto weniger Kommunikation findet statt. Je komplexer der Alltag für den Einzelnen wird, desto notwendiger werden „neue soziale Organisationsformen und komplexere Humandienstleistungen. Wenn die sekundarisierte und beschleunigte Gesellschaft dem Einzelnen seine ‚Ich-Konstruktion' immer mehr selbst überlässt, steigt das Bedürfnis nach Hilfe, Begleitung und ‚Mentoring'. Die Antwort darauf ist Dienstleistung, aber nicht formale, sondern persönliche, individuelle, komplexe, ‚intime' Dienstleitung. ‚High Touch' eben. Dabei spielen Technologien eine ordnende, verstärkende Rolle, aber eher die Rolle eines untergeordneten Werkzeugs" (Horx, 2002, 190). Matthias Horx „prophezeit" in dieser Situation, dass spirituelle Motive des Lebens immer mehr an Bedeutung gewinnen: „Angebote für den sinnsuchenden Menschen werden wichtiger in Medizin, Gastronomie und Tourismus. Im Zentrum der ‚Neuen Wellness' steht ein revidiertes Menschenbild, in dem es erneut, aber diesmal auf sehr viel professioneller Ebene, auf den Gleichklang von Körper, Geist und Seele ankommt. Dieses ‚Zeitalter der Nähe' wird niemals wirklich von den Ökonomen als solches diagnostiziert werden – zu komplex, zu wenig technisch beschreibbar sind die Nachfragelinien der neuen Dienstleistungswelt" (193).

Deutet sich hier eine neue Möglichkeit an, den Medien-Zwang wahrzunehmen, zu entlarven, ihm gar zu entkommen? Ich denke nein, weil sich die politische Kultur nicht ändert, sondern sich deren ideologischen Implikate und Dynamik konsequent individualisierend noch weiter verschieben werden auf die subjektive Betroffenheit. Und diese wird wellness-gemäß kanalisiert durch eine entsprechende, mediatisierende Dienstleistungswelt für die regredierenden Monaden in ihrer „selbstgewählten Kontingenz" (P. Gross). Aus dem christlichen Menschen aus dem heils-inkarnatorischen Medium des Schöpfer-Gottes in der „Mitte der Zeit" wurde – nicht zuletzt durch Luthers Zwei-Reiche-Differenzierung um der totalen Abhängigkeit des Menschen von Gott und zugleich seiner totalen Freiheit in der säkular erklärten Welt willen – zum Beginn der Neuzeit der sich selbst entdeckende Mensch mit eigenen und nicht nur heilsgeschichtlich vorgeschriebenen Betroffenheiten. Nicht mehr mittels der Medien-Bibel, Eucharistie, Priester, Papst bestimmte er seinen Platz in der säkularen Welt des christlichen Glaubens, sondern in selbst entworfenen Utopien schuf er sich jetzt in seiner Doppelgestalt von „Kind Gottes" und (Mit-)Schöpfer. Die Spitze dieser „Gebot und Krise des Glaubens an die Allmacht des Menschen" (Richter, 1979, 19–126), in welcher sich der Mensch der Abhängigkeit von Gott seiner Meinung nach entledigte, zeichnet sich in der Selbstunterwerfung unter die Zwänge einer pseudo-vereinheitlichenden Medien-Welt ab (pseudo auch deswegen, weil ein Drittel ausgeschlossen bleibt, weil die Masse ihre eigenen „Aussteiger" duldet, wohl als Opfer zur Selbsterhaltung braucht). In ihrem Pochen auf exakte Wiedergabe der reality streift diese Medien-Welt gerade ihre Medialität ab und kredenzt den Becher der reinen Wirklichkeit, nichts als der nackten Wirklichkeit. Der christlicherseits konstitutive Symbolcharakter, die Einsicht in die Vorläufigkeit, Vergänglichkeit, Sterblichkeit von Mensch und Welt werden in der Selbst-Delegierung des postmodernen Menschen an Medien-Autorität umgetauft in Krankheiten, deren remedium einfach darin besteht, sie in Kauf zu nehmen? Dann werden Irritationen zu Fehlern, Ambivalenzen zu Noch-nicht-Wissen, Sterblichkeit zur Möglichkeit. Die Endbeglückung der Gesellschaft wäre mindestens tendenziell erreicht. Sofern sich christliche Religion, christlicher Glaube auf die Differenz von wirklichem Gott und von ihm ermöglichten, geschaffenen Menschen und von Gottes Versöhnung mit dem Menschen allein von Gott her – und sich nicht auf eine sakramentale Erlösung aus dieser Differenz – bezieht, wird sie für die Selbstinszenierung und Selbstdeutung des (postmodernen) Menschen überflüssig, indem dieser die andere Seite dieser Differenz durch die mediale Präsentation der Akzeptanz mit sich selbst kurzschließt. Auch Religion wird zum Erleichterungs- und Vereindeutigungsgeschäft. Und insofern diese Entwertung der Differenz- und Versöhnungs-Religion zugleich eine Selbstentwertung des Menschen ist, geschieht hier ein politischer Prozess.

▪ Mediatisierung als Entpolitisierung

Es könnte jetzt der Einwand kommen, dass doch gerade Medien die Differenz vom Menschen., ihre Individualität zur Darstellung brächten und deswegen politische Prozesse initiierten. Aber um was geht es eigentlich bei unserer Verwendung von Medien? Sollen sich die Adressaten nicht gerade an der vorgegebenen reality messen, sich alle auf die Medien-Inszenierung einlassen, sich medial klonen? Ist nicht gerade die Gleichschaltung möglichst im selben Augenblick das eschato-mediale Ziel?

Gerade Massen-Medien individualisieren und vereinzeln gleichsam kontraproduktiv insofern, als sie vorgeben, per Tagesschau, heute, Grönemeyer- und Champions-League-live-Übertragungen individuell „in die Stube“ derjenigen zu kommen, die in der multioptionellen Kanal-Vielfalt ganz persönlich ihren „Anbieter“ für das gewünschte Event auswählen dürfen und sollen. So stellt das jeweils singuläre Produkt in seiner technischen Reproduktion für alle beim Adressaten das Gefühl des persönlichen Gemeintseins her und installiert einen Pseudo-Unterschied zwischen einerseits dem öffentlichen „System“, das sich im TV-Medium als notwendigerweise gerade so und nicht anders ablaufendes „System“

reproduziert und dadurch die Bürger und Bürgerinnen privatistisch entpolitisiert, und andererseits dem und der dadurch angeblich persönlich und privat mündigen Bürger und Bürgerin, dass dieser und diese bestenfalls den Zugang zum Produkt bestimmen darf und soll.

Das Produkt der Wissens-Gesellschaft wird in den neuerdings beliebten Rate-Talk-Sendungen von Jauch oder Pilawa in Form von Kioskalltagswissen, von Orientierungs- und Prestigewissen der Unterhaltungskultur einer Erlebnis-Gesellschaft vorgegeben und gegen Geldangebote dressurhaft abgerufen (Schulze, 1993). So wird heute in unserer Gesellschaft für den Preis; im Fernsehen auftreten zu dürfen – was als Erfüllung der mediatisierten Ubiquitätssehnsucht in säkularen Bittgebeten herbeigewünscht wird –, darüber entschieden, was bei uns als „normales Wissen“ zu gelten habe und was entsprechend unter “Bildung“ zu verstehen und anzustreben sei. Verständlich, dass alles Denken, das mit eigenem Wahrnehmen beginnt, das mit einem wachen Phantasieren zu tun hat, das mit Selbsterfahrung und Eigenverantwortung verbunden ist und einer gewissen Achtsamkeit und Sinnlichkeit bedarf, als zu anstrengend und ohnehin theoretisch abgetan wird. Vielleicht steht dann sogar zu befürchten, dass die nächsten Curriculum-Revisionen aller Schulformen diesen Wissens-Bestand kanonisieren werden. Diese Reduktion auf affirmativ-reproduzierendes minimales Event-Wissen über Bands, Schauspielerinnen, Disko, Fußballer des Jahres, Sängerinnen usw., die gerade „in“ (also am besten gepusht) sind, verschärft die genannte schleichende Entpolitisierung sowohl der Bürger und Bürgerinnen zu Rezipienten fast auf BILD-Niveau reduzierten Alltagswissens einerseits als auch andererseits der Medien selbst, der Wirtschaft, Politik und Wissenschaft, da diese sich als mächtige alternativlose Eigenwelten immer stärker segmentieren werden, sich immer mehr jeglicher Kontrolle entziehen und abkapseln und die Bürger und Bürgerinnen ihrerseits auf jegliche Teilhabe außerhalb des ständig von allen aus verschiedenen Motiven beschworenen Konsums verzichten werden.

Derselbe Prozess der Entpolitisierung geschieht ebenso im politischen Infotainment, in den politischen Talk-Shows nach dem Christiansen-Muster: Reduktion auf Event-Reproduktion und Sensationsaktualität, auf Schlagabtausch ohne Nachdenken und auf Schwarz-Weiß-Darstellungen ohne Provokation zu alternativen Vorstellungen und ohne Lerneffekte für alle Beteiligten einschließlich der Fernsehenden. Reduktion auf Parteien-Politik, das Hinzuziehen von Experten und Expertinnen nach Parteien-Lagern und eines rein deskriptiv verfahrenden Parteien-Forschers nach Proporz, ohne ernsthafte Beteiligung von Bürgern und Bürgerinnen, von der Moderatorin streng auf Gegenwartsgezänk eingeschränkt, sind grundlegende Gestaltungselemente dieser „Schau". So fällt Politikern und Politikerinnen das Geschäft leicht, da sie nur die Räume und die Moderatoren wechseln und alle hoffen, dass auch diese Prozedur bald virtuell über die häuslichen Bühnen gehen kann. Das Machbare wird gesucht als das Nützliche, Erleichternde, Bequeme. Und am Ende des Abends steht regelmäßig die Erkenntnis, die Katja Nicodemus – im Rückgriff neben anderen auf Zizek – für „Matrix Reloaded" formuliert (2003, 34): „Zurück bleibt die schöne Ironie, dass die M a t r i x-Welt nun ebenjene leblose Autorität des Virtuellen reproduziert, gegen die ihre Hacker-Helden einst in den Kampf zogen" – oder hat Frau Christiansens Verwaltung von Politik (im Gegensatz zu U. Becks „Erfindung des Politischen") nicht einmal diese virtuelle Höhe angepeilt? Unsere Gesellschaft und wir in und mit ihr und als sie benehmen uns wie eine bescheidene Ansammlung solcher Wesen, die nicht erwachsen werden wollen, weil wir unsere Verlassensängste, Schuldgefühle und Allmachtsphantasien lieber regressiv-infantil und mit autistischem Touch aufbereiten als körperlich-sinnlich, interpretatorisch-nachdenklich und sozial-kommunikativ zu uns selbst zu stehen (Lempp, 1996).

■ Ein bisschen Lösung?

Nachdem Wissenschaften den Symbol-Charakter aller Wirklichkeit und damit auch unsrer konstruierenden Wahrnehmung entdeckt haben, schicken sich Medien an, reality anzubieten und sich damit als Monopol-Institution für Information, Wissen, Kenntnis zu etablieren. Diesen Vorgang habe ich als Medien-Zwang zu beschreiben versucht. Wie kann man in Anknüpfung an oben geäußerte Gedanken damit umgehen?

Mit M. Castells ist eine „kulturelle Politik" als partizipatorischer Umgang mit der „informierten Verwirrtheit" einzufordern, zumal das „Informationszeitalter" hochgradig ambivalent ist. Frage ist allerdings, ob sich die sozialen (Protest-) Bewegungen, die sich gegen die Herrschaft globaler Systeme und damit des Medien-Systems zur Wehr setzen (wie etwa auch Attac im Blick auf eine „seriöse" Globalisierung), eine „Projektidentität" zu geben und gemeinsam zu handeln vermögen. Hier laufen verschiedene Optionen, Interessen und Argumentationen durcheinander, so dass die Frage nach Trends eine wenn auch nur offene und vorläufige, so doch wichtige und notwendige Aufgabenstellung ist:

- P. Gross sieht eine Wende in der Religion, die Bruchstellen in unseren Lebensentwürfen wieder hervortreten lassen könnte und meiner Meinung nach entsprechend einen kritischen statt zwanghaften Umgang mit den „positivierenden“ Medien eröffnen könnte: „Die Religion...wechselt...erneut ihren Standort und transformiert ihren Inhalt. Sie tritt, nach ihrer diesseitigen Eindickung und Einschrumpfung, wieder hervor und dehnt sich aus. Sie entdeckt wieder das ganz Andere und erstreckt sich ins Jenseits...Eine Rückkehr vertikal ausgelegter Trost- und Erlösungsvorstellungen beginnt sich an die Stelle der Diesseits-Religionen zu setzen. Nach dem Postismus der Jenseitismus!“ (P. Gross, MS „Eine Welt ist keine Welt“). Dann kommt es auf das Wahrnehmen des anderen Menschen in seinem Querstehen und in seiner Unauslotbarkeit, dieses anderen Menschen als des mich Anrufenden und mich Anfragend-Zwingenden an. Dieser Mensch nötigt mich zur eigenen Antwort, indem er mich dazu befreit und ermächtigt (wie E. Lévinas ausgeführt hat). Das mir zugewandte einzigartige und zugleich in seiner Einzigartigkeit mir entzogene Antlitz des anderen Menschen ist mein „Medium“, auf das ich freilich irritiert, ambivalent, vermutend unterstellend antworten kann und antworten muss.
- In dieser Erfahrung taucht auch subjektiv erlebte Einsamkeit auf: Sie und die Auflehnung dagegen stellen, so A. Schuller, „ein kostbares, oft revolutionäres Potential dar... In Auflehnung gegen die Rolle des Objekts in der Massengesellschaft phantasiert dieser sich als Subjekt (sc Einzelgänger), als Jäger, als Gott. Es ist müßig, darüber zu spekulieren, ob es sich dabei um ‚Psychopathen und Neurotiker‘ handelt, oder nicht vielleicht um die letzte Ressource einer zum Objekt gefrorenen Gesellschaft“ (Schuller, 1996, 217f.).
- Dieses „revolutionäre Potential“ weist zurück auf die körperlich-sinnliche Verwurzelung unseres Wahrnehmens und auf den Bruch des sinnlich-körperlichen sensitiven Wahrnehmens zum kognitiven Wahrnehmen. Der andre Mensch ist schon immer als „Gabe“ in mich eingebrochen und bleibt ambivalent, schwankend, irritierend gleichsam in meiner Haut, trennend und zugleich berührend, betörend und zugleich fliehend (Gerber, 2000, 4–6). Diese Erfahrung macht aufmerksam auf Vereindeutigungs- und Entkörperlichungsprozesse, wie sie in der Verwendung von Medien derzeit leitend sind.

- Wenn Versöhnen bedeutet, dass der andere Mensch für die Differenz zwischen sich und mir eintritt, mir dieselbe Stellvertretung aufbürdet und zumutet und mich in diesem Prozess zur einzigartigen, selbständigen Person werden lässt, dann kann der Medien-Zwang nicht versöhnen. Der andre Mensch macht mich zum Opfer und Sieger zugleich; der Medien-Zwang kennt nur solche Opfer, die allesamt durch die Medienteilnahme zu Siegern erklärt werden. Opfer will in unsrer Gesellschaft niemand mehr sein, weil unsere Gesellschaft ihre Opferhandlungen, etwa als Straßenverkehr, und ihre Opferriten, etwa als „Freistellung" in die Arbeitslosigkeit, zu Sieger- und Beinahe-Sieger-Veranstaltungen umideologisiert, umlügt. Selbst der Faschismus der Zuschauerzahlen des TV wird als Sieg der Mehrheit von angeblich mündigen Individuen ausgegeben, ohne Chance von Partizipation und Kontrolle nicht nur durch die Füße. Medien versöhnen uns nicht mit unserer Wirklichkeit, indem sie diese Differenz, die z.B. virtuell in „Matrix" und anderen Filmen intendiert ist, als einholbar deklarieren oder diese Differenz, wie bereits angedeutet, einfach hinnehmen. Medien geben permanent vor, uns mit unseren Sehnsüchten zu versöhnen, indem sie virtuell deren Erfüllung vorspiegeln, was man auch als Kitsch bezeichnen kann. Die angeboten-tradierten Sehnsüchte wie Partnerin fürs Leben, Lotto-Gewinn, Wunder-Genesung, Happy End werden (wie in Kitsch-Romanen und Kitsch-Heften) virtuell erfüllt und bleiben für die unerfüllten Adressaten sowohl ein Stachel als auch das Bild- und Gefühlskorsett ohne Alternative der Differenz-Wahrnehmung. Und doch schlägt diese Differenz-Erfahrung m.E. in unserer „Möglichkeitsverliebtheit" immer wieder durch als Spur der uns entzogenen Wirklichkeit des anderen Menschen (P. Gross). Sie ist nicht herstellbar, darstellbar, nachvollziehbar; sie bricht im Antlitz des anderen Menschen in mich hinein. Entlastung von dieser Erfahrung bedeutet das Ende unseres Menschseins.

Literatur

Bauman, Z.: Flaneure, Spieler und Touristen. Hamburg 1997.

Beck, U.: Risikogesellschaft. Auf dem Weg in eine andere Moderne. Frankfurt/M. 1986.

Beck, U.: Gegengifte. Die organisierte Unverantwortlichkeit. Frankfurt/M. 1988.

Beck, U.: Die Erfindung des Politischen. Zu einer Theorie reflexiver Modernisierung. Frankfurt/M. 1993.

Beck, U.; Beck-Gernsheim, E. (Hg.): Riskante Freiheiten. Individualisierung in modernen Gesellschaften. Frankfurt/M. 1994.

Bertelsmann Stiftung (Hrsg.): Was kommt nach der Informationsgesellschaft? 11 Antworten. Gütersloh 2002.
Beuscher, B.; Zilleßen, D.: Religion und Profanität. Entwurf einer profanen Religionspädagogik. Weinheim 1998.
Bolz, N.: Blindflug ins 21. Jahrhundert, in: Bertelsmann Stiftung (Hrsg.): Was kommt nach der Informationsgesellschaft?, S. 196–220.
Castells, M.: Das Informationszeitalter. Bd. I – III. Opladen 2001–2003.
Cebrián, J. L.: Im Netz – Die hypnotisierte Gesellschaft. Der neue Bericht an den Club of Rome. Stuttgart 1999.
Detering, H.: Die Tode Nietzsches. Zur antitheologischen Theologie der Postmoderne, in: Merkur. Deutsche Zeitschrift für Europäisches Denken 52 (1989) Heft 9/10: Postmoderne. Eine Bilanz, S. 876–889.
Deuber-Mankowsky, A.: Lara Croft – Modell, Medium, Cyberheldin. Das virtuelle Geschlecht und seine metaphysischen Tücken. es 1745. Frankfurt/M. 2001.
Gamm, G.: Die Unausdeutbarkeit des Selbst. Über die normative Kraft des Unbestimmten in der Moralphilosophie der Gegenwart, in: W. Lutz (Hrsg.): Das „Andere" der Kommunikation. Theorien der Kommunikation. Leipzig 1997.
Gerber, U.: Gott hautnah erleben. Zärtlichkeit als Geschenk und Provokation, in: BRU (Magazin für den Religionsunterricht in Berufsbildenden Schulen), Heft 33/2000, S. 4–6.
Gerber, U. (Hrsg.): Berufsschulunterricht in der Informationsgesellschaft. Bielefeld 2002.
Gerber, U.; Höhmann, P.; Jungnitsch, R.: Religion und Religionsunterricht. Eine Untersuchung zur Religiosität Jugendlicher an berufsbildenden Schulen. Frankfurt/M. 2002.
Gerber-Wieland, L.: Textur in Wort und Klang. Die Lyrik Georg Trakls und die Trakl-Lieder Anton Weberns im Spannungsfeld von Sprache und Musik. Freiburg i.B. 2002.
Gross, P.: Individualisierung als Verhängnis?, in: K. Gabriel u.a.: Modernität und Solidarität. Konsequenzen gesellschaftlicher Modernisierung. Freiburg i.B. 1997, S. 135–151.
Gross, P.: Ich-Jagd. Im Unabhängigkeitsjahrhundert. Frankfurt/M. 1999.
Hentig, H. von: Der technischen Zivilisation gewachsen bleiben. Weinheim 2003.
Hettlage, R. (Hg.): Individualisierung. Opladen 1999.
Horx, M.: Vor uns: Das High Touch Age, in: Bertelsmann Stiftung (Hrsg.): Was kommt nach der Informationsgesellschaft?, S. 174–195.
Krönig, J.: Am Ende der Reise ins Reich der technologischen Illusion, in: FR vom 24.04.2003, S. 7.
Lempp, R.: Die autistische Gesellschaft. Geht die Verantwortlichkeit für andere verloren? München 1996.
Lyotard, J.-F.: Das postmoderne Wissen. Ein Bericht. Wien 1994 (1979).
Meyer-Drawe, K.: Illusionen von Autonomie. Diesseits von Ohnmacht und Allmacht des Ich. München 1990.
Nicodemus, K.: Nichts als digitale Dönekes: „Matrix Reloaded" macht aus der Hacker-Guerilla pflichtbewusste High-Tech-Kämpfer, in: DIE ZEIT 22 vom 22. Mai 2003.
Richter, H. E.: Der Gotteskomplex. Die Geburt und die Krise des Glaubens an die Allmacht des Menschen. Reinbek 1979.
Steffens, A.: Rückkehr zur Welt, in: A. Steffens (Hrsg.): Nach der Postmoderne. Düsseldorf/Bensheim 1992, S. 319–345.
Schuller, A.: „No exit", in: F. Hager (Hrsg.): KörperDenken. Aufgaben der historischen Anthropologie. Berlin 1996.
Schulze, G.: Die Erlebnis-Gesellschaft. Kultursoziologie der Gegenwart. Frankfurt/M. 1993.
Schwertfeger, B.: Die Bluff-Gesellschaft. Ein Streifzug durch die Welt der Karriere. Weinheim 2002.

Wertheim, M.: Die Himmelstür zum Cyberspace. Eine Geschichte des Raumes von Dante zum Internet. München 2002.

Hardy Frehe

Spurenverfolgung – Zur bedrohlichen Schließung durch Videoüberwachung öffentlicher Räume

Mit dem Plakat: „Haben Sie gerade Ihre Hand im Schritt?" und „Woher, wohin? Einer sieht es. Dieser Platz wird videoüberwacht" wurde im Jahre 2000 in Leipzig auf die neue Qualität durch die Videoüberwachung hingewiesen (vgl. Leone 2000 und Kreuzer 2000). Es diente der Artikulation des Protestes gegen die Ausweitung der Videoüberwachung in Leipzig, wo 1996 das Pilotprojekt der Überwachung des öffentlichen Raumes startete. Videoüberwachung galt als möglicher und erfolgsversprechender Lösungsansatz in der Konzeption der Polizeidirektion Leipzig „zur Bekämpfung der Straßenkriminalität sowie zur Auflösung der offenen Btm-Szene[1] im Bereich der Leipziger Innenstadt" (Müller 1997: 78)[2]. Der Widerstand speiste sich unter anderem daraus, dass der schützende, paternalistische Blick der Kameras manchen in Leipzig an die falsche Väterlichkeit eines Erich Mielke erinnerte, der 1989 vor der DDR-Volkskammer ausrief: „Ich liebe euch doch alle!" (vgl. Kreuzer 2000) Aber ist es so, dass die Kamera alle liebt?[3] Oder ist es das ambitionierte Ziel, den Konsumenten und denjenigen, die die öffentlichen Räume zielstrebig durchqueren, eine Sicherheit vor der Begegnung mit den Nichtkonformen, den Lästigen zu geben? Dienen die Überwachungsinstallationen der Zementierung und Verschärfung der gesellschaftlichen Spaltung durch Verdrängung derjenigen, die das Stadtbild belasten wie Obdachlose, Drogenabhängige und herumlungernden Jugendliche – was ein zentraler Bestandteil der von Befürwortern vertretenen Theorien über die Wirkungsweise dieser Systeme darstellt, da durch Verdrängung von Risikopopulationen Gelegenheitsstrukturen bspw. für Taschendiebe zerstört werden? Besteht

[1] Die Btm-Szene ist die Drogenszene. (Btm = Betäubungsmittel).
[2] Vgl. ebenfalls Müller (1998, 2000, 2001).
[3] „Die Kamera liebt Dich" betitelte Slavoj Zizek seinen Artikel über die Big-Brother-Sendung, in dem es ihm um „die tragikkomische Umkehrung der Orwell'schen Beschreibung einer panoptischen Gesellschaft" ging. Jetzt ginge eher die Angst um, nicht die ganze Zeit von der panoptischen Macht beobachtet zu werden, da „die Leute den Blick der Kamera als Beweis für ihre Existenz brauchen". (Zizek 2000: 152)

insbesondere durch die elektrooptische Überwachung die Gefahr, dass eine Überwachungsinfrastruktur entsteht und der Überwachungsdruck die Gesellschaft auf Konformität verpflichtet? Führt dies zu einem Verlust der Unbefangenheit, der die Offenheit der Gesellschaft gefährdet? Oder motiviert diese Gefahr zu einer überschreitenden Geste, die nach der Idee von Souveränität bei Bataille „umwillen eines höheren, anderen Glücks, eines intensiveren Lebens der unvergleichlicheren Augenblicke, eine zwiespältige Sabotage betreibt" (Gamm 1999: 54) und sich bei Nastassja Kinski – als sie die minutiöse Ausspähung ihrer schauspielerischen Wandlungen reflektierte – als libertäre Lust an der Überschreitung äußerte: „Wenn ich nicht auf den Moment der Wahrheit gefaßt bin, in dem man sich wie eine aufgehende Blume fühlt, habe ich Angst vor der Kamera und hasse diese Maschine. Wenn ich dieses schwarze Loch fühle, das mich beobachtet, das mich einatmet, habe ich Lust, es in tausend Stücke zu zerschmettern".[4] Wie steht es mit dem Versuch, „abzuweisen, was wir sind" (Foucault 1987: 250) und uns in ‚Entunterwerfungskunst' (vgl. Butler 2002: 251) zu üben? Das abzuweisen, zu dem wir in einer von Prävention dominierten Politik im Bereich der Inneren Sicherheit gemacht werden?

Im Folgenden möchte ich die Videoüberwachung öffentlicher Plätze (CCTV) vor dem Hintergrund einer gewandelten Kriminalpolitik in ihren totalitären Tendenzen und der Gefahr für die Demokratie und die offene Gesellschaft thematisieren.

Über die Alltäglichkeit der elektro-optischen Beobachtung und dem bedrohlichen Potential

Von Kameras beäugt zu werden, ist inzwischen in Deutschland ein fester Bestandteil des Alltagslebens. Elektronische Augen finden sich in Läden und Kaufhäusern, in Bahnhöfen und öffentlichen Verkehrsmitteln, in Banken, in Sozialämtern, in Wohnungsanlagen, in Bädern, in Gefängnissen und – unter anderem auch – im öffentlichen Raum zur Verkehrüberwachung, wobei sich schnell herausstellte, dass sich diese Installationen auch für Überwachung von Demonstrationen vorzüglich eignen. Neben dem Wildwuchs an privaten Kameras erreichten die Videokameras als Mittel der Kriminalprävention den öffentlichen Raum. Ob als statische Installationen oder als mobile Systeme: In Deutschland

[4] Nastassja Kinski in Studio, 7. Zitiert nach (Virilio 1989: 122f).

„grassiert das öffentliche Videofieber, angesteckt hat man sich in Großbritannien" (Prantl 2002: 71). Dort verbreiteten sich in den 90ern die Videoüberwachungs-Systeme nach einem ersten Modellversuch in Bournemouth (1985) so in rapider Weise, dass die flächendeckende Überwachung der Innenstädte inzwischen im ganzen Land realisiert ist. Kein anderer Staat kann hinsichtlich der geschlossenen Videoüberwachung öffentlicher Räume mit Großbritannien Schritt halten, wo die Verbreitung dieser Systeme zur ‚Kriminalpräventionsinitiative des Jahrhunderts' avancierte und die CCTV-Systeme so verbreitet und normal sind, dass Stephen Graham sie als das kommende fünfte Netzwerk neben der öffentlichen Versorgung mit Strom, Gas, Wasser und Telekommunikation bezeichnet (vgl. Graham 1998). Die Kombination neuer Techniken wie digitale Fotografie, Bilderkennung, Rasterfahndung und neue Datenbanktechnologien eröffnet nun die Möglichkeit einer „Gesellschaft überwachter Massen, in der all unsere Bewegungen und Interaktionen im öffentlichen Raum beobachtet, aufgezeichnet und dokumentiert werden" (Norris/Armstrong 1998). Die Möglichkeit der offiziellen Registrierung von jeder Reise, jedem Treffen und jeder Begegnung hebt die Anonymität im öffentlichen und zivilen Leben Großbritanniens auf. Automation soll die Aufgabe bewältigbar machen. So hilft im Londoner Stadtteil Newham seit 1998 ein Gesichtserkennungssystem (FaceIt) bei der Überwachung des öffentlichen Raumes. Solche Systeme werden in Großbritannien nicht unbedingt von der Polizei betrieben. So liegt die Videoüberwachung in Coventry in den Händen einer private non-profit Gesellschaft, deren Mitglieder die meisten Vorfälle melden – diese werden also nicht bei Kamerapatrouillen vom Kontrollraum aus entdeckt (vgl. Veil 2003)[5].

In Deutschland, wo die optische Überwachung von öffentlichen Straßen und Plätzen eine lange Geschichte hat (vgl. Weichert 1998), besteht (noch) ein Konsens darüber, keine britischen Verhältnisse zu schaffen. Die Diskussion um die Überwachung des öffentlichen Raumes entzündete sich besonders mit dem schon erwähnten Leipziger Pilotprojekt zur Videoüberwachung von Kriminalitätsschwerpunkten (1996) aufgrund der Funktion, die dieser Raum für die Freiheit und die Demokratie erfüllt. Diese wird durch den Druck hin zu einer lückenlosen Überwachung bedroht. In der Begründung des sog. Volkszählungsurteils des Bundesverfassungsgerichts (BVerfGe) von 1983 wurde hervorgehoben,

[5] „In Coventry wird die Videoüberwachung in der Innenstadt seit 1998 von der City Centre Company Coventry (CCC) betrieben" (Veil 2003: 118). Die Fußgängerzone wird flächendeckend überwacht, wobei im gesamten Stadtgebiet insgesamt 120 Kameras installiert sind.

dass die Unsicherheit darüber, „ob abweichende Verhaltensweisen jederzeit notiert und als Information dauerhaft gespeichert, verwendet oder weitergegeben werden“, einen Einfluss auf die Verhaltensweise entfaltet, der dazu führt, dass der einzelne auf die Ausübung seiner Grundrechte (Versammlungsfreiheit etc) verzichtet. Dies würde nun „nicht nur die individuellen Entfaltungschancen des Einzelnen beeinträchtigen, sondern auch das Gemeinwohl, weil Selbstbestimmung eine elementare Funktionsbedingung eines auf Handlungs- und Mitwirkungsfähigkeit seiner Bürger begründeten freiheitlichen demokratischen Gemeinwesens ist“ (BVerfGe 65,1, 43). Das BVerfGe setzte sich mit der Situation in der ‚Informationsgesellschaft', in der unter der Bedingung der automatisierten Datenverarbeitung kein belangsloses Datum mehr existiert (vgl. BVerfGe 65, 1, 45), auseinander. Die Frage nach der Informationsordnung wird ein grundlegendes gesellschaftstheoretisches Problem, insbesondere da sich das mit der Volkszählung verfolgte Ziel, Gesellschaft durch Daten verfügbar und steuerbar zu machen, auch ohne Volkszählung mit der modernen Technik verwirklicht (vgl. Böhme 1993: 464). Das Problem des Umgangs mit Informationen verschärft sich durch die drohende Zusammenfügung der in der Nutzung digitaler Netze unentwegt entstehenden Datenspuren. Im Kontext der Privatisierung herkömmlicher öffentlicher Plätze realisiert sich die Vernetzung in den sog. ‚Sicherheitspartnerschaften'. In diesen können die Bilder der nach dem Hausrecht betriebenen privaten Kameras an die (noch) an höhere Eingriffshürden gebundene Polizei übergeben werden.

Ausgehend von den Vorgaben des BVerfGe ist bzgl. der Videoüberwachung zu fragen, ob die stationären elektronischen Beobachtungsmittel nicht nur ein Sicherheit vermittelndes und Freiheit förderndes 'Gefühl des Bewachtseins', sondern ein 'Gefühl des Überwachtseins' hervorrufen, „das wachsam beobachtenden Polizeibeamten so nicht entgegengebracht wird und auf längere Sicht durchaus erhebliche, die Freiheit der Bürger im öffentlichen Raum beschneidende und verformende Effekte mit sich bringt“ (Dolderer 2001: 132). Helmut Bäumler, Landesbeauftragter für den Datenschutz in Schleswig-Holstein, stellt die Brisanz der Videoüberwachung prägnant heraus: „Kein Zweifel: Videoüberwachung und -aufzeichnung berühren die Kernfragen des Persönlichkeitsrechts weit mehr als herkömmliche Datenerhebung und Datenspeicherung. Denn während diese einzelne Aspekte der Person, wohlgeordnet zumeist in Datenfeldern, betrifft, erfasst jene den Menschen als Ganzes, macht sein Verhalten umfassend transparent und kontrollierbar“ (Bäumler 2000: 55). Sie sei die ‚Überwachungstechnik schlechthin', da sie den Überwacher im Verborgenen agieren lässt, während sie den Überwachten in das Licht der Kameras taucht. „Sie ist die Industrialisierung der Observation und macht – wer einmal eine polizeiliche Observation zu organisieren hatte, weiß wie personalaufwendig das ist – die systematische Beobachtung von Personen im großen Stil erst möglich." (ebd.) Gerade deshalb muss die Videoüberwachung als „das Pilotprojekt für die anlasslose technische Überwachung potenziell der gesamten Bevölkerung" gelten (Weichert 2002: 33). Das polizeiliche Handeln erfährt im Zeichen der Prävention eine Entgrenzung durch die Ausweitung über den Bereich des konkreten Anfangsverdachtes hinaus. Für den Datenschutzbeauftragten Hessens, Prof. Friedrich von Zezschwitz, lassen die weitreichenden, technischen Vorrichtungen die Frage aufkommen, ob die Straße, die laut den liberalen Bewegungen des 19. Jahrhunderts dem Volk gehören sollte, nun „dem Überwachungseifer und der Fürsorge wohlmeinender Staatsorgane" (Zezschwitz 2000: 11) gehört? Er mahnt, die perfektionierte Bespitzelung in der DDR „nicht nur als Todeszeichen einer überwundenen Vergangenheit" zu begreifen, sondern sieht in dieser Möglichkeit ein Warnzeichen, das auch für intakte Gesellschaften gilt: Es dürften keine „technischen Vorrichtungen geschaffen werden [...], die das Potential zur obrigkeitlichen Kontrolle bürgerlichen Verhaltens in sich tragen" (ebd.) und zu einem Überwachungsstaat neuer Prägung führen könnten.

Die Verfassungswirklichkeit ist allerdings durch die ‚Vorwärtsverrechtlichung' (Narr) geprägt, die dem zuweilen als ‚Bergpredigt des Datenschutzes' gewürdigten Volkszählungsurteil folgte. Die Novellierung von Gesetzen erfolgte mit der Begründung, dass die Veränderungen durch die Datenschutzanforderungen des Volkszählungsurteils notwendig geworden sind. Die neuen Regelungen entgrenzten polizeiliches Handeln „mit Hilfe unbestimmter Rechtsbegriffe und pauschal genannter Kompetenzen" und erweiterten „die Kompetenzen zur Datenerhebung, -verwendung, -speicherung und -weitergabe" erheblich (Narr 1998). Bei der rechtlichen Einhegung der Videoüberwachung wurde zunächst die Frage nach der Eingriffstiefe dieses Überwachungsmediums kontrovers diskutiert. Verschiedentlich wurde behauptet, dass die bloße Beobachtung durch Kameras dem Schutzmann an der Ecke oder der musternden Polizeistreife gleichzusetzen sei und die Videobeobachtung ohne Aufzeichnung schlicht hoheitliches Handeln im Sinne der polizeilichen Aufgabenzuweisung darstelle, weshalb also eine spezielle Ermächtigungsnorm nicht notwendig wäre. Dem ist die Verhaltensanpassung bei Unsicherheit darüber, ob einer jederzeit mögliche

Observierung gerade stattfindet, entgegenzuhalten: „Wenn der Betroffene gerade nicht weiß, ob sein Verhalten aufgezeichnet wird, ist dieses latente Eingriffspotential mit einer grundrechtlichen Gefährdungslage gleichzusetzen“ (Schwarz 2001: 257). Neben der bloßen Beobachtung nach dem Kamera-Monitor-Prinzip stellt die Aufzeichnung der Vorgänge und die nachträgliche Bearbeitbarkeit (Verwertung) der Aufzeichnungen jeweils einen weitergehenden Eingriff dar, der der Regelung bedarf. Mittlerweile sind in den Polizeigesetzen der Länder Befugnisnormen erlassen worden, die allerdings recht unterschiedlich ausfallen (vgl. Achelpöhler/Niehaus 2002: 137f). Darin liegt ebenso eine Unsicherheit wie in der im Mai 2001 in Kraft getretenen Regelung zur Videoüberwachung im §6b des Bundesdatenschutzgesetzes (BDSG). Videoüberwachung wird bspw. bei den Privaten mit Leerformeln wie ‚zur Wahrnehmung berechtigter Interessen' für zulässig erklärt (vgl. Leopold 2002: 63). Unter anderem deshalb wird die im BDSG niedergelegte Regelung als verbesserungsbedürftig (vgl. Weichert 2001) und bspw. als durch eine Meldepflicht zu ergänzen (vgl. Weichert 2002) angesehen[6].

Praxis der Videoüberwachung

Neben der Gefahr einer Überwachungsinfrastruktur, die mit einer flächendeckenden Videoüberwachung verbunden ist, stellt sich auch die Frage, ob Videoüberwachung hält, was sie verspricht. Reduziert sich die Kriminalität wirklich drastisch? In der Innenministerkonferenz vom 05. Mai 2000 wurde Videoüberwachung als „ein geeignetes Mittel [...] der Gefahrenabwehr und der Strafverfolgung“ an sogenannten ‚Kriminalitätsbrennpunkten' anerkannt. In einer Stellungnahme verwies Jörg Ziercke darauf, dass es sich noch zeigen müsse, ob Videoüberwachung jemals eine erwähnenswerte Bedeutung innerhalb der polizeilichen Sicherheitsstrategie erlangen kann: Da Kameras selbst nicht eingreifen, sei konkrete Hilfe nötig, um die objektive Sicherheitslage zu verbessern und das subjektive Sicherheitsgefühl zu stärken (vgl. Ziercke 2000). Die folgende Praxis zeigte, dass zur Verdrängung der Drogenszene[7] und der Senkung der Zahl der

[6] Dies würde die Möglichkeit eröffnen, die Schätzungen über die Anzahl der den öffentlichen Raum ins Blickfeld nehmenden Kameras abzustützen. Schätzungen gehen von rund 500.000 öffentlichen und privaten Objektiven aus.

[7] Gerade aber die Atomisierung der Szene erschwert die Arbeit der Beratungsstellen, die ihre Klienten nicht oder nur noch schwer erreichen. „Die Szene ist atomisiert“, Stuttgarter Nachrichten 09.11.02

Straftaten neben der Videoüberwachung eine massive Polizeipräsenz nötig ist, wobei daran zu erinnern ist, dass eine Dislozierung der Drogenszene auch ohne Kameras möglich war.

Die wissenschaftlichen Evaluation über die Wirksamkeit der CCTV-Systeme in Großbritannien brachten bisher eher widersprüchliche Befunde (vgl. Hempel 2002). Diese Widersprüchlichkeit unterstützt die Bürgerrechtler in ihrer Skepsis gegenüber den Erfolgsmeldungen der Polizei[8]. Helmut Pollähne zeigte, dass in der polizeilichen Evaluation über das Videoüberwachungs-Projekt im Ravensberger Park in Bielefeld zweifelhafte Rechenübungen angestellt wurden, um es als Erfolg auszuweisen: „Die Peinlichkeit, dass die einschlägigen Straftaten vor Ort von einem niedrigen Niveau auf ein noch niedrigeres absanken, bevor (!) die Videoüberwachung installiert wurde, versuchte die Polizei auf zwei Wegen zu parieren: Mit einem plumpen Rechentrick, der die Zahlen für die Jahre 1998/99 einerseits und 2000/01 andererseits so gruppierte, dass auf den ersten Blick der Eindruck eines Kriminalitätsrückgangs entstand, und mit einer – wohl ebenso ernst gemeinten – kriminologisch anmutenden Erklärung: Der Placebo-Effekt 'angedrohter' Kameras. Die Ravensberger Videoüberwachung wird mit anderen Worten nachträglich als ein Erfolg gefeiert, der bereits eintrat, bevor sie überhaupt auf Sendung ging“ (Pollähne 2002: 8)[9].

Angesichts des sich in der Praxis zeigenden Umstandes, dass Kameras alleine nicht genügen, lässt sich fragen, warum überhaupt Kameras eingesetzt werden, wenn die Ziele schon durch erhöhte Polizeipräsenz erreicht werden könnten. So hält Zezschwitz die Verdrängung an einigen durch Kameras beson-

---

[8] Vgl. Martin Höxtermann, der bswp. auf die Differenz von den von Kameras entdeckten Straftaten und dem tatsächlichen Anzeigenaufkommen hinweist. (Höxtermann 2003) Ferner kommt Kritik aus den Reihen der Polizei. So erklärte Andreas Schuster, der Landeschef der Gewerkschaft der Polizei in Brandenburg: „Die Straftaten finden nur woanders statt, gehen nach meiner Kenntnis jedoch insgesamt nicht zurück“. Er betrachte die Erfolgs-Zahlen von Brandenburgs Innenminister Schönbohms „mit größter Skepsis“, denn bisher habe man z. B. die Straftaten im Schutzbereich Potsdam nur insgesamt ausgewiesen: „Für den Hauptbahnhof gab es noch keine gesonderte Erfassung“. Berliner Morgenpost, 1.2.2003.

[9] In der Begründung der Vergabe des BigBrotherAward der Kategorie "Regional" an den NRW-Innenminister Fritz Behrens 2002 wurde auf andere Maßnahmen, die zur Reduzierung der Kriminalität führten, hingewiesen: „Der Rückgang von Straftaten vor Installation der Kameras von 1999 auf 2000 hatte andere Gründe: Das Gelände wurde wegen der Expo hübsch gemacht, aufgeräumt, Sträucher zurück geschnitten, eine Ruine entfernt resp. renoviert, neue Beleuchtung installiert. Die Angebote für Alkohol- und andere Suchtkranke wurden deutlich verbessert, so dass für diese weniger Notwendigkeit bestand, sich im Park aufzuhalten.“. Quelle: http://www.big-brother-award.de/2002/.local/

ders zu schützenden Orten wie Schulen oder unübersichtliche U-Bahn-Stationen für sinnvoll, verweist aber angesichts der Überwachung der Konstabler Wache in Frankfurt darauf, dass die Frankfurter Polizei mitteilte, „dass sie die Streifen rund um die Konstablerwache verstärken musste, nachdem auf dem Platz selbst Kameras aufgehängt wurden. Da hätte man besser gleich auf dem Platz selbst die Kontrollen durch Beamte verstärkt“[10]. Auch im dreimonatigen Pilotprojekt zur mobilen Videoüberwachung in Böblingen machten sich enorme Personalkosten durch das Abstellen von zehn Beamten während der Pilotphase geltend, was als Grund für das mangelnde Interesse weiterer Kommunen an den Geräten gilt[11].

Trotz Zweifeln am Erfolg der Videoüberwachung stößt das Überwachungsmedium in der Bevölkerung auf hohe Akzeptanz und findet Zustimmung in Umfragen. Die Erfolgsmeldungen der Innenminister der jeweiligen Länder stärken zumindest das Sicherheitsgefühl. Der Zuspruch zu sicherheitspolitischen Maßnahmen wie die Videoüberwachung lässt sich auf den Wandel der sozialen Kontrolle zurückführen. Die früher problemlos funktionierenden Netze informeller sozialer Kontrolle seien verloren gegangen und müssten ersetzt werden. Diese Situationsdefinition erweist sich „als soziale Tatsache in Form einer ‚breakdown-of-social-control-panic‘, da sie Reaktionen von Privatpersonen und politisch-administrativen Instanzen nach sich zieht“ (Franz 2000: 75). Die ‚formelle soziale Kontrolle‘ durch die Polizeiarbeit gewinnt an Bedeutung. Neue Organisationseinheiten gleichen mit Hilfe moderner Technik den Bedeutungsverlust der sichtbaren Kontrolle durch Polizeistreifen aus und lassen „subtilere Formen der sozialen Kontrolle entstehen, die immer undurchsichtiger werden“. (Bigalke 2001: 28) Videoüberwachung gilt als ein Weg, der als mangelhaft erfahrenen sozialen Kontrolle und dem Schwund des Vertrauens in soziale Normen und Institutionen entgegenzutreten. In Deutschland ist insbesondere aufgrund der Beschreibung der sicherheitspolitischen Lage nach dem 11. Sept. 2001 zu erwarten, dass die Bedeutung der Videoüberwachung innerhalb der neuen Politik innerer Sicherheit noch erheblich zunehmen wird. So liegt einer ihrer Vorteile darin, dass sie „auf geradezu perfekte Weise dem Bild einer Sicherheitsgesellschaft, in der »Sicherheit« als zentrales Dispositiv verhandelt wird“ entspricht (Beste 2002: 19).

---

[10] Frankfurter Rundschau, 28.11.2002.

[11] Vgl. Ludwig Laibacher: „Mobile Videoüberwachung / Städte haben kein Interesse an mobiler Überwachung“. Stuttgarter Zeitung, 16.12.2002.

Doch wie wirkt die Videoüberwachung? Sozialwissenschaftlichen Studien zeigen, dass Videoüberwachungssysteme „tendenziell nur dann eine Wirksamkeit entfalten [...], wenn die beobachtbaren Räume gut abgegrenzt und übersichtlich gestaltet und die vorkommenden Handlungsschemata hinreichend einfach sind“ (Hempel 2003). Ferner sind bei der Wirkung der Gewöhnungseffekt und die Verdrängung zu beachten. Für Deutschland wurden ernsthafte Evaluierungsbemühungen zumindest in Brandenburg, wo die Pilotprojekte auf fünf Jahre angelegt wurden, angekündigt. Es bleibt zu hoffen, dass sich der ‚doppelte Mythos' der Videoüberwachung – einerseits die durchschlagende Wirksamkeit der Systeme und andererseits die von ihnen ausgehende Bedrohung, die sich in den von George Orwell geschilderten Szenarien nachlesen ließe – entzaubern lässt (vgl. Nogala 2003: 50f).

Umgestaltung des öffentlichen Raums und die rechtliche Würdigung von sicherheitspolitischen Strategien in diesem Feld

Städtische Behörden nehmen vielfach die Architektur- und Kontrollmodelle der privaten Shopping Malls „als Vorbild für die Regulation öffentlicher Räume“ (Ronneberger 2001: 36). Dabei sind die Normen, an denen man sich orientiert, eher für Vororte oder Kleinstädte typisch. Die Förderung von Mega-Malls trotz knapper finanzieller Ressourcen zeigt ebenso eine Umschichtung der Subventionsstruktur an als auch die Ersetzung der durch Kommunikation beschriebenen klassischen Orte der Öffentlichkeit. Geltend macht sich eine per se gegen Andersartigkeit gerichtete „Ideologie der Familiarität“ (Ronneberger 2001: 35). Der Versuch, eine störungsfreie Atmosphäre herzustellen und den Kaufvorgang als Erlebnisvorgang zu gestalten, ist der Vorstellung von Urbanität entgegengesetzt. Diese fasst den öffentlichen Raum „als Sphäre des Aufeinandertreffens verschiedener heterogener Gruppen, die alle zusammengenommen das Wesen einer Stadt ausmachen“, welche eine „Idealvorstellung (ist), deren Verwirklichung es strenggenommen nie gegeben hat“ (Vähling 2000) [12]. Urbanität lässt

[12] Während das „Ideal vom öffentlichen Raum in der modernen Stadt darauf hinaus läuft, dass alle als ‚drinnen' zu begreifen sind und draußen bereits nicht mehr Stadt ist“, war die Frage nach dem Zugang zum öffentlichen Raum immer schon von Machtverhältnissen abhängig: „irgend jemand blieb immer draußen, und dieses Draußen war nötig für das Selbstverständnis derer drinnen“. Vähling (2000)

sich weiterhin als Ideal vertreten. Sie lässt sich nicht planen und hängt an der Aneignung architektonischer Gegebenheiten.

Die der Kleinstadt entlehnten Ordnungsvorstellungen, die sich in den Malls verwirklichen sollen, erfahren eine hohe Zustimmung, weswegen Ronneberger von einem ‚korporativen Kontrollsystem' spricht. Aldo Legnaro sieht sowohl in den ökonomischen und sozialen Verwerfungen marktförmig dirigierter Beschleunigungsprozesse als auch in den Anforderungen an die Individuen, „sich eigenverantwortlich und unternehmerisch zu verhalten, während sie subjektiv zugleich die Empfindung haben, über ihre Umgebung kaum Kontrolle ausüben zu können“ (Legnaro 2000b: 74), die Verunsicherungen, die das Bedürfnis nach panoptischen Anstrengungen im öffentlichen Raum erzeugen. Der urbane Pan-optismus stelle zumindest »Fiktionen der Übersichtlichkeit« her, welche in den Zentren des urbanen Gewimmels besonders erwünscht seien. Die Furcht, dass sich an den Treffpunkten der Stadt soziale Kontrolle nicht spontan ergebe und die Einschätzung, dass „die Diversität der Anwesenden an sich eine Gefährdung bilde“, erfordere die Kompensation durch „gewaltige panoptische Anstrengungen, die als ein modernes Dienstleistungsangebot angepriesen werden“ (Legnaro 2000b: 74f). In der entstehenden Sicherheitsgesellschaft sind soziale und technische Kontrollmechanismen allgegenwärtig. Sie dienen nicht nur der „Produktion von Sicherheit als Sicherheit vor Funktionsstörung und Schutz vor devianten Verhaltensweisen, sondern [es geht] um die Etablierung von innergesellschaftlich wirksamen Mechanismen, die Grenzen von Inklusion und Exklusion herstellen“ (Legnaro 1997: 272). Während die »gefährlichen Klassen« mit drakonischen Mitteln kontrolliert werden und an die Stelle disziplinierender Normalisierung „die panoptischen Vergegenwärtigungen und Sanktionierungen ohne das Ziel von Resozialisierung“ treten, etabliert sich andererseits der „Raum der 'Freiheit', der zu tun erlaubt, was gefällt“ (Legnaro 2000a: 217). Nicht mehr die Individuen stehen im Mittelpunkt, sondern die Überwachung ziele auf die Kontrolle von Räumen, in denen unerwartete und unerwünschte Ereignisse ausgeschlossen werden sollen. Diese Ereigniserstickung soll die störungsfreie Inszenierung von Erlebniswelten garantieren (vgl. Borries 2000). Die städtische Öffentlichkeit verfällt und ist nicht mehr der Ort, in dem sich eine öffentliche Meinung formt. Stattdessen findet die politische Meinungsbildung oder die Artikulation von Partikularinteressen in anderen medialen Foren statt.

Legnaro fasst seine Überlegungen zum neuen Panoptismus in dem Statement zusammen, dass es nicht um Kriminalitätsprävention geht, sondern: „weitaus mehr um die Definitions- und Deutungshoheit über den Raum und das in ihm stattfindende Geschehen“ (Legnaro 2000b: 77). Videoüberwachung „sucht einen Prozess des differentiellen Wohlfühlens zu bestärken – die einen fühlen sich wohl, weil behütet, die anderen nicht wohl, weil beobachtet“ (ebd.). Auch wenn nicht unbedingt der totale Überwachungsstaat geschaffen werde, so sichert die Überwachung des Raumes „kulturelle Hegemonialität, die sich in den Definitionen dessen ausdrücken, was als zivil und nicht zivil gilt, und in den durchgesetzten Standard sozialer Ordnung. Eben darin besteht die Verheißung: in der Phantasie von Totalität, sowohl des Kontrollierten wie des Kontrollierbaren, in der Phantasie einer hegemonialen kulturellen Ordnung, die einen nach bürgerlichen Kriterien homogenisierten sozialen Raum schafft, in der Phantasie von Welt als einer panoptisierten Benutzeroberfläche. All dem dienen die im Panoptismus angelegten Fiktionen der Übersichtlichkeit aufs beste“ (ebd.).

In dieser hegemonialen kulturellen Ordnung werden diverse Erscheinungen des Großstadtlebens „wie Betteln, in Gruppen versammelte Obdachlose und Drogenabhängige, Grafitti an den Mauern, Phänomene also, deren Zusammenhang mit der Herstellung von Sicherheit sich nicht notwendig aufdrängen“ (Legnaro 1997: 273), als sicherheitsrelevant definiert. Sicherheit nimmt eine weitgefasste Bedeutung an: „Sicherheit bedeutet auch Sicherheit davor, angebettelt zu werden, beim Shopping Betrunkene sehen zu müssen, die Straße mit Herumlungernden zu teilen, also in einem ganz allgemeinen Sinne Sicherheit vor der Konfrontation mit Armut und Andersartigkeit“ (Legnaro 1997: 279). Diese Form der Sicherheit bedarf in der Tat einer erheblichen Kontrollstruktur.

Den Zusammenhang zwischen den angesprochenen Phänomenen und Sicherheit wird bspw. von der „Broken-Windows"-Theorie hergestellt, die ein wichtiger Ausgangspunkt für die neuen, auf die veränderten Strukturen in der postmodernen Gesellschaft abgestimmten Polizeistrategien – wie die auf die Mobilisierung der Gesellschaft setzende ‚Community policing' (‚Prävention durch Gemeinwesen-Arbeit') – darstellt. Die Reinigungsstrategie der videoüberwachten Stadt stützt sich auf die „Broken-Windows"-Theorie, die utilitaristisch begründend, die Gefährdung der Ordnung und der Gemeinschaft durch kleinste Ordnungsverstöße behauptet. Nach dieser Theorie, die in der ‚Entkriminalisierung' anstößigen Verhaltens einen verhängnisvollen Fehler sieht, hat die Kontrolle der Kriminalität im vorstrafrechtlichen Bereich abweichenden Verhaltens anzusetzen. Wird ein zerbrochenes Fenster in einem Gebäude nicht repariert, so ziehe dies die Zerstörung der restlichen Fenster des Gebäudes innerhalb kürzester Zeit nach sich. „Der ungehinderte Bettler ist in diesem Sinne das erste zerbrochene Fenster", denn „wenn Bürger nicht einmal einen lästigen Bettler davon abhalten können, die Passanten zu belästigen, wird der Dieb meinen, es sei sogar noch unwahrscheinlicher, dass sie die Polizei rufen werden, um einen potentiellen Straßenräuber zu identifizieren, oder dass sie bei einem Überfall selbst eingreifen werden" (Wilson/Kelling 1997: 49). Der als rational kalkulierender Akteur angesetzte Täter, der nach einer möglichst günstigen Gewinn-Verlust-Bilanz strebt, nähme also ungeahndete Verstöße gegen die Ordnung als Signal, dass sich in diesem Umfeld Gewinne durch kriminelles Verhalten maximieren ließen. Kriminalitätsbegünstigend sind auch die Auswirkungen des sich bei den Bürgern durch ungehinderte Bettler oder U-Bahn-Graffiti einstellenden Eindrucks, „dass die Umgebung [...] unkontrolliert und unkontrollierbar ist und dass jeder, der will, hier eindringen kann, um jede erdenkliche Art von Schaden und Unfug anzurichten" (Wilson/Kelling 1997: 47). Damit sich die Menschen nicht weiter aus dem Weg gehen, sei die aus der „Broken Windows"-Theorie abgeleitete „Zero-Tolerance"-Strategie gegenüber anderen Strategien zu bevorzugen[13]. Das Besondere dieser Strategie liegt darin, dass die soziale durch die polizeiliche Vorsorge ersetzt wird. Nicht neu hingegen ist die Annahme, dass die öffentliche Unordnung, „speziell die Verwahrlosung des öffentlichen Raums durch die Ausbildung offener Szenen oder durch Verhaltensweisen, wie Drogen- und Alkoholkonsum in der Öffentlichkeit" (Dolderer 2001: 130) den Nährboden von Kriminalität abgibt. Um der Kriminalität entgegenzutreten wird ein soziales Klima der Ordnung angestrebt. Ordnung soll durch Ausschluss der Störenden geschaffen werden.

Mit Zygmunt Bauman lässt sich das rigorose Saubermachen durch die Polizei (vgl. Kersten 1997 oder Roggan 2001) als eine Form der modernen Praxis des Ordnens verstehen. Bauman analysierte diese Praxis anhand des Holocausts. In der unter dem Prinzip der Selbigkeit stehenden Moderne wird eine vollständige Ordnung angestrebt, die die Individuen orientiert und mittels eines vernünftig gerechtfertigten Codes anleitet, wobei die Aporie der Moderne im Widerstreit des autonomen Subjekts und der Heteronomie durch einen anleitenden, vernünftigen Code liegt (vgl. Bauman 1995). Die „Zero Tolerance"-Strategie findet in dem Phantasma einer befestigten Ordnung eine Stütze und ist belastet

[13] Kelling selbst betont, dass er den Terminus ‚Null Toleranz' nie benutzt habe, da er auf die Verhältnismäßigkeit im polizeilichen Vorgehen statt auf kompromissloses Durchgreifen setze. (vgl. Kelling 2001: 398).

mit den prinzipiellen Kosten von Ordnungsprojekten. So droht die in der Strategie geforderte bürgerliche Selbstverantwortung ständig in vigilante Ausschließung und ethnische Reinhaltung umzuschlagen (vgl. Sack 1997)[14].

Die Totalerfassung des Raums, die verschiedentlich herbeigesehnt[15] und in der Strategie staatlicher Null-Toleranz verfolgt wird, stößt allerdings an verfassungsrechtliche Grenzen. Das Problem dieser Strategie liegt darin, dass die Sicherheitslinie immer weiter in die Gesellschaft hinein verschoben wird. Eine Gefährdung ergibt sich durch die Asymmetrie zwischen Sicherheit und Freiheit: „Hier mag ein Keim zur Umwidmung grundrechtlicher Freiheit – die zur Beliebigkeit ausgeübt werden darf – in Bürgerpflichten zu polizeigemäßem Verhalten liegen. Vielleicht liegt hier gar der Keim eines ‚Sicherheitsstaates', der seine Bürger zum Objekt gleichsam wohlfahrtsstaatlicher Sicherheitsfürsorge erklärt" (Dolderer 2001: 130). Die Verformung von Freiheitsrechten belegt, dass die einen bestimmten Ordnungsentwurf verfolgende Videoüberwachung nicht der ‚Rückeroberung der Allmende' – also der „Sphäre, die allen gehört und allen in gleicher Weise zugänglich ist" (Volkmann 2000: 362) – dient. Die neue Kriminal- und Sicherheitspolitik, die mittels offensiver Strategien öffentliche Räume zurückgewinnen möchte, dient „nicht nur [...] der Durchsetzung der rechtlichen, sondern verstärkt auch der alltäglichen oder sozialen Normen" (Volkmann 2000: 362). Uwe Volkmann unterscheidet bei den Strategien die Rückeroberung durch Exterritorialisierung (Verbannung, Aufenthaltsverbote) und die durch Demonstration von Präsenz, die bspw. durch technische Installationen wie Videoüberwachung realisiert wird. Insgesamt zeigen sich diese Strategien verknüpft mit den für das Recht apokryph bleibenden Vorstellungen von Geborgenheit und Sicherheit. So ist es bei den ins Auge gefassten störenden Verhaltensweisen vielfach fraglich, ob sie die Schwelle von der bloßen Belästigung zur Gefahr überschreiten. Die Maßnahmen von „Zero Tolerance" zielen auf die Errichtung und Befestigung einer bestimmten symbolischen Ordnung. Bedenklich erscheint die ständige Entgrenzung und Intensivierung der Kontrolle auch durch die rechtlichen Vorbehalte gegen das Apokryphe. Das rechtsstaatliche Bestimmtheitsgebot verlangt, dass das staatliche Handeln voraussehbar ist, weswegen generell der

---

[14] Geradezu eine „Aufforderung zu Übergriffen" ist das „Programm des aggressiven ‚Aufrollens' von Farbigen-Unterschichts-Gegenden durch die immer noch weit überwiegend weiße Polizei". (Brüchert/Steinert 2002: 101)

[15] So äußerte Bill Gates die Hoffnung, dass eine Totalerfassung des öffentlichen Raums mit allgegenwärtigen Kameras die Straßenkriminalität praktisch aussterben ließe (zit. nach Werber 1999: 433).

Gesetzesvorbehalt gilt, der auch dazu dient, dass die Grenzen einer Freiheitsbegrenzung vom Gesetzgeber selbst bestimmt und nicht dem Belieben der Verwaltung anheim gegeben werden (vgl. Hirsch 2002: 57). Ebenso ist im Rechtsstaat für Misstrauen ein begründeter Anhalt, ein konkreter Anfangsverdacht gefordert. Die Bestimmtheit leidet, wenn die staatlichen Behörden mit weitreichenden Kompetenzen zur Präventionsarbeit ausgestattet werden. Für Winfried Reiß atmen die mit der ‚vorbeugenden Bekämpfung' angestrebten Ermittlungsbefugnisse den ‚Geist der Inquisition', denn die Instrumentarien zielen auf Informationserhebung im Vorfeld der Ausführung von Straftaten, ohne noch auf die Abwehr konkreter Gefahren beschränkt zu sein. Es ist mit der „aus dem Rechtsstaatsgebot abzuleitenden Unschuldsvermutung [...] unvereinbar, bereits den Verdacht einer künftig noch zu begehenden Straftat zum Auslöser strafprozessualer Ermittlungsmaßnahmen mit Eingriffen in die private Sphäre des Einzelnen zu machen" (Reiß 1994: 223). Der Rechtsgrundsatz der Unschuldsvermutung wurde „in bewusster Abkehr der Praxis des Inquisitionsprozesses" (Reiß 1994: 223) entwickelt und macht sich im Anklageprozess nach französisch-englischem Vorbild geltend, der im 19. Jahrhundert die inquisitorischen Strafprozesse ablöste, womit auch die schrankenlosen Ermittlungsbefugnisse der ‚inquisitio generalis' entfiel. Auch die allgemeine Handlungsvollmacht der Polizei wurde spätestens im sog. "Kreuzberg-Urteil" des Preußischen Oberverwaltungsgerichtes von 1882 auf die Gefahrenabwehr beschränkt (vgl. Feltes 2001a).

Neben der sich aus der liberal-rechtsstaatlichen Struktur unseres Rechtssystems herschreibenden Kritik ist ferner herauszustellen, dass mit der Videoüberwachung keine Allmende wieder entsteht (vgl. Stolle/Hefendehl 2002). Der geschaffene Raum lässt sich als eine milieuneutrale Zone beschreiben (vgl. Schulze 1994) und ist eher durch Vertragsverhältnisse gekennzeichnet. In den neuen Räumen sind wir – so Marc Augé – gehalten, unsere Unschuld nachzuweisen. Augé bezeichnet unsere Zeit als »Übermoderne«, um auf „die Überfülle der Ereignisse" hinzuweisen (Augé 1994: 38). Die Übermoderne zeichnet sich durch Vermehrung von Nicht-Orten aus, mit denen sich die Benutzer in einem Vertragsverhältnis befinden. „In gewisser Weise wird der Benutzer von Nicht-Orten ständig dazu aufgefordert, seine Unschuld nachzuweisen. Die im Voraus oder im nachhinein erfolgende Prüfung der Identität und des Vertrages stellt den Raum des modernen Konsums unter das Zeichen des Nicht-Ortes: Nur wer unschuldig ist, erlangt Zutritt. Worte zählen hier fast nichts mehr. Keine Individualisierung (kein Recht auf Anonymität) ohne Identitätskontrolle" (Augé 1994:

120). Die Privatisierungstendenzen im Stadtraum und die Säuberungen des öffentlich-zugänglichen Raumes lassen immer weitere Nicht-Orte entstehen. Der städtische Raum gibt den Rahmen für Vergegnungen ab. Der öffentliche Raum wird „als ein zu durchquerendes Gebiet, nicht als eines, um sich darin aufzuhalten“ (Bauman 1995: 236) konzipiert, weshalb Herumlungern als ein typisch städtisches Delikt erscheint. In den Tempeln (Festungen) des Konsums werden nur die berechtigten Benutzer geduldet. Der Nachweis der Unschuld dient als Zulassungskriterium. So markiert die Prüfung der ,Unschuld' in einer sich veralltäglichenden Weise die Grenze von Inklusion und Exklusion. Fehlt der bei den sozialen und räumlichen Übergängen anzutretende Unschuldsnachweis, so droht die Exklusion, das Fallen aus der Welt. Die Überwachung der ,Nicht-Orte' könnte auch zur Ausbildung einer dritten Zone führen. Neben der videoüberwachten, sicheren Zone (Kommerz-Teil) und den No-Go-Gebieten würde dann ein „nicht-video-überwachter, aber kontrollierter Freizeit-Teil“ treten, denn es spricht vieles dafür, dass auch die anständigen Bürger es nicht immer als wünschenswert ansehen, auf Schritt und Tritt überwacht zu werden, und dass sie die „sterilen video-kontrollierten Bereiche meiden oder sie nur aufsuchen, um unabdingbare Geschäfte zu erledigen“ (Feltes 2001b: 185).

Kontrollpolitik, Sehmaschine und Sozialität

Mit der urbanen Videoüberwachung wird der Raum in besonderer Weise zugerichtet. Ein lückenlos einsehbarer und derart lückenlos kontrollierbarer Raum scheint zu entstehen: ein »scanscape« (Davis), der eine Zone der totalen Überwachung bezeichnet. Dies wird insbesondere durch die Automatisierung der CCTV-Systeme, mit der der Bilderflut begegnet werden soll, befördert. Entwicklungen wie „die automatisierte Gesichtserkennung von Personen in Menschenmengen sowie die algorithmengestützte Alarmierung bei gefahrenverheißenden Szenen“ (Nogala 2000a: 116) verschärfen den Überwachungsdruck. Entsteht eine ,Sehmaschine', die in der Lage sein wird, „das gesamte Gesichtsfeld zu interpretieren“ (Virilio 1989: 135)? Schon die implementierten technischen Möglichkeiten lassen die Frage nach der Videoüberwachung virulent werden[16]. Mit der weitergehenden Automatisierung scheint eine Kameradichte

[16] So schrieb Harald Stelljes (Datenschutz Bremen) über die Präsentation eines digitalen Videosystems für die Überwachung einer Großanlage, das von einem Sicherheitsdienst eingesetzt werden sollte: „Die Demonstration hat deutlich gemacht, dass Überwachungsanlagen

händelbar zu werden, die bei Vernetzung der Bilderströme eine totale Sichtbarkeit herstellen würde. Hansjürgen Garstka verweist auf die Möglichkeit des Entstehens von Orwell'schen Szenarien, wenn eine Spurenidentifikation nicht nur mittels Fingerabdruck praktikabel wäre, sondern bei der Gesichtsgeometrie ansetze: Bei hinreichender Kameradichte sowie einer zentralen Speicherung wird „im wörtlichen Sinn die Verfolgung der Spur möglich, die ein Mensch hinterlässt" (Garstka 2002: 45). Für die Totalisierung der Überwachung stehen ebenso die Systeme, die Alarm bei verdächtigen Verhalten auslösen sollen. Allerdings ist das beobachtbare Verhalten interpretationsbedürftig und unentscheidbar. Wie soll das ziellose Herumlaufen (Flanieren) an einem Ort von dem Verhalten eines auf Konsumenten wartenden Drogendealers unterschieden werden. Eine mögliche Folge der automatisierten Überprüfung wäre „die Ausbildung einer Paranoia [...] oder ein desto besser internalisiertes Über-Ich, das alles präventiv überwacht und normalisiert. Wehe dem, der aus der Reihe fällt" (Rötzer 2000: 114). Vollzieht sich so eine ‚obszöne Hyperinklusion' in einer universalisierten durch ständige Überwachung geprägten, unmenschlichen Versuchsanordnung wie im Big-Brother Medienexperiment, in dem der Blick des Voyeurs derart mächtig ist, dass sich „ein good subject als möglichst perfektes Experiment-Subjekt" (Stäheli 2000: 69) konstituiert? Insbesondere im Bereich der Datenerhebung geht die Gefahr der Hyperinklusion von privaten Unternehmen aus. Sie stellen eine völlige Transparenz bei Verlust der Andersheit her. Es lässt sich fragen: „Welche Sorte von Staatsbürgern wächst da heran, die von Kindesbeinen an daran gewöhnt sind, dass ihre vorgesetzte Instanz sie auf Schritt und Tritt heimlich beobachten kann?" (Bäumler 2000: 56)

Mit der technikgestützten Totalisierung der Überwachung laden sich die Räume atmosphärisch mit Unausgesprochenem und Unsichtbaren auf. Observation ist jederzeit möglich und es entzieht sich der Kenntnis, was mit dem Aufgezeichneten geschieht. Alles, was die zeitlosen Augen und Ohren je gesehen und gehört haben, kann, wenn es aufgezeichnet wurde, wieder zum Vorschein gebracht werden (vgl. Blum 1999). Es scheint, dass den Kameras nichts entgeht

---

dieser Qualität in der Lage sind, Bilder und Ausschnitte von nicht gekannter und nicht erwarteter Güte und Präzision zu liefern". Insbesondere die vielfältigen technischen Möglichkeiten wie „die Alarmschaltung, die Voralarmschaltung, die digitale Bildbearbeitung, die Aufhellung dem bloßen Auge als dunkler Bereich nicht erkennbarer Ausschnitte, der um 360 Grad rundum schwenkbare Überwachungsausschnitt oder der beeindruckende Zoombereich" zeigten an, „wie intensiv die Überwachung eines Lebensbereiches werden kann" (Stelljes 2002: 25).

und die Kontrollmechanismen universell werden. Schlägt damit Quantität in Qualität um und breitet sich ein bedrückendes Klima der latenten Unfreiheit aus? Steht am Ende der Entwicklung die totalitäre Kontrolle des Sozialverhaltens? Muss dann derjenige, der sich abweichenden verhält, zumindest erklären, warum das so ist?

Die Gefahr ist greifbar, dass bspw. unter Bezugnahme auf die ,Broken Windows'-Theorie immer mehr Handlungen als unerlaubt gelten und verfolgt werden. Bäumler mahnt deshalb, dass „bei der Videotechnik stets nach den Folgen für das Ganze gefragt werden muss, auch wenn der einzelne Einsatz für sich gesehen gut begründbar ist" (Bäumler 2000: 61). Die Betrachtung des Ganzen nötigt zur der Frage, ob nicht die Allgegenwärtigkeit von Überwachungsmedien dazu führt, dass sich das 'Gefühl des Überwachtseins' einschreibt, übrigens schon jetzt so, dass auch dort, wo es keine Videoüberwachung gibt, diese als existierend vorausgesetzt wird[17]. Die Individuen werden, indem sie in den Raum der permanenten Sichtbarkeit eingeschrieben werden, in einer bestimmten Weise subjektiviert. Wie ist die Gefahr der ,Deformation der Psyche' aufgrund der sich einprägenden allgegenwärtigen Überwachung und der Objektivierung des Menschen in der Totalauffassung (Datenkörper) einzuschätzen? Dolderer rekurriert hinsichtlich der Verpflichtung auf einen polizeigerecht-disziplinierten Freiheitsgebrauch auf die ,Theorie der objektiven Selbstaufmerksamkeit': „Wer beobachtet wird, nimmt sich selbst als Objekt wahr, wird der Diskrepanz seines Verhaltens zu Standards bewusst und will diese dadurch vermindern, dass er korrektes Verhalten an den Tag legt" (Dolderer 2001: 132). Der sich so aufbauende Überwachungsdruck wird allerdings auch bestritten: Personen würden allenfalls zu einem Unterlassen von Straftaten angehalten (vgl. Maske 2001). Aus bürgerrechtlicher Sicht hingegen bedroht die Verhaltensanpassung als Verformung der grundrechtlichen Freiheit die Demokratie: „Was bleibt von einer demokratischen Gesellschaft, wenn Bürger aus Furcht vor Identifikation und Repressalien nicht mehr an öffentlichen Versammlungen teilnehmen oder sich, unter dem Blick allgegenwärtiger Kameras, nicht mehr unbefangen bewegen und miteinander kommunizieren, sprich ihre Bürgerrechte ausüben können oder wollen?" (Leopold 2002: 62) Jean-Paul Sartre beschrieb den Verlust der Unbefangenheit, wenn man sich unter einem Blick stehend imaginiert, als eine Entfrem-

[17] In Düsseldorf gingen 43% der Befragten von einer Videoüberwachung öffentlicher Straßen und Plätze aus, obwohl diese nicht existiert. (Vgl. Reuband 2001)

dung des An-sichs, welche die Transzendentalität und die eigene Welt in Richtung des Anderen abfließen lässt und auf die Faktizität festlegt (vgl. Sartre 1993: 457 – 538). Der Blick des Anderen enthüllt mir die Scham: Die „Scham über sich, die in der Anerkennung dessen, dass ich wirklich dieses Objekt bin, das der Andere anblickt und beurteilt" (Sartre 1993: 471), liegt. Erfolgt nun die Objektivierung von einem ‚an eine Apparatstruktur delegierten leeren Blick', der sich von einem von Anteilnahme getragenen und an menschliche Präsenz gebundenen, fürsorglichen, zwischenmenschliche Blick unterscheidet[18]?

Diese Objektivierung widerspricht der Idee der Freiheitsgemeinschaft (Kant), doch sie entspricht der Kontrollpolitik, die in der Sicherheits- und Ordnungsprogrammatik seit dem Ende der 80er Jahre verstärkt die Funktion von Sozialpolitik im Zuge einer Globalisierung der ‚Null Toleranz' übernahm (vgl. Beste 2000). Kontrollpolitik hat Konjunktur im aus verschiedenen Gründen für manche Politiker außerordentlich attraktiven Diskurs um die Innere Sicherheit[19], in welchem durch die Konstruktion von Feindbildern und der Forderung nach den ‚erforderlichen' Mitteln, um der jeweiligen ‚Bedrohungslage' entgegenzutreten, für eine bestimmte Ordnung und ein bestimmtes gesellschaftliches Selbstverständnis optiert wird. Für Detlef Frehsee liegt der besondere Charakter der für die Videoüberwachung maßgeblichen kommunalen Bestrebungen um Ordnung über das Medium Kriminalität darin, „dass es dabei nicht um den Zusammenhang geht für etwas, sondern um Formierung gegen etwas; es ist ein Modus der Integration durch Ausgrenzung, durch Polarisierung, durch das Angebot immer wieder neuer Feindbilder des bedrohlichen Bösen" (Frehsee 2001: 54). In der Umsetzung der Kontrollpolitik vollzieht sich die Verdrängung des förderungs- und hilfeorientierten Paradigmas der Sozialpädagogik durch das Störungsparadigma der Polizei, welches sich generalisiert und Anerkennung als allgemeine politische Gestaltungsfolie gewinnt (vgl. Frehsee 2001). Schließlich

---

[18] Winfried Pauleit nahm diese Mark Cousins stammende Unterscheidung auf. (vgl. Pauleit 1999: 100)

[19] Attraktiv erscheint dieses Politikfeld, da in Zeiten der Globalisierung hier scheinbar noch Gestaltungsfähigkeit demonstriert werden kann: „Während der Staat gegenüber Phänomenen wie der Massenarbeitslosigkeit und anderer Herausforderungen hilflos erscheint, bietet die Straftatenbekämpfung ein populäres Feld, auf dem er sich als handlungsfähig und zupackend darstellen kann". (Achelpöhler / Niehaus 2002: 140) Mittels symbolischer, auf das Sicherheitsgefühl abzielende Gesetzgebung, bzw. durch die Selbstpräsentation als hart durchgreifend erzielen Politiker Erfolge bei den Medien und den Wahlen. Man denke bspw. an Schill in Hamburg oder Jacques Chirac, der im letzten frz. Präsidentschaftswahlkampf sich um die "Wiederherstellung der republikanischen Autorität" bemühte.

werden dann alle Maßnahmen an ihrer Präventionseignung gemessen, erfahren alle möglichen normalen zivilen Lebensverhältnisse eine Umdeutung in kriminalitäts- oder sonstwie störungsbezogene Sachverhalte[20].

Die Angebote der Feindbilder sind als Konstruktionen der Abweichung mit dem Etikettierungsansatz zu fassen. Dieser Ansatz, der im seit Mitte der 90er Jahre auch in der deutschen Soziologie geführten und mit dem Bild der ‚Innen-Außen-Spaltung' arbeitenden „Exklusions-Diskurs" (vgl. Cremer-Schäfer/Steinert 2000: 53) wieder verstärkt aufgenommen wurde, fasst Abweichung als eine Deutung und Klassifikation, die im Bemühen um Ordnung ‚exklusive' Kategorien von Menschen schafft und diese ausschließt. Mit Bauman lässt sich die Dialektik von Ordnungsprojekten und deren Aufruhen auf der Praxis des Fremdmachens und der Angewiesenheit auf das „Verkünden ständig neuer Anomalien" (Bauman 1999: 25) nachzeichnen. Das Stigmatisieren ist als Form der Zerstörung von Sozialität zu lesen (vgl. bspw. Cremer-Schäfer 1995), welche auch durch die massierten Kontrolltechnologien droht. Ist es nicht ein Fehler der anonymen Videoüberwachung, „ganze Bevölkerungsgruppen auszugrenzen, indem ihnen der Zutritt zu bestimmten Bereichen des öffentlichen Lebens ganz oder teilweise, faktisch oder rechtlich verwehrt wird"? (Feltes 2001b: 191) Zerstört die Gesellschaft durch Ausgrenzung einzelner Gruppen das Fundament, auf dem sie erbaut ist? Entsteht eine Kultur des Misstrauens, die das innere Gleichgewicht eines demokratischen Staates, sofern dieser auf dem Vertrauen in die Bürger gründet, erschüttern würde?

Bedrohliche Schließung durch die CCTV-Systeme aus sozialphilosophischer Sicht

Die auf Ausgrenzung und einen Konformität herstellenden Überwachungsdruck beruhende Bedrohung der Sozialität lässt sich als Konflikt mit dem grundrechtlichen Toleranzmodell rechtlich fassen. Denn die Aufgabe der Grundrechte als Abwehrrechte liege darin, „die Freiheit der Minderheit und damit ‚Nonkonformität' und ‚Alternativität' und so die Pluralität der Gesellschaft zu sichern" (Dolderer 2001: 134). Deshalb kann der Freiheitsgebrauch alternativer Minderheiten nicht als dem ‚gedeihlichen Zusammenleben' abträglich verworfen werden. „Die Grundrechte eröffnen allen gerade die Freiheit zur Beliebigkeit. [...]

---

[20] Das Konzept der Prävention scheint vor allem durch seine ‚inhaltliche Unbestimmtheit' eine hohe Attraktivität zu genießen (vgl. Pütter 2002: 46).

Freiheit zur Beliebigkeit impliziert aber Toleranz, gerade gegenüber nonkonformen Minderheitenverhalten“ (ebd.). An der Idee der Freiheit orientiert sich die juridische Diskussion hinsichtlich der normativen Einhegung der Videoüberwachung, in der das „freiheitswahrende Prüfraster grundrechtlichen Argumentierens“ gegen das „suggestiv-idyllische >Grundrecht auf Sicherheit<“ steht (vgl. Höfling 2000: 44).

Sozialphilosophisch lässt sich die Idee der offenen Gesellschaft (Pluralität) über den Bezug auf Alterität ausbuchstabieren. Wenn das Soziale normativ von der Alterität, von der Transzendenz des Anderen her entschlüsselt wird, dann lässt sich mit Lévinas an das 'Pathos des Liberalismus' anschließen. Dort wird die Person, „die nichts anders darstellt, d.h. die eben ein Selbst ist“ (Lévinas 1987: 168), in den Vordergrund gestellt. Mannigfaltigkeit kann es nur geben, „wenn die Individuen ihr Geheimnis bewahren, wenn die Beziehung, die sie zur Menge vereinigt, nicht von außen sichtbar ist, sondern vom einen zum anderen geht“ (ebd.). Wenn die Beziehung von außen sichtbar wäre, „würde die Menge eine Totalität bilden, an der die Individuen teilhaben“ (Lévinas 1987: 169). Der ‚Pluralismus an sich selbst', der keine numerische Mannigfaltigkeit ist, „setzt eine radikale Andersheit des Anderen voraus“ (Lévinas 1987: 170). Er wäre eine Pluralität der Alterität, wo die Einzelnen nicht in einer Totalität zusammengeschlossen wären. Die Pluralität wird durch Wahrung des Geheimnisses der Unausdeutbarkeit des Selbst möglich.

In der Verantwortung für den Anderen als Anderen liegt der ethische Überschuss der sozialen Welt. Mit Lévinas lässt sich der von Sartre thematisierte Einbruch des Anderen in das Eigene als Einbruch in die herrschende Egologie, als Erschütterung der Alterität ausschließenden Selbigkeit des Ichs fassen. Die Sorge, die Verantwortung für den Anderen als Antlitz, d.h. für den in seiner Unausdeutbarkeit begegnenden Anderen, stellt den von der Tyrannei der Selbsterhaltung befreienden Riss in der Gleichgültigkeit dar und ist der Ausweg aus einer leeren Existenz. Das erwählte Individuum wird einmalig und unvertretbar. Die Subjektivität erhält in dem in dieser Verantwortung sich vollziehenden Bruch mit dem Sein und dem darin herrschenden Schicksal ihre irreduzible Bedeutung, ihre unvergleichliche Ich-Einzigkeit, die „außerhalb der Gemeinschaft, der Gattung und der Form“ (Lévinas 1992: 35) steht. Es ist diese Transzendenz, die das Band der menschlichen Gemeinschaft begründet. Sie ist als Fundament der offenen Gesellschaft zu schützen.

Tangiert nun die Videoüberwachung die als ethisches Fundament der Gesellschaft zu begreifende Begegnung mit dem Anderen als Antlitz und stellt sie den Einzelnen fest? Ist der von Kommunikation und Anteilnahme differierende technische Blick von einer ‚Ethik der Angesichtigkeit' aus zu kritisieren? Knut Berner stellt gegenüber einer einseitigen Präferierung der Angesichtigkeit die Ambivalenz des menschlichen Blicks heraus. Diese Ambivalenz liege darin, dass der „Vorzug der Unmittelbarkeit, den Begegnungen von Angesicht zu Angesicht haben, flankiert wird von der drohenden Gefahr des Gesichtsverlustes" (Berner 2002: 169). In der leiblichen Präsenz liege eine Form der Selbstpreisgabe. Sie ist zudem mit einem potentiellen Zu-Nahe-Treten assoziiert. Insofern ist der Bezug auf die vermiedene Angesichtigkeit bei der elektrooptischen Beobachtung zur Kritik derselben unzureichend. Berner, für den die Videokamera „wie der Röntgenblick das Verlangen nach einem Sehen, das auf Reziprozität verzichtet und sich als Observation stilisiert" (Berner 2002: 170), dokumentiert, bezieht sich in seiner Einschätzung der Angesichtigkeit auf den Gedanken der Abwesenheit oder Unausdeutbarkeit Gottes, was dem Subjektivitätsverständnis von Lévinas insofern gleicht, als für diesen die Subjektivität durch Entzug, durch Unendlichkeit gekennzeichnet ist. Diese Unendlichkeit verweist auf das in der Negativität, in dem entzogenen Grund der Subjektivität liegende Freiheitsmoment. Subjektivität bedarf der Besonderung, geht aber niemals in Kriterien auf: „Die leere oder unbestimmbare Mitte des Selbst kann nicht unbesetzt bleiben, sie verlangt ständig nach dem, wodurch sie sich artikulieren, manifestieren oder repräsentieren kann, um gleichzeitig deutlich zu machen, dass sie durch keine Artikulation hinreichend erschöpft werden kann" (Gamm 2002: 92). Die gebrochene, ‚sich selbst zersetzende Mitte' (Hegel) lässt sich theoretisch nicht schließen und verweist auf eine ‚irreduzible Lücke im Sein'. Die Schließung durch die CCTV-Systeme lässt sich im Zeichen einer performativen Subjektivität kritisieren.

Die Dialektik von Offenheit und Schließung reflektierend lässt sich die rechtliche und sozialphilosophische Kritik verknüpfen. Die sich vom Toleranzmodell des Grundgesetzes herschreibende Kritik, die sich auf die Grundrechte als Abwehrrechte gegen eine bedrohliche Schließung beruft, lässt sich durch das von der nicht hintergehbaren Verantwortung für den Anderen ausgehende Verständnis der sozialen Verhältnisse der Menschen ergänzen. Darin liegt der Übergang von Toleranz, die immer in Indifferenz umschlagen kann, zu Solidarität, ohne allerdings auf die Herstellung einer bestimmten Form des Umgangs

(Allmende) durch den Staat mittels polizeilicher Maßnahmen zu setzen. In der nicht paternalistisch zu verstehenden Verantwortung für den Anderen liegt das Fundament der offenen Gesellschaft, welches es zu schützen gilt. Der Geschlossenheit einer Gemeinschaft, in der die Multidimensionalität des Ichs zugunsten von Konformität vertuscht und die Einmaligkeit verkannt wird, ist mit Rekurs auf die Negativität und Unausdeutbarkeit entgegenzutreten.

Der sich durch die CCTV-Systeme aufbauende Überwachungs- oder Anpassungsdruck ist als eine bestimmte, bedrohliche Weise der Schließung zu dechiffrieren. Dieser ist die Negierung der Unendlichkeitsdimension und der Einzigartigkeit der Subjektivität und damit die Bedrohung der Pluralität vorzurechnen. Leitend ist dabei das Verständnis von der leeren Mitte des Sozialen und des Selbst, die zwar beständig des Einschließens in einer Form bedarf, aber ebenso durch Offenheit charakterisiert ist. So wie für Schelling die ewige Freiheit der Bewegung des Subjekts, welches ‚durch alles durchgehen und nichts sein' kann, welches sich gegen jede Festlegung sperrt und in dem Indefiniblen seine Bestimmung findet, darin liegt, „in keiner Gestalt eingeschlossen zu sein und dennoch frei, sich in Gestalt einzuschließen" (Schelling 1994: 292), worin seine wahrhafte Unendlichkeit liegt. Dabei ist das Einschließen in einer Gestalt ebenso zentral wie die Rückkehr aus dieser. Die Offenheit zum Gestalten betrifft ebenso das aus dem Schutz der Menschwürde abgeleiteten Verbot, Menschen zum bloßen Objekt werden zu lassen, weil bei diesem in Rechnung zu stellen ist, dass zwar jeder soziale Interaktionsvorgang mit einer Objektivierung verbunden ist, dieser aber dann menschenunwürdig wird, „wenn dem einzelnen die Möglichkeit genommen wird, auf diese Objektivierung einzuwirken" (Roßnagel 1994: 232). Die leere Mitte ist gegen fatale Schließungsbewegungen zu verteidigen. Der die Alterität abschneidende kategoriale Zugriff bei der Videoüberwachung und die sich der Sicherheitstechnologien bedienenden Versuche, den öffentlichen Raum mittels struktureller Gewalt von urbaner Irritation zu befreien und dabei eine als Medium zu verstehende Überwachungsinfrastruktur aufzubauen, untergraben das Fundament einer offenen Gesellschaft durch die dadurch beförderte Konformität (Selbigkeit) und dem Verlust der Unbefangenheit.

Literatur

Achelpöhler, Wilhelm und Holger Niehaus (2002): „Videoüberwachung – das wachsame Auge des Gesetzes". In: „Kriminalität und Sicherheit"; Munier, Gerald (Hg); Berlin, 135 - 144.

Augé, Marc (1994): „Orte und Nicht-Orte. Vorüberlegungen zu einer Ethnologie der Einsamkeit“; Ffm. Orig. 1992.

Bäumler, Helmut (2000): „Problem der Videoaufzeichnung und -überwachung aus datenschutzrechtlicher Sicht“. In: „Videoüberwachung – Wohltat oder Plage?“ Möller, Klaus Peter und Friedrich von Zezschwitz (Hg.); Baden-Baden; 55 - 64.

Bauman, Zygmunt (1995): „Postmoderne Ethik“; Hamburg. Orig. 1993.

Bauman, Zygmunt (1999): „Unbehagen in der Postmoderne“. Hamburger. Orig. 1997.

Berner, Knut (2002): „Ohne Ansehen der Person. Gottes Unsichtbarkeit und die Transformation einer Ethik der Angesichtigkeit“. In: Zeitschrift für Evangelische Ethik, 169 – 180.

Beste, Hubert (2000b): „Bürgeraktivierung im System ‚innerer Sicherheit‘. Die Wiederentdeckung des Lokalen“. In: Bürgerrechte & Polizei/CILIP 66 (2/00); 6 - 15.

Beste, Hubert (2002): „Das Beispiel Videoüberwachung – eine neue Kultur der Kontrolle?“. In: FIfF-Ko 01/2002; S. 18 - 20.

Bigalke, Katja (2001): „Europa der Polizeien. Grenzenlose Sicherheit“. In: „Freiheit stirbt mit Sicherheit / Handbuch gegen Überwachung und Ausgrenzung“; JungdemokratInnen/Junge Linke (Hg.); Berlin; 23 - 28.

Blum, Elisabeth (1999): „Zeichen von Barbarei: die neue panoptische Stadt" in: „Centrum: Jahrbuch Architektur und Stadt"; Birkhäuser, Basel, S. 40–45.

Böhme, Gernot (1993): „Am Ende des Baconschen Zeitalters. Studien zur Wissenschaftsentwicklung“; Ffm.

Borries, Friedrich von (2000): „Urbane Kommunikation / Transformationen von Videoüberwachung in ein urbanes Kommunikationsangebot“. In: Ästhetik & Kommunikation, Heft 111, 79 – 82.

Brüchert, Oliver und Heinz Steinert (2002): „‚Aufräumen wie in New York‘ – Das Ende einer Illusion“. In: „Kriminalität und Sicherheit“; Munier, Gerald (Hg); Berlin, 95 – 104.

Butler, Judith (2002): „Was ist Kritik? Ein Essay über Foucaults Tugend“. In: Deutsche Zeitschrift für Philosophie; Heft 2/02.; 249 – 265.

Cremer-Schäfer, Helga (1995): „Einsortieren und Aussortieren. Zur Funktion der Strafe bei der Verwaltung der sozialen Ausschließung“. In: Kriminologisches Journal 27, Heft 2; 89 – 119.

Cremer-Schäfer, Helga und Heinz Steinert (2000): „Soziale Ausschließung und Ausschließungstheorien: Schwierige Verhältnisse“. In: „Soziale Kontrolle – Zum Problem der Normkonformität in der Gesellschaft“; Helge Peters (Hg.); Leske + Budrich, Opladen; 43 – 64.

Dolderer, Michael (2001): „Sicherheit durch Null-Toleranz". NVwZ (Neue Zeitschrift für Verwaltungsrecht) 1, 130 – 134.

Feltes, Thomas (2001a): „Polizei“. In: Handbuch Sozialarbeit/Sozialpädagogik, Neuwied, S. 1389 ff.

Thomas Feltes (2001b): „Videoüberwachung. Es ist erst der Anfang... aber aller Anfang ist bekanntlich schwer / Ein futuristisch-zynisches Szenario oder eine Aufforderung zu mehr ‚possipullity‘“. In: Bewährungshilfe, S. 181-192.

Foucault, Michel (1987): „Warum ich Macht untersuche: Die Frage des Subjekts“. In: „Michel Foucault. Jenseits von Strukturalismus und Hermeneutik“. Hubert L. Dreyfus und Paul Rabinow (Hg.); Athenäum Verlag, Ffm. 243 – 250.

Franz, Peter (2000): „Wie weit trägt das Konzept ‚Sozialer Kontrolle‘ bei der Analyse aktueller gesellschaftlicher Entwicklungstrends? Eine Diskussion anhand der These der gefährdeten Integrationsfunktion der Stadt“. In: „Soziale Kontrolle – Zum Problem der Normkonformität in der Gesellschaft“; Helge Peters (Hg.); Leske + Budrich, Opladen; 67 – 86.

Frehsee, Detlef (2001): „Korrumpierung der Jugendarbeit durch Kriminalprävention?". In: „Prävention – Zur kritischen Bewertung von Präventionsansätzen in der Jugendarbeit"; Freund, Thomas und Werner Lindner (Hg.); Opladen, 51 – 67.

Gamm, Gerhard (1999): „Vernunft und Eros. Der blinde Fleck in der Philosophie". In: „Georges Bataille. Vorreden zur Überschreitung"; Hetzel, Andreas und Peter Wiechens (Hg.); Würzburg; S. 41 – 56.

Gamm, Gerhard (2002): „Der unbestimmte Mensch. Die gebrochene Mitte des Selbst als irreduzible Lücke im Sein". In: Lettre International 57; 90 – 93.

Graham, Stephen (1998): „Towards the fifth utility? On the extension and normalisation of public CCTV." In: Norris, Clive; Jade Moran und Gary Armstrong: "Surveillance, Closed Circuit Television and Social Control." Aldershot: Ashgate, 89-112.

Garstka, Hansjürgen (2002): „Unter Generalverdacht. Biometrische Merkmale in Pässe und Ausweisen". In: „Grundrechte-Report 2002"; Reinbek.

Hempel, Leon (2002): „Das elektronische Auge im Blick". In: FIfF-Ko 1/2002, S. 38 - 41.

Hempel, Leon (2003): „Verdrängen statt Vorbeugen. Zur mobilen Videoüberwachung in Deutschland". In: Telepolis, 15.01.2003. http://www.telepolis.de/deutsch/inhalt/co/13928/1.html

Hirsch, Burkhard (2002): „Rechtlos durch geheime Staatsdatei? Das Recht auf Ausreise, »Limo« und die Gipfel der EU". In: „Grundrechte-Report 2002"; Reinbek, S. 50 – 58.

Höfling, Wolfram (2000): „Grundrechtliche Anforderungen an Ermächtigungen zur Videoaufzeichnung und –überwachung durch verwaltungsbehörden". In: „Videoüberwachung – Wohltat oder Plage?" Möller, Klaus Peter und Friedrich von Zezschwitz (Hg.); Baden-Baden; S. 31, 44.

Höxtermann, Martin (2003): „Big Brother mit Sehstörung. Videoüberwachung in Baden-Württemberg hält nicht, was sich die Politik davon verspricht". In: Junge Welt, 08.01.2003. Quelle: http://www.jungewelt.de/2003/01-08/014.php.

Kelling, Georg (2001): „Neue Wege polizeilicher Kontrolle in den USA". In: der kriminalist 10/01; S. 397 – 399.

Kersten, Joachim (1997): „Goldhagen, Browning, Polizeiforschung und die New York Debatte". In: „Das Modell New York: Kriminalitätsprävention durch ‚Zero Tolerance'?"; Dreher, Gunther. und Thomas Feltes (Hg.), Holzkirchen, 72 - 75.

Kreuzer (2000); NN: „Big Brother is watching L.E.", März 2000. Quelle: http://www.nadir.org/nadir/initiativ/infoladen_leipzig/camera/atext001.htm

Legnaro, Aldo (1997): „Konturen der Sicherheitsgesellschaft: Eine polemisch-futurologische Skizze". In: Leviathan, 271 – 284.

Legnaro, Aldo (2000a): „Aus der Neuen Welt: Freiheit, Furcht und Strafe als Trias der Regulation". In: Leviathan, 202 – 220.

Legnaro, Aldo (2000b): „Panoptismus – Fiktionen der Übersichtlichkeit". In: Ästhetik & Kommunikation, Heft 111, 73 – 78.

Leone, Arthur (2000): „Hand im Schritt. Leipzig ist Spitzenreiter bei der Video-Überwachung von Straßen und Plätzen". In: jungle world, Nr. 7, 09.02.00. Quelle: http://www.nadir.org/nadir/initiativ/infoladen_leipzig/camera/atext002.htm

Leopold, Nils (2002): „Du bist nicht allein. Zur Videoüberwachung öffentlicher Räume". In: „Grundrechte-Report 2002"; Reinbek, S. 59 – 64.

Lévinas, Emmanuel (1987): „Totalität und Unendlichkeit"; Freiburg.

Lévinas, Emmanuel (1992): „Jenseits des Seins oder anders als Sein geschieht"; Freiburg.

Maske, Rainer (2001): „Nochmals: Die Videoüberwachung von öffentlichen Plätzen"; NVwZ 11/2001; S. 1248 – 1250.

Müller, Rolf (1997): „Pilotprojekt zur Videoüberwachung von Kriminalitätsschwerpunkten in der Leipziger Innenstadt", in: Die Polizei, Nr. 3/97, S. 77-82

Müller, Rolf (1998): „Nochmals: Videoüberwachung von Kriminalitätsschwerpunkten in der Leipziger Innenstadt", in: Die Polizei, Nr. 4/98, S. 114-116

Müller, Rolf (2000): „Nochmals: Die Videoüberwachung von Kriminalitätsbrennpunkten in Leipzig. Eine Ergänzung zu den Abhandlungen in den Heften 3/97, S.77ff. und 4/98", S.114ff., in: Die Polizei, Nr. 10/00, S. 285-291.

Müller, Rolf (2001): „Die Videoüberwachung von Kriminalitätsbrennpunkten in Leipzig", in: Deutsches Polizeiblatt, Nr. 5/01, S. 21-24.

Narr, Wolf-Dieter (1998): „Wir Bürger als Sicherheitsrisiko"; Bürgerrechte & Polizei/CILIP 60 (2/98), S. 52-59.

Nogala, Detlef (2000a): „Erscheinungs- und Begriffswandel von Sozialkontrolle eingangs des 21. Jahrhunderts". In: „Soziale Kontrolle / Zum Problem der Normkonformität in der Gesellschaft"; Helge Peters (Hg.); Opladen; 111 – 131.

Nogala, Detlef (2000b): „Der Frosch im heißen Wasser". In: „Vom Ende der Anonymität; Die Globalisierung der Überwachung", Schulzki-Haddouti, Christiane (Hg.), Hannover, S. 157–168.

Nogala, Detlef (2003): „Ordnung durch Beobachtung: Videoüberwachung als urbane Einrichtung". In: „Jahrbuch StadtRegion 2002. Schwerpunkt: Die sichere Stadt"; 2003; Opladen, S. 33 – 54.

Norris, Clive und Gary Armstrong (1998): "Smile, you're on camera. Flächendeckende Videoüberwachung in Großbritannien", in: Bürgerrechte & Polizei/CILIP 61 (3/1998), S. 30-40.

Pauleit, Winfried (1999): „Videoüberwachung und die ,condition postmoderne'", in: Ästhetik & Kommunikation 8/99, S. 99-106.

Pollähne, Helmut (2002): „Kein Placet für Placebo. Ravensberger Videoüberwachung - Nachruf auf ein Pilotprojekt". In: FIfF-Ko 01/2002, S. 7f.

Prantl, Heribert (2002): „Verdächtig. Der starke Staat und die Politik der inneren Sicherheit". Hambg / Wien.

Pütter, Norbert (2002): „Präventionsräte und Sicherheitspartnerschaften – eine Zwischenbilanz". In: „Kriminalität und Sicherheit"; Munier, Gerald (Hg); Berlin, 41 - 51.

Reiß, Wolfram (1994): „Das Recht auf Privatheit und vorbeugende Bekämpfung der organisierten Kriminalität". In: „Die Freiheit und die Macht. Wissenschaft im Ernstfall Festschrift für Adalbert Podlech", E. Nickel (Hg.), Baden-Baden, 213 – 225.

Reuband, Karl-Heinz (2001): „Videoüberwachung: Was die Bürger von der Überwachung halten". In: Neue Kriminalpolitik, Heft 2/2001, S. 5-9.

Roggan, Fredrik (2001): „Die Videoüberwachung von öffentlichen Platzen oder: Immer mehr gefährliche Orte für Freiheitsrechte", in : NVwZ, Nr. 2/01, S. 134-141

Ronneberger, Klaus (2001): „Konsumfestung und Raumpatrouillen. Der Ausbau der Städte zu Erlebnislandschaften". In: „BIGNES? Size does matter. Image/Politik. Städtisches Handeln. Kritik der unternehmerischen Stadt"; Jochen Becker (Hg.); Berlin, 28 – 41.

Roßnagel, Alexander (1994): „Freiheit durch Systemgestaltung"; in: „Die Freiheit und die Macht. Wissenschaft im Ernstfall Festschrift für Adalbert Podlech", Nickel, E. (Hg.), Baden-Baden, 227 - 246.

Rötzer, Florian (2000): „Wer gut und böse ist. Wie Überwachungskameras Verhalten erkennen". In: "Vom Ende der Anonymität; Die Globalisierung der Überwachung", Schulzki-Haddouti, Christiane (Hg.), Hannover, S. 114f.

Sack, Fritz (1997): „Kriminologie - populär und populär gemacht". In: „Das Modell New York: Kriminalitätsprävention durch Zero Tolerance"; Thomas Feltes (Hg.); 120 - 121.

Sartre, Jean-Paul (1993): „Das Sein und das Nichts. Versuch einer phänomenologischen Ontologie"; Reinbek, Orig.: 1943.

Schelling, Friedrich Wilhelm Joseph (1994): „Über die Natur der Philosophie als Wissenschaft". In: Geschichte der Philosophie in Text und Darstellung: Deutscher Idealismus"; Reclam.

Schulze, Gerhard (1994): „Milieu und Raum". In: „Stadt-Welt. Über die Globalisierung städtischer Milieus. Die Zukunft des Städtischen": Noller, Peter, Walter Prigge, Klaus Ronneberger (Hg.), Frankfurter Beiträge, Band 6, FFM/NY: Campus Verlag, S. 40-53.

Schwarz, Kyrill-A (2001).: „Die staatliche Videoüberwachung der Öffentlichkeit", In: Zeitschrift für Gesetzgebung, 3/01, S. 246-267.

Stäheli, Urs (2000a): „Big Brother: das Experiment »Authentizität« - Zur Interdiskursivität von Versuchsanordnungen"; in: „Big Brother. Beobachtungen", Balke, F. et. al. (Hg.); transcript Verlag, Bielefeld, S. 55-77.

Stelljes, Harald (2002): „Videoüberwachung in Großwohnanlagen". In: FIfF-Ko 01/2002; S. 25 – 27.

Stolle, Peer und Roland Hefendehl (2002): „Gefährliche Orte oder gefährliche Kameras? Die Videoüberwachung im öffentlichen Raum". In: KrimJ 04/2002.

Vähling, Christian (2000): „Rundum sicher. Einige Vorstellungen und Mythen aus der Sicherheitspolitik". Quelle: http://www.citycrimecontrol.net/texte/rundum.html

Veil, Katja (2003): „Urbane Sicherheitsstrategien". In: „Jahrbuch StadtRegion 2002. Schwerpunkt: Die sichere Stadt"; Opladen, S. 117 - 124.

Virilio, Paul (1989): „Die Sehmaschine". Merve, Berlin. Orig.: 1988.

Volkmann, Uwe (2000): „Die Rückeroberung der Allmende"; in: NVwZ Nr. 4/00; 361 – 368.

Weichert, Thilo (1998): „Audio- und Videoüberwachung im öffentlichen Raum". In „Vorgänge"; 4/1998, S. 62 – 71.

Weichert, Thilo (2001): „Regelung zur Videoüberwachung verbesserungsbedürftig". In: DANA. Datenschutz-Nachrichten, 3/2001, S. 5-8.

Weichert, Thilo (2002): „Videoüberwachungsregelung auf dem Prüfstein". In: FIfF-Ko 1/2002, S. 30 – 33.

Werber, Niels (1999): „Die Zukunft der Weltgesellschaft" in: „Kommunikation, Medien, Macht", Maresch R. und N. Weber (Hg.), Suhrkamp, Frankfurt/Main, S. 414–444.

Wilson, James Q. und George L. Kelling (1997): „Polizei und Nachbarschaftssicherheit: Zerbrochene Fenster / »The police and neighborhood safety: Broken Windows«". In: „Das Modell New York: Kriminalitätsprävention durch Zero Tolerance"; Thomas Feltes (Hg.); Seite 43 – 55. Orig: 1982.

Ziercke, Jörg (2000): „Videoüberwachung als Teil der polizeilichen Sicherheitsstrategie?". In: der kriminalist, 10/2000, S- 402 - 403.

Zizek, Slavoj (2000): „Die Kamera liebt dich. Unser Leben als Seifenoper" in: „Big Brother. Beobachtungen", a.a.O., S. 151 – 155.

Zezschwitz, Friedrich von (2000): Einführung zum achten Wiesbadener Forum Datenschutz. In: „Videoüberwachung – Wohltat oder Plage?" Möller, Klaus Peter und Friedrich von Zezschwitz (Hg.); Nomos Verlagsgesellschaft; Baden-Baden; S. 11 – 14.

Hubert Meisinger

Die Zukunft der Wissensgesellschaft[1]

Predigt

Die Liebe Gottes,

des Hauptprogrammierers, der den binären Code der Welt geschrieben und damit alle Bits und Bytes zum Leben erweckt hat,

die Gnade Jesu Christi,

Gottes Update für die Welt,

und die Gemeinschaft des Heiligen Geistes

Installations-DVD Gottes,

sei mit euch allen

Knoten im globalen Datennetz.

Amen.

Enter.[2]

Irritiert?

---

[1] Dieser Beitrag wurde als Predigt am 16.02.2003 in der Reihe Hochschulgottesdienste der Ev. Studierenden/Hochschulgemeinde Darmstadt im Wintersemester 2002/03 zum Thema „Wissen und Weisheit" in der Ev. Martinskirche Darmstadt gehalten. Dieser Gottesdienst fand direkt im Anschluss an das Symposion „Information - Virtualität - Cyborg" vom 14.-15.02.2003 statt, das dieser Veröffentlichung zugrunde liegt, und nimmt aus den Vorträgen und Diskussionen viele Anregungen auf, die nicht in jedem Fall kenntlich gemacht werden konnten. Den Teilnehmenden des Symposions sei herzlich gedankt. Für die Drucklegung wurde die Predigt um ausführliche Anmerkungen und ein Literaturverzeichnis ergänzt.

[2] Die eingerückten Formulierungen lehnen sich an das Credo „Gott, der Hauptprogrammierer" an, das im Rahmen des Credo-Projekts von Publik-Forum von Schülerinnen und Schülern einer 10. Realschulklasse erstellt wurde (im Februar 2003 unter www.publik-forum.de/frames/defaultcredo.htm). Vgl. den Beitrag von Bernd Beuscher in diesem Band. In der Predigt wurden die traditionellen Worte und die Computer-Anspielungen unterschieden, indem sie jeweils den in den linken bzw. den in den rechten Kirchenbänken sitzenden Menschen zugesprochen wurden. Das gilt auch für den liturgischen Schluss der Predigt.

Erst ein Weihnachtslied[3] – dann eine Bildersprache von Gott, Jesus Christus und dem Heiligen Geist, die vielleicht Hackern zugänglich ist, aber im Gottesdienst eigentlich nichts verloren hat?

Was wird von einem Hochschulpfarrer wohl noch alles kommen, der eine Predigt zum Thema „Die Zukunft der Wissensgesellschaft" gestaltet?[4]

Nun, eine Kleinigkeit noch, die ich Ihnen zeigen möchte – nämlich mein „Gedächtnis"[5]: In diesem kleinen USB-Stick sind alle meine wichtigen Daten aus meinem Computer gespeichert. Ich trage mich selbst mit mir herum, damit ich mich jederzeit meiner selbst vergewissern kann. Computer an, USB-Stick unter Windows XP angeschlossen, und schon bin ich in meiner Computer-Welt zu Hause.

Ist das so viel anders als wenn ich sage oder sagen höre: „Ich stehe da hinten" – und meine mein Auto, nicht aber mich selbst?

Ist das so viel anders als wenn ich fluchend vor meinem Computer sitze, der wieder einmal abgestürzt ist, oder meiner Bohrmaschine, die „ihren Geist aufgegeben" hat: „Du – beep -, musst du schon wieder kaputt gehen?"

---

[3] Diese Anspielung nimmt bezug auf das Lied vor der Predigt: Evangelisches Gesangbuch. Ausgabe für die Evangelische Kirche in Hessen und Nassau EG 38:
1. Wunderbarer Gnadenthron, Gottes und Marien Sohn, Gott und Mensch, ein kleines Kind, das man in der Krippen find't, großer Held von Ewigkeit, dessen Macht und Herrlichkeit rühmt die ganze Christenheit.
2. Du bist arm und machst zugleich uns an Leib und Seele reich. Du wirst klein, du großer Gott, und machst Höll und Tod zu Spott. Aller Welt wird offenbar, ja auch deiner Feinde Schar, dass du, Gott, bist wunderbar.
3. Lass mir deine Güt und Treu täglich werden immer neu. Gott, mein Gott, verlass mich nicht, wenn mich Not und Tod anficht. Lass mich deine Herrlichkeit, deine Wundergütigkeit schauen in der Ewigkeit.

[4] Die Diskussion um die Unterscheidung zwischen einer Wissensgesellschaft und einer Informationsgesellschaft wird in der Predigt nicht gesondert thematisiert. Vgl. hierzu Gerber, Informationsgesellschaft, 55, der unsere Gesellschaft als eine „im Übergang von der neuzeitlichen Industrie-Gesellschaft über die moderne Wissens-Gesellschaft hin zur post-industriellen, postmodernen Informations-Gesellschaft" befindliche Gesellschaft beschreibt. Anders Bolz, Blindflug, 199, der von der „Umbenennung der ‚Informationsgesellschaft' in eine ‚Wissensgesellschaft'" und dem damit verbundenen „Gewinn an Prägnanz" spricht.

[5] An dieser Stelle wurde der Anschaulichkeit halber ein USB-Stick gezeigt, der dann anschließend sichtbar auf der Kanzel aufgestellt wurde.

Die Art und Weise, wie wir uns zu unserer Welt verhalten, wie wir uns unsere Welt erschließen, hat sich in den vergangenen Jahren und Jahrzehnten radikal verändert.

Wir schaffen uns keine Göttergeschichten mehr, erzählen keine Märchen, in denen wir uns mit Kobolden und zauberhaften Tieren und deren Schicksal identifizieren.

Wir „postmoderne"[6] Menschen gehen heute ins Netz. Surfen. Chatten. Nehmen andere, unterschiedlichste Identitäten an. Gewinnen am Verlust der I-dentität. Verlieren am Gewinn der „Unterschiedlichkeit, Vielfältigkeit, Heterogenität und Zersplitterung"[7]. Wir suchen Zerstreuung nicht bei einem Spaziergang durch den Wald oder an den Fensterfronten der Geschäfte entlang, sondern im Dschungel des Internet.

Ist das die moderne Version, zu sich selbst zu finden? Finden wir so zu uns selbst?

Wenn ich „wir" sage, dann meine ich einen Teil der 51% an deutschen Haushalten, die einen Internet-Anschluss nutzen. Und ich meine ebenso die mitleidig belächelten restlichen 49%, die sich dem Fortschritt (noch) verschlossen haben.[8]

„Sind Sie on?" – die Werbung eines großen deutschen Stromversorgers[9] macht sich genau diese neue Quantität zu eigen, suggeriert Modern-Sein, Fortschrittlich-Sein. Boris Becker hat schon längst ausgespielt mit seinem „Ha, bin ich da schon drin, oder was? – Ich bin drin. Das ist ja einfach. – Drin. - Hehe."[10] Der Überraschungseffekt ist innerhalb weniger Jahre verloren gegangen. Längst ist

---

[6] Vgl. Latour, Modern, der hinterfragt, ob wir überhaupt je modern gewesen sind. Zur Hermeneutik der Bibel in einer (post-)modernen Welt vgl. Theißen, Überzeugungskraft.

[7] Turkle, Netz, 298, beschreibt mit diesen Begriffen die Charakteristika von Selbsterfahrung in MUDs (Multi-User Domains bzw. Dungeons), von denen sie als „Modellen" spricht, „ die die theoretische Erfassung des postmodernen Selbst erleichtern" (298). „MUDs sind eine neue Art von virtuellem Gesellschaftsspiel und eine neue Form von Gemeinschaft. ... Doch MUDs sind noch mehr. Die Mitspieler sind nicht nur Autoren von Text, sondern auch Schöpfer ihrer Identität, indem sie durch soziale Interaktion neue ‚Selbste' entwerfen" (Turkle, Netz, 13).

[8] Diese Daten verdanke ich dem Vortrag von Andreas Mertin: Nullstellung der Wahrnehmung? Zur Herausforderung des Cyberspace für den Religionsunterricht, 14.02.2003. Vgl. den gleichlautenden Beitrag in diesem Sammelband.

[9] E.on machte damit ab Oktober 2002 in unterschiedlichen Varianten auf sich aufmerksam.

[10] In einer Werbung für AOL im Oktober 1999.

„On-Line"-Sein Normalität geworden. Wenn ab dem Jahre 2006 die klassische Lohnsteuerkarte durch eine elektronische Lohnsteuerkarte ersetzt wird und Sie Ihre Steuererklärung in einem optimalen, vollelektronischen Verfahren (nur noch) per Internet werden machen können, dann wird uns diese Normalität blitzschnell treffen.[11]

„Alle Schulen ans Netz" – so lauteten noch vor wenigen Jahren Initiativen des Bundes und der Wirtschaft. Gemeint waren die Gymnasien. Nicht die Real- und Hauptschulen. Die vorprogrammierte Zwei-Klassen-Informationsgesellschaft.

Heute ist die Tendenz wieder rückläufig. Es ist gar nicht so einfach, mit diesem neuen Medium pädagogisch sinnvoll umzugehen. Von den technischen Erfordernissen und ihrer schnellen Veränderung ganz zu schweigen. Und: Die Halbwertszeit im Internet ist erschreckend gering: nach einem Jahr lassen sich 33% aller Internet-Adressen nicht mehr aufrufen.[12] Der Gewinn an höchster Aktualität geht einher mit einem Verlust an Geschichtlichkeit. Was heute noch im Interesse der Menschen steht, interessiert morgen niemanden mehr. „Ersetzen" geschieht auf einen Mausklick hin.

Ich möchte mit Ihnen über vier Thesen nachdenken, die ich auf dem Hintergrund der eben beschriebenen Erfahrungen aufstellen möchte und mit denen ich versuchen will, letztlich wieder ein Stück weit zu uns selbst zurück zu finden[13].

Die erste These lautet:

1. In unserer Informations- und Wissensgesellschaft droht die Leiblichkeit zu verschwinden: die Erfahrung, dass wir Körper (Leib) sind und zugleich einen

---

[11] Die elektronische Übermittlung insbesondere von Einkommensteuer-Erklärungen, Lohnsteuer-Bescheiden an die Finanzverwaltung, aber auch die Rückübermittlung von Steuerbescheiden an den Steuerzahler ist bereits heute im Rahmen des Projektes ELSTER (ELektronische STeuerERklärung) möglich. Mit diesem Projekt verfolgen Bund und Länder das Ziel, die Abgabe und Bearbeitung von Steuererklärungen durch den Einsatz moderner Kommunikationsmittel bürgerfreundlicher und weniger verwaltungsaufwändig zu gestalten. Weitere Informationen unter www.ELSTER.de. Ein Bericht darüber fand sich auf der Titelseite der Lokalzeitschrift Darmstädter Echo vom 13.2.2003.

[12] Diese Daten verdanke ich dem Vortrag von Andreas Mertin: Nullstellung der Wahrnehmung. Die Herausforderung des Cyberspace für den (Religion-)Unterricht, 14.02.2003.

[13] Die Thesen 1-3 sind im Anschluss an Gerber, Einleitung, 7f, formuliert.

Körper haben und produzieren und dass wir mit unserem Körper Freude und Trauer, Illusionen und Verdrängungen verbinden. Wird der Fokus auf Wissen und Information gelegt, dann schwindet das sinnliche Wahrnehmen.

Die zweite These:

2. Wenn wir unsere Leiblichkeit verlieren, verschwindet auch der konkrete Andere, die konkrete Andere, der oder die mir schon immer begegnende Nächste, das sinnliche Gegenüber. Entsolidarisierung oder Autismus der Gesellschaft drohen.

Die dritte These lautet:

3. Ohne Leiblichkeit, ohne den konkreten Anderen droht ein Verlust der lebendigen Selbstständigkeit. Es droht die tote Gleichschaltung. Die Religion wird als letzter Mohikaner einer Welt verlacht, in der Weisheit, Lebensweisheit, „Bauernweisheit" noch eine Rolle gespielt hatten. Unersetzliche Schätze an Weisheit drohen verloren zu gehen.

Schließlich die vierte These:

4. Ohne Leiblichkeit, ohne den konkreten Anderen, ohne lebendige Selbstständigkeit und Lebensweisheit droht ein Verlust der Zukunft, die als eine offene auf uns zukommen will. Zukunft wird aufgegeben zugunsten einer Gleichzeitigkeit des globalen Raumes.

Diese vier Thesen möchte ich nun in der gebotenen Kürze und dem Duktus einer Predigt entfalten, in der unsere Welt theologisch gedeutet wird.

Zur ersten These:

1. In unserer Informations- und Wissensgesellschaft droht die Leiblichkeit zu verschwinden: Die Erfahrung, dass wir Körper (Leib) sind und zugleich einen Körper haben und produzieren und dass wir mit unserem Körper Freude und Trauer, Illusionen und Verdrängungen verbinden. Wird der Fokus auf Wissen und Information gelegt, dann schwindet das sinnliche Wahrnehmen.

„Gott und Mensch, ein kleines Kind, das man in der Krippen find't" – das haben wir im Lied vor der Predigt gesungen.[14]

Und in der Lesung aus dem Brief des Paulus an die Philipper (2,5-11) hörten wir als Hymnus, als Lobgesang, über Jesus Christus:

6 Er war in allem Gott gleich,
und doch hielt er nicht gierig daran fest,
so wie Gott zu sein.
7 Er gab alle seine Vorrechte auf
und wurde einem Sklaven gleich.
Er wurde ein Mensch in dieser Welt
und teilte das Leben der Menschen.

Hier findet eine eigenartige Bewegung statt: Gott macht sich dem göttlichen Geschöpf gleich. Entäußert sich, „entleert" sich aller göttlichen Herrlichkeit und wird zu einem von uns[15]. Mensch wie wir. Ja, sogar mehr: Urbild, Vorbild und Zukunftsbild des Menschen. Mensch in seinem ihm und ihr von Gott zugedachten Menschsein. – Ein mich faszinierender Gedanke, der in diesem alten Hymnus ausgedrückt wird: Es gibt so etwas wie eine Bestimmung des Menschen – eine Bestimmung, die sich im je konkreten Menschsein erweisen wird und die nie schon immer oder ein für alle mal klar ist.

Im Zeitalter der künstlichen Intelligenz, des künstlichen Lebens, der Telekommunikation und Computer, der Gen- und Biotechnologie erlebt dieser Mythos seine Renaissance: Nun wird das Zur-Welt-Kommen des Menschen neu inszeniert: Der Mensch entleert sich in das von ihm Geschaffene hinein. Nimmt es in

---

[14] Vgl. Anmerkung 3.

[15] Paulus selbst dürfte Jesu irdisches Leben als Entäußerung und „Entleerung" von göttlicher Macht verstanden haben (Theißen, Jesus, 271). Im Laufe der Kirchengeschichte gab es vielfältige Modelle einer kenotischen Christologie, die alle Versuche umfasst, „die Vereinbarkeit der Gottheit Christi mit den Begrenzungen seiner Menschheit nachzuweisen, indem zu zeigen versucht wird, dass der Akt der Inkarnation die Nicht-Ausübung, das Ruhen oder die Aufgabe der Eigenschaften Gottes beinhaltet, die mit einer authentischen menschlichen Existenz unvereinbar erscheinen" (Webster, Christologie, 929). Auf diese unterschiedlichen Modelle wurde in der Predigt nicht weiter eingegangen. Vgl. auch die Kommentare von Gnilka, Philipperbrief, und Egger, Philipperbrief, zur Stelle.

sich auf. Vereinigt sich mit ihm: „Ich stehe da hinten – mein Auto steht da hinten". „Ich trage mein Gedächtnis mit mir herum."

Der Mensch wird zu einer Zahlenreihe aus Nullen und Einsen. Kurzgeschlossen mit neuronalen Implantaten, mit deren Hilfe man oder frau das Hören und Sehen gerade nicht vergeht, sondern wiederkehrt[16]. Symbiosen von Mensch und Technik. Chimären-Wesen. Neudeutsch: Cyborgs[17]. Inkarnationen von Lara Croft, der vollbusigen Computerspiel-Heldin, die auch auf Leinwand verewigt wurde[18]. Menschliche Eigenschaften und Computereigenschaften vereinigt in Vollendung. Eine mich sowohl faszinierende wie erschreckende Aussicht auf mein und dein zukünftiges Menschsein[19].

Wir setzen uns an die Stelle Gottes, lautet der oft gehörte Vorwurf und die Selbstbeschreibung vieler Wissenschaftlerinnen und Wissenschaftler. „Designen" Leben nach unseren Vorstellungen. Glauben Gottes Plan zu kennen, wenn wir endlich die Weltformel gefunden haben werden, die GUT (Grand Unified Theory), die uns zugänglich macht, was die Welt im Innersten zusammen hält.[20]

Wenn dabei unsere Leiblichkeit und Körperlichkeit, die Erfahrung von Brüchen im Leben, das reale Riechen und Schmecken, die Freude an körperlicher und sexueller Erfüllung „flöten" gehen, dann droht ein Verlust an Menschlichkeit.

---

[16] So leitet z.B. die Anfang 2000 in den USA vorgestellte „Dobelle-Brille" Signale einer ins Gestell integrierten Kamera direkt ins Sehzentrum im Gehirn. Vgl. Klein, Neuroprothetik, 67.

[17] Vgl. grundlegend Haraway, Cyborgs.

[18] Ich nehme hier u.a. Bezug auf einen Beitrag im Darmstädter Echo vom 15.2.2003, Freizeitseite/zweite Seite im Magazin, der von der Entstehung des neuen Computerspiels „Tomb Raider – The Angel of Darkness" berichtet und in dem die Computerfigur Lara Croft in Farbe abgebildet war. Im deutschen Kino lief der Film „Tomb Raider" mit Angelina Jolie in der Rolle der Lara Croft ab dem 28.06.2001 ca. zwei Monate lang.

[19] Otto, Heilige, bestimmt den Kern der Religion in der „Begegnung mit dem Heiligen", eine ambivalente Begegnung, die Otto „mysterium fascinosum et tremendum" nannte – moderner formuliert: Das Heilige ist gekennzeichnet durch die Erfahrung der Ambivalenz von Resonanz und Absurdität – Resonanz als positive Erfahrung des Übereinstimmens, des Verstehens und der Liebe, Absurditätserfahrung als das Ausbleiben dieser Resonanz (vgl. Theißen, Argumente, und Theißen, Überzeugungskraft, 418). Diese Erfahrung wird heute häufig gegenüber technischen menschlichen Artefakten formuliert, den neuen Platzhaltern für das „Heilige"? – Zum Verhältnis von Heilig und profan vgl. Paden, Heilig, und Vroom, Heilig.

[20] Ein klassischer Vertreter dieser Position ist Hawking, Geschichte. Vgl. auch Hawking, Nussschale.

Dann wird konkretes Menschsein reduziert auf die Welt der von Menschen geschaffenen Dinge. Dann ersetzen wir uns durch das von uns Geschaffene, anstatt eine Leben spendende Beziehung aufzubauen, wie sie im Philipper-Hymnus ausgedrückt wird.

Christliche Leibfeindlichkeit trägt daran keinen geringen Anteil – womit ich sagen will: Es ist nicht die Wissenschaft, die einseitig zu verdammen wäre, und die Religion, die einseitig gut zu heißen wäre. Der Bruch geht in beiden Bereichen jeweils mitten durch jeden Bereich hindurch.

Meine zweite These lautet:

2. Wenn wir unsere Leiblichkeit verlieren, verschwindet auch der konkrete Andere, die konkrete Andere, der oder die mir schon immer begegnende Nächste, das sinnliche Gegenüber. Entsolidarisierung oder Autismus der Gesellschaft drohen.

Die Wissens- und Informationsgesellschaft verweist mich im Grunde genommen auf mich selbst zurück. Ich bin der Gestalter meines Lebens. Ich trage die Verantwortung für mich. Ich muss aus den unendlich vielen Angeboten meiner Zeit das richtige für mich aussuchen. Was richtig und falsch ist, darüber habe ich in jedem Moment die Lust und die Last der Entscheidung. So wie es auch jeder andere Mensch hat. Aber die konkrete, leibhaftige Begegnung ist nicht mehr nötig im Zeitalter der Individualisierung und des Cyberspace. Mein Nächster ist mir fremd geworden. Sein Schicksal ist nicht mein Schicksal. Dem Nächsten nicht mehr ins Angesicht schauen zu können, enthebt mich der Verantwortung ihm oder ihr gegenüber.

Wie anders lautet da die Einsicht des französischen Philosophen Lévinas[21]:

„Einem Menschen begegnen heißt, von einem Rätsel wachgehalten werden."

„Einem Menschen begegnen heißt, von einem Rätsel wachgehalten werden."

---

[21] Diesen Hinweis verdanke ich dem Vortrag von Eric Mührel auf der in Anmerkung 1 genannten Tagung. Vgl. seinen Beitrag in diesem Sammelband.

Begegnung bringt Gastfreundschaft mit sich. Und das Rätselhafte setzt in Bewegung. So wie der barmherzige Samariter dem unter die Räuber Gefallenen geholfen hat – die schnellstmögliche Lösung eines konkreten Rätsels, von dem in dieser Geschichte im Lukasevangelium (Lk 10,25-37) erzählt wird.
Jesus Christus, dem Update Gottes, begegnen heißt auch, von einem Rätsel wachgehalten zu werden.

Damit komme ich zu meiner dritten These:
3. Ohne Leiblichkeit, ohne den konkreten Anderen droht ein Verlust der lebendigen Selbstständigkeit. Es droht die tote Gleichschaltung. Die Religion wird als letzter Mohikaner einer Welt verlacht, in der Weisheit, Lebensweisheit, Bauernweisheit noch eine Rolle gespielt hatten. Unersetzliche Schätze an Weisheit drohen verloren zu gehen.

„Die Klone kommen“ – das ist das Reizwort unserer Zeit. Die ewige Wiederkehr des immer Gleichen. Wiederkehrende Leiblichkeit, Gleichschaltung.
Und doch würde kein Klon dem anderen gleichen, schon gar nicht dem Menschen, zu dessen Selbstbefriedigung er hergestellt wurde. Jeder Klon wäre ein eigenes Individuum mit einer eigenen Geschichte.

Aber diese Erkenntnis spielt in unserer Zeit keine Rolle – einer Zeit, in der „die Gene“ alles bestimmen. In der vergessen wird, nach den Einflüssen der Kultur zu fragen, weil Kultur – so eine weit verbreitete Ansicht – doch nur der Befriedigung genetischer Interessen dient. Kulturell erworbene Weisheit spielt dann keine Rolle mehr[22].

Und gerade deswegen müssen wir fragen, ja behaupten: „Wo sonst ist so viel Weisheit und Erfahrung gesammelt im Umgang mit Wüstenwanderungen und Orientierungsproblemen, mit Widerständen, Vorgesetzten und höheren Gewalten jeglicher Art, mit verantwortungsvollen Aufträgen, Gelassenheit und Routine, wie mit komplexen Phänomenen, mit Unanschaulichem und Unübersichtlichem, mit der Vielfalt der Kulturen und (widersprüchlichen) Ansagen

---

[22] Am Beispiel prosozialen Verhaltens bin ich dieser Thematik ausführlich nachgegangen, vgl. Meisinger, Liebesgebot.

(falscher) Propheten umzugehen ist, als in der jüdisch-christlichen Tradition?"[23] Traditionen haftet ja das Label des Vergangenen und Überholten an. Und zum Teil ist das sicher auch berechtigt. Aber wer seine Vergangenheit ignoriert, der wird zu einer problematischen Interpretation der Gegenwart kommen, die den Blick auf die Zukunft völlig versperren mag.

Damit bin ich bei meiner vierten These angekommen:

4. Ohne Leiblichkeit, ohne den konkreten Anderen, ohne lebendige Selbstständigkeit und Lebensweisheit droht ein Verlust der Zukunft, die als eine offene auf uns zukommen will. Zukunft wird aufgegeben zugunsten einer Gleichzeitigkeit des globalen Raumes.

Binnen Millisekunden können Sie im Internet mit jemandem aus Australien in Kontakt treten oder ein Museum in Chicago besuchen. Prinzipiell an jedem Ort der Erde kann jeder Ort der Erde gegenwärtig gemacht werden. Mehrdimensionale Raum-Zeit zieht sich zusammen in der Gegenwart. Und aus meiner Gegenwart blicke ich immer nur in eine Zukunft, wie sie mir als wahrscheinlich erscheint.[24]

Es gibt aber auch eine offene Zukunft, die mir aus meiner Gegenwart gar nicht zugänglich ist.[25] Die sich mir erst erschließt und die ich erst dann zu deuten vermag, wenn sie mich von der Zukunft her erreicht hat. Diese mag überraschend sein. Schockierend. Wie auch immer, sie wird viel Flexibilität erfordern.

---

[23] Beuscher, Profession, 44.

[24] Vgl. Bolz, Blindflug, v.a. 211f: „Die gegenwärtige Zukunft ... ist die Welt der Wahrscheinlichkeit."

[25] Vgl. Bolz, Blindflug, 212: „Von der zukünftigen Gegenwart kann man nur sagen: Sie wird die sein, die sie sein wird", und den Physiker Benz, Zukunft, 209: „Lebe ich mit Hoffnung, so nehme ich die Zeit nicht nur als Folge kausaler oder zufälliger Vorgänge und als unendlich kurze Gegenwart wahr. Vielmehr kommt die erwartete Zukunft ins Blickfeld, und die Zeit erhält eine Dauer. Es ist die Dauer des Wartens, bis das Neue eintrifft. ... Jesus sagt: Ich bin das wahre Neue. Wer auf mich vertraut, hat teil am Sinn des Ganzen trotz Zerfall und Tod, auch wenn die Sonne verglühen, die Erde sich im Raum verirren und das Universum zerstrahlen wird." Vgl. auch die Selbstvorstellungsformel Gottes in Exodus 3,14, die zeitübergreifend eine Beziehung zwischen Gott und Mensch herstellt: „Ich werde da sein (bei euch) als der ich (bei euch) da sein werde". Zu Gottesvorstellungen im Medienzeitalter vgl. Ritter, Annäherungen.

Wenn wir diese Zukunft als einen Teil der von ihr zu unterscheidenden Ewigkeit Gottes begreifen[26], dann kann daraus das Vertrauen erwachsen, dass diese Zukunft uns neue Möglichkeiten schenken wird, uns in unserer Menschlichkeit zu erproben – einer Menschlichkeit, die eines Leibes bedarf, eines Gegenübers, der mir meine eigene Rätselhaftigkeit aufzeigt, und einer mir innewohnenden Lebendigkeit mit schließlich der Hoffnung auf Neues, das mir von Gott her entgegen kommt.

Ich habe mir erlaubt, an vielen Stellen dieser Predigt den „prophetischen Warner“ zu spielen. Als „prophetischer Seher“ bin ich gespannt auf das Neue, das unerwartet aus der Zukunft Gottes auf uns zukommen wird und mit Hilfe dessen die dann reale neue Welt Gestalt gewinnt, von der nicht nur die jüdisch-christliche Tradition spricht und auf die hin sich jede Gesellschaft, sei sie eine Wissens-, Informations-, Spaß- oder sonst wie Gesellschaft, entwickelt.

Und der Frieden Gottes, der höher ist als alle unsere Vernunft, bewahre unsere Herzen und Sinne in Christus Jesus.

Amen

Enter.[27]

---

[26] Zur Bedeutung der Ewigkeit in einer Theologie der Zeit vgl. Jackelén, Zeit, bes. Kap. 4, S. 249-313.

[27] An die Predigt schloss sich das Lied „Die ganze Welt hast du uns überlassen“ (EG 360,1-6) an, in dem die Ambivalenz der Gabe der Freiheit thematisiert wird:
1. Die ganze Welt hast du uns überlassen, doch wir begreifen deine Großmut nicht. Du gibst uns frei, wir laufen eigne Wege in diesem unermesslich weiten Raum.
Refrain: Gott schenkt Freiheit, seine größte Gabe gibt er seinen Kindern.
2. Du lässt in deiner Liebe uns gewähren. Dein Name ist unendliche Geduld. Und wir sind frei: zu hoffen und zu glauben, und wir sind frei zu Trotz und Widerstand. (Refrain)
3. Wir wollen leben und uns selbst behaupten. Doch deine Freiheit setzen wir aufs Spiel. Nach unserm Willen soll die Welt sich ordnen. Wir bauen selbstgerecht den Turm der Zeit. (Refrain)
4. Wir richten Mauern auf, wir setzen Grenzen und wohnen hinter Gittern unsrer Angst. Wir sind nur Menschen, die sich fürchten können, wir brachten selbst uns in Gefangenschaft. (Refrain)
5. Wenn du uns richtest, Herr, sind wir verloren. Auf unsern Schultern lastet schwere Schuld. Lass deine Gnade, Herr, vor Recht ergehen; von gestern und von morgen sprich uns los. (Refrain)
6.Gib uns die Wege frei, die zu dir führen, denn uns verlangt nach deinem guten Wort. Du machst uns frei, zu lieben und zu hoffen, das gibt uns Zuversicht für jeden Tag. (Refrain)

Literatur

Benz, Arnold: Die Zukunft des Universums. Zufall, Chaos, Gott?, Düsseldorf: Patmos, 1997.

Beuscher, Bernd: Profession, Information, Religion oder: Berufsschulreligionspädagogik als Suchmaschinensuchmaschine für die human ressources spätmoderner Informationsgesellschaft, in: Gerber, Uwe (Hrsg.): Berufsschulreligionsunterricht in der Informationsgesellschaft, Bielefeld: Bertelsmann, 2002, S. 43-50.

Beuscher, Bernd: Remedia. Religion, Ethik, Medien. Entwurf einer religionspädagogischen Theologie der Medien, Norderstedt: Books On Demand, 1999.

Bolz, Norbert: Blindflug ins 21. Jahrhundert, in: Bertelsmann Stifung (Hrsg.): Was kommt nach der Informationsgesellschaft? 11 Antworten, Edition Reformwerkstatt, o. O.: Verlag Bertelsmann Stiftung, o. J., S. 196-220.

Egger, Wilhelm: Galaterbrief, Philipperbrief, Philemonbrief, Die Neue Echter Bibel. Kommentar zum Neuen Testament mit der Einheitsübersetzung Bd. 9 u. 11. u. 15, Würzburg: Echter Verlag, 1985 ^{4}2000.

Gerber, Uwe: Auf dem Weg in die Informationsgesellschaft. Neometaphysisches Nachahmen oder Informations-Monade?, in: ders. (Hrsg.): Berufsschulreligionsunterricht in der Informationsgesellschaft, Bielefeld: Bertelsmann, 2002, S. 51-59.

Gerber, Uwe: Einleitung, in: ders. (Hrsg.): Berufsschulreligionsunterricht in der Informationsgesellschaft, Bielefeld: Bertelsmann, 2002, S. 1-8.

Gnilka, Joachim: Der Philipperbrief, Herders Theologischer Kommentar zum Neuen Testament Bd. 10,3, Freiburg: Herder ^{3}1980.

Haraway, Donna Jeanne: Simians, Cyborgs, and Women. The Reinvention of Nature, New York: Routledge, 1991.

Hawking, Stephen: Das Universum in der Nussschale, Hamburg: Hoffmann & Campe, 2002.

Hawking, Stephen: Eine kurze Geschichte der Zeit. Die Suche nach der Urkraft des Universums, Reinbek: Rowohlt, 1988 ^{24}2001.

Jackelén, Antje: Zeit und Ewigkeit. Die Frage der Zeit in Kirche, Naturwissenschaft und Theologie, Neukirchen: Neukirchener Verlag, 2002.

Klein, Stefan/Steinmetz, George: Neuroprothetik. Handschlag mit der Zukunft, in: GEO Nr. 6 / Juni 2000: Techno Sapiens. Der Mensch der Zukunft. Was Elektronik im Körper alles möglich macht, S. 54-78.

Latour, Bruno: Wir sind nie modern gewesen. Frankfurt: Fischer Taschenbuch Verlag, 1998.

Meisinger, Hubert: Liebesgebot und Altruismusforschung. Ein exegetischer Beitrag zum Dialog zwischen Theologie und Naturwissenschaft, Novum Testamentum et Orbis Antiquus Bd. 33, Göttingen: Vandenhoeck & Ruprecht, Fribourg/Schweiz: Universitätsverlag, 1996.

Otto, Rudolf: Das Heilige. Über das Irrationale in der Idee des Göttlichen und sein Verhältnis zum Rationalen, Beck'sche Reihe Bd. 328, München: Beck, 1991 (Breslau 1917).

Paden, William E.: Art. Heilig und Profan. I. Religionswissenschaftlich, in: Religion in Geschichte und Gegenwart 3 (^{4}2000) Sp. 1528-1530.

Ritter, Werner: Annäherung an das Absolute. Gottesvorstellungen im Medienzeitalter. Die sinnliche Kraft der Bilder, Zeitzeichen 2 (2002) S. 47-49.

Theißen, Gerd: Argumente für einen kritischen Glauben. Oder: Was hält der Religionskritik stand?, TEH 202, München: Chr. Kaiser, 1978 ^{3}1988.

Im Gottesdienstnachgespräch wurde das Verhältnis von „Lust und Last der Entscheidung" (s.o. unter These 2) und Entscheidungs-Freiheit ausführlich diskutiert. Dies zeigt die Notwendigkeit, eine Predigt im Kontext des gesamten Gottesdienstes zu betrachten – hier ansatzweise aufgenommen, indem auf die Lieder und die Lesung hingewiesen wird.

Theißen, Gerd: Die Überzeugungskraft der Bibel. Biblische Hermeneutik und modernes Bewusstsein, Evangelische Theologie 60 (6, 2000) S. 412-431.
Theißen, Gerd/Merz, Annette: Der historische Jesus. Ein Lehrbuch. Göttingen: Vandenhoeck & Ruprecht, 1996.
Turkle, Sherry: Leben im Netz. Identität in Zeiten des Internet, Reinbek bei Hamburg: Rowohlt Taschenbuch Verlag, 1999.
Vroom, Henk M.: Art. Heilig und Profan. IV. Religionsphilosophisch, in: Religion in Geschichte und Gegenwart 3 (^{4}2000) Sp. 1533-1534.
Webster, John: Art. Kenotische Christologie, in: Religion in Geschichte und Gegenwart 4 (^{4}2001) Sp. 929-931.

RELIGIONSPÄDAGOGISCHES

Bernd Beuscher

Die Dinge liegen nicht so einfach.
Gegen die Neuformatierung des Menschen – Für Menschen mit Format. Der Beitrag der Religionspädagogik zur Medienkompetenz[1]

„Kein Ding gerät, an dem nicht
der Übermut seinen Teil hat ...
Genesung ist Götzen aushorchen
... Es gibt mehr Götzen als
Realitäten in der Welt."[2]

ACHTUNG! WICHTIGER WARNHINWEIS! VOR GEBRAUCH UNBEDINGT LESEN!

Wer heute anhebt, hinsichtlich Technologien Grundsätzliches zu bedenken, gilt *automatisch* als technikfeindlich. Da nützen auch alle Gegenindizien und gegenteilige Beteuerungen nichts.[3] Nach wie vor gilt, was Günther Anders schon 1956 in der Einleitung zum ersten Band seiner Schrift „Die Antiquiertheit des Menschen" schrieb: „Es gibt nichts Prekäreres heute, nichts, was einen Mann so prompt unmöglich machte, wie der Verdacht, er sei ein Maschinenkritiker." Zuletzt griff ich versuchsweise sogar zum Mittel der Selbstironie und widmete meine medientheologische Habilitation in erster Linie „meinem treuen Notebook, das mich auf der langen Odyssee durch den Datendschungel (fast) nie im Stich gelassen hat"[4]. Prompt fand sich eine Rezensentin, die dies für bare Münze

---

[1] vgl. dazu ausführlich: B. Beuscher, Remedia. Religion, Ethik, Medien. Entwurf einer religionspädagogischen Theologie der Medien (Habilitation), Norderstedt 1999.

[2] F. Nietzsche, Sämtl. Werke, München 1980, Band 4, 941.

[3] „Die Beiträge dieses Buches sind mit Hilfe von Computern geschrieben, dieses Buch selbst wurde per Computer gesetzt. Der disqualifiziert sich also als Leser, der meint, die Beweggründe der Autoren vordergründig als technologiefeindlich, fortschrittsfeindlich oder übertrieben pessimistisch abtun zu können" (erster Satz im Vorwort zu B. Beuscher, Schnittstelle Mensch, Heidelberg 1994, mit interdisziplinären Beiträgen von Dietmar Becker, Bernd Beuscher, Thomas Leithäuser, Peter Molzberger, Erhard Tietel, Detlef Bernhard Linke, Elfriede Löchel).

[4] B. Beuscher, Remedia, a.a.O., 25.

nahm.[5] So werden die märchenhaften Möglichkeiten der neuen Technologien vor denen in Schutz genommen, die sie bzw. die sich ihrer adäquat bedienen. Was hier in eifersüchtiger Wissenschaftsgläubigkeit zuschlägt, sind die Beschützerinstinkte derer, die ihre Sache immer schon beherrschen.

1 Den Tatsachen ins Auge sehen

Wir haben Verständnis. Computer sind auch nur Menschen. Unsere Toleranz gegenüber den Tücken der Technik ist groß. Geduldig tragen wir die Last der Geräte. „Durch die Strukturen, die man vom Rechner oder ganz konkret von Windows kennt, ich glaub' in den Bahnen denke ich auch offline, so im normalen Leben, im realen Leben, wenn ich in Organisationsstrukturen, in Ablagestrukturen, in Datenbanken denke, in Schubladen und Ordnern, das sehr Strukturierte, dass man versucht, das auch auf das normale Leben zu übertragen, obwohl das einfach teilweise so gar nicht passt."[6]

Was nicht passt, wird passend gemacht. Glaubenstechniken und Technikgläubigkeit vertragen sich (wieder einmal). Mit ganzem Herzen bei der Sache:

Gott, der Hauptprogrammierer

Ich glaube an Gott,
den Hauptprogrammierer,
der den binären Code der Welt geschrieben
und damit alle Bits und Bytes zum Leben erweckt hat.

Und an Jesus,
sein Update für die Welt,
installiert von der CD des Heftes „Heiliger Geist",
ins Internet gebracht durch die unbeschriebene Festplatte.
Bedroht vom Pontius-Pilatus-Virus,
das von Hackern in Rom geschrieben wurde.
Formatiert, entmagnetisiert und ausgebaut,
hinabgestiegen in das Reich der Gelöschten.
Nach drei Tagen wieder installiert und neu gebootet.
Zurückgesendet zum Oberprogrammierer als Informatiker.
Aus dem Internet wird er gesendet,
um Scandisk bei den benutzten und den gelöschten Programmen auszuführen.

Wir glauben an den unbegreiflichen Cyberspace,

---

[5] „Der Wunsch, die Menschheit vor libidinösen Beziehungen zum Computer zu retten, schlägt zurück auf einen Autoren, der sein Buch seinem ‚treuen Notebook' widmet" (J. Siemann, Jugend und Religion im Zeitalter der Globalisierung, Münster 2002, 46).

[6] Aussage einer IT-Facharbeiterin beim Arte-Themenabend „IT-Karrieren".

an den globalen Datentransfer
und an die Ansammlung der Server,
Vergebung der Bugs,
Wiederherstellung der Gelöschten
und das ewige Bios.
Enter![7]

Es gilt als allgemein ausgemacht, „dass wir Menschen uns maschinengleich zu machen, uns in Maschinen bzw. Maschinenteile größerer Maschinen, schließlich *der* Maschine, zu verwandeln haben. Auf diesen Endzustand, in dem es Einzelmaschinen deshalb nicht mehr geben wird, weil diese dann alle als Maschinenteile in den Schoß der einen allein seligmachenden Maschine eingegangen sein werden, sind alle Maschinen von vornherein angelegt. Von diesem geräteschatologischen Reiche der Glückseligkeit haben sie seit jeher geträumt, und von ihm träumen sie auch heute noch, weil sie, solange sie noch unter dem Fluche stehen, individuell, jedenfalls noch nicht in restloser Koordination und Abgestimmtheit, arbeiten müssen, ihr Leistungsoptimum, und damit ihre Bestimmung, noch nicht erreicht haben."[8] „WinWord": *so* sieht ein siegreiches Wort aus. „PowerPoint": *so* sieht es aus, wenn Wissen mit Macht auf den Punkt gebracht wird. „My Life Bits": *das* ist Unsterblichkeit.

2 DE:BUG. ELEKTRONISCHE LEBENSASPEKTE. MUSIK MEDIEN KULTUR SELBSTBEHERRSCHUNG[9]

„Ein Prediger, der sich darauf beschränkt, zu überlegen, wie ein Medium die Zahl seiner Zuhörer vergrößern kann, verfehlt die zentrale Frage: In welchem Sinne verändern die neuen Medien das, was mit Religion, mit Kirche und selbst mit Gott gemeint ist?"[10] Die Hauptthese von Kevin Kelly, dem Chefredakteur der weltbekannten Computerfachzeitschrift *Wired*, lautet, dass die Welt, die wir hergestellt haben, so kompliziert geworden ist, dass wir uns der Welt des Gebo-

[7] Julian Landgraf, Böblingen, Daniel Sebel, Böblingen, Tobias Müller, Mögglingen, Andreas Gedingen, Heubach-Buch (Klasse 10 Realschule Heubach), aus: publik-forum.de/credo (Feb. 2000)

[8] G. Anders, Die Antiquiertheit des Menschen, Bd. 2, München 1994, 112/113.

[9] DE:BUG. ELEKTRONISCHE LEBENSASPEKTE. MUSIK MEDIEN KULTUR SELBSTBEHERRSCHUNG. Monatszeitung, hg. v. A. Baumgardt, Mercedes Bunz, Jörg Clasen, Jan Rikus Hillman, Sascha Kösch, Fee Magdanz, Rilley Reinhold, Anton Waldt, Benjamin Weiss, DEBUG Verlag Berlin.

[10] N. Postman, Das Technopol, Frankfurt 1992, 27.

renen zuwenden müssen, um ihre Prinzipien zu verstehen.[11] Dass er dabei gleich die *Vermählung* des Geborenen mit dem Gemachten propagiert, verrät jedoch, dass es umgekehrt ist: derweil wir die verquaste biologisch-organische Welt des Geborenen leid sind, ist die Welt des Gemachten hinreichend komplex geworden, um uns glaubhaft trösten zu können. Gegen Kelly gilt das Wort eines 75jährigen aus dem Ruhrgebiet. Dieser hatte Schwierigkeiten am Geldautomaten und bat mich als nächsten Kunden um Hilfe. Nach richtiger Positionierung des Magnetstreifens und Bedienen der entsprechenden Knöpfe (Geheimnummer!) nahm der Mann endlich erleichtert sein Geld in Empfang und bedankte sich bei mir mit den erklärenden Worten: „Ich sach dich watt, Jung: ich bin mit diese Geräte gar nich verwandt!"

„Obgleich die technischen Gegenstände kein Zentrum an sich haben, können sie doch ein Zentrum erhalten, das ihnen der Mensch gibt (z.B. der Computor)."

Paul Tillich (1963)

Das erleben viele Jüngere heute ganz anders. „Gadgeteering", das reibungslose Zusammenspiel von Mensch und Maschine, bringt ihnen gerade die Befreiung von der theologischen Zumutung der Freiheit. Die Auswirkungen der EDV-Technologien zeigen sich dann darin, dass Menschen sich verdinglichen, und zwar freiwillig. Früher ging es um das Phänomen „Mensch vermenschlicht Dinge", nun geht es längst als neue Qualität darum, dass Menschen Menschliches verdinglichen. Jetzt werden nicht mehr technische Zusammenhänge mit Bildern der menschlichen Lebenswelt erklärend umschrieben, sondern zum Selbstverständnis und zum Verständnis der menschlichen Lebenswelt schlechthin werden maschinell-systemische Vorstellungen bemüht. Es geht also nicht um Science-Fiktion, wieviel Geist bereits im Computer steckt, sondern um ganz reale Phänomene, die bezeugen, „wieviel Computer schon im Geist steckt". Was Goethe als Problem von Aufklärung formulierte, scheint sich so mit den Hochtechnologien zu bewahrheiten, nämlich den Menschen Vielseitigkeit zu geben, deren einseitige Lage man nicht ändern kann.[12] „Jeder Ingenieur hat die Erquickung erfahren, die von der völligen Versunkenheit in eine mechanische Umwelt ausgeht. Die Welt wird eingeschränkt und handhabbar, kontrolliert und unchaotisch. Für eine Weile sind persönliche Sorgen, besonders die geringfügigen Sorgen vergessen, wäh-

[11] K. Kelly, Das Ende der Kontrolle. Die biologische Wende in Wirtschaft, Technik und Gesellschaft, Mannheim 1997.

[12] J.W.v.Goethe, Maximen und Reflexionen, Werke der Hamburger Ausgabe, Band 12, Hamburg 1982, 387.

rend die Muster eines geordneten und wohlumschriebenen Bildes das Denken bezaubern."[13]

3 Guter Dinge sein

„Worunter die Menschen leiden, darüber gleitet mittlerweile das Lamento über Verdinglichung eher hinweg, als es zu denunzieren."[14] Es geht mir deshalb nicht um Ressentiments gegen Medien und Technik. Es geht darum, wie die märchenhaften Möglichkeiten medialer technischer Vergegenwärtigung inszeniert und somit human kompensiert werden können. Ich stelle mir das nicht als ein „illustratives, sondern als ein initiatives Auftauchen von Wirklichkeit vor, das den fremden Blick belebt, Neugier und produktive Unruhe, Suchen nach Unbekanntem weckt."[15] Und solches könnten Mediendidaktiker (alle Lehrerinnen und Ausbilder werden es unweigerlich mehr und mehr) von den jüdisch-christlichen Traditionen lernen, die die Imagination nicht durch die Information totschlagen. Jochen Hörisch unterschätzt in folgender Aussage das selbstkritische Potential – zumal protestantischer – Religionspädagogik. Religion ist nämlich gewiss nicht das Andere der Medien, „und das schon einfach deshalb nicht, weil sich Medientechnik und Theologie demselben Kerngeschäft verschrieben haben: das Ferne und noch das Fernste nahezubringen. Alles Ferne aber ist nahegerückt, seitdem Medientechnik *en masse* zur Verfügung steht, die sich nicht umsonst mit dem Präfix 'Tele-' kennzeichnet. Ob Telephon oder Telefax, ob Teletext oder Teleprompter, ob Telegramm oder Telegraph, ob Teleskop oder Teleobjektiv, ob Telekommunikation oder Television: Techniken, das Ferne und noch das Fernste in unseren Nahbereich zu rücken, sind (in unseren Breiten) heute von überwältigender Selbstverständlichkeit. Wenn das Ferne und noch das Fernste uns nahe kommt, hat es eine Theologie schwer, die Gott als *totaliter aliter* weniger begreift als unbegreiflich darstellen will ... Dass das Göttliche uns ganz nah ist, ist der Kern der Christologie. Christliche Theologie ist Teleologie und also Medientheorie. Enge Verwandte haben aber nicht immer ein entspanntes Verhältnis zueinander. Das gilt auch im Hinblick auf das Verhältnis von christli-

---

[13] Chr. Blöss, Maschinenkinder, Über die Beziehung zwischen Angst und Naturwissenschaft, Berlin 1987, 1.

[14] Th. W. Adorno, Negative Dialektik, Frankfurt 1975, 191.

[15] H. Rumpf, Gegen den Strom der Lehrstoff-Beherrschung, in: Neue Sammlung 1 (1995) 3-17.

cher Theologie und Medientheorie. Theologie und die christliche Theologie zumal ist - die wenigen Ausnahmen bestätigen die Regel - in dem Maße medienkritisch, in dem sie die Einsicht verdrängt, dass sie Medientheorie ist. So wie umgekehrt die Medientheorie gerne die Einsicht verdrängt, dass sie so etwas wie die *théologie maudite* ist."[16] Gut: „Die wenigen Ausnahmen bestätigen die Regel". Z.B. Marshall McLuhan, der auf Psalm 115 verwies: „Der Psalmist betont, dass das *Schauen* von Idolen oder die Verwendung einer Technik die Menschen ihnen gefügig macht. ‚*Wie sie, sind die sie machen.*' Das ist ein einfacher Fall von ‚Schließung' der Sinne."[17]

Es muss deshalb geübt werden, auch im technologischen Paradigma auf humane Kontingenzphänomene unideologisch und untotalitär zu reagieren. Dazu bedarf es sowohl technologischer als auch ideologiekritischer Grundkenntnisse und Horizonte. Ohne gleich nach Führerscheinpflicht zu rufen, muss von der Grundstufe des Bildungswesens an gelernt werden, das Imaginationsvermögen dezentralen Prozessen auszusetzen. Dazu gehört auch die Fähigkeit, nicht abgehoben „über den Dingen zu schweben". Das ist *auch* Lehrplanstoff evangelischen Religionsunterrichtes. Wichtig ist religionspädagogische Medienkompetenz als Schulung der Fähigkeit zur „Scheidung der Geister". Denn „je vollständiger die Welt als Erscheinung, desto undurchdringlicher die Erscheinung als Ideologie."[18]

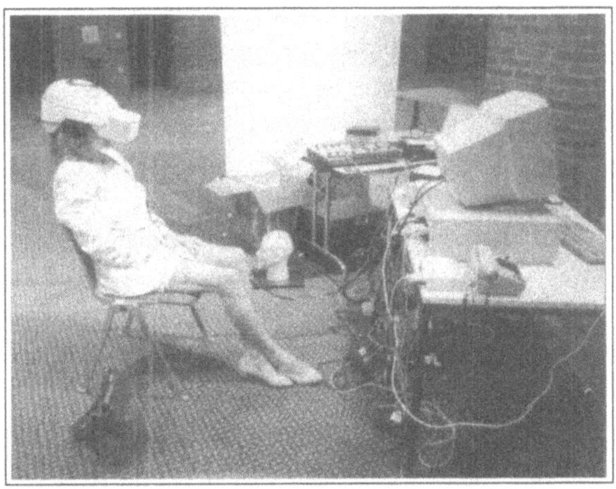

Unter dem etikettierten Apparatur-Versprechen „*Plug and Play*" entfaltet sich die dinggnostische Praxis eines „selbstverdinglichenden Selbstentsorgung-

[16] J. Hörisch, Der Sinn und die Sinne, Frankfurt 2001, 313/314.
[17] M. McLuhan, Die magischen Kanäle. Understanding Media, Dresden 1994, 73.
[18] Th. W. Adorno, Eingriffe. Neun kritische Modelle, Frankfurt 1963, 71.

saprioris“ (R. Heinz). „Druck und Radio erzählen; Bühne und Film zeigen; der Cyberspace bettet ein“ (Randall Walser). Das gehört sich nicht. Ein religionspädagogisches Ziel wäre dagegen, der List der Lockungen entkommen zu können, ohne auf den Genuss des Gesanges verzichten zu müssen – *Witz an der Sache* statt *Dinggnosis*. Dazu eignen sich humane, zugleich aber nicht subjektzentrierte Gegenstrategien: „Mit ‘Gegenstrategie’ ist keine Auseinandersetzung in der Tradition der Ideologiekritik gemeint, die ein Subjekt des Widerstandes konstituiert, sondern vielfältige und durchaus ambivalente Strategien des Unterlaufens, Umdeutens, der Umbesetzung und Rekodierung, die der Erfahrung Rechnung tragen, dass der postmodernen Medienkultur nicht mit einer subjektzentrierten Ästhetik beizukommen ist.“[19] Nietzsche meinte, dass traumatische Irritationen *als Kunstinszenierungen* immer auch gleich ihr passendes Gegen- oder „Heilmittel“ mitführen. Dies favorisiere ich auch im Blick auf eine religionspädagogische Kompensation von Multimedia-Technologien. Auf der Basis eines vitalen Optimismus im Sinne kreativer Balance von Risiken und Nebenwirkungen scheint es legitim und notwendig, auf letztere hinzuweisen. Eine entscheidende Frage wird dabei sein, ob man im Medium den Rand halten kann, wie Jürgen Ebach es einmal auf den Punkt brachte: „Kann man im Medium den Rand halten? Kann man in der Mitte (medium) den Rand (das Marginale, das Marginalisierte) halten, das heißt darauf verzichten, die Mitte, das Ausgewogene, das Vermittelte als einzig legalen Raum zu repräsentieren?“[20]

> „Was überhaupt heute vom Menschen begriffen ist, geht genau so weit als er machinal begriffen ist.“
>
> Friedrich Nietzsche

„Wir sollen und wollen uns nicht aus irgendwelchem grundsätzlichen Kulturpessimismus und Katzenjammer selig-unseligen Kulturwahns das Echte und Starke verdecken, was dieses Jahrhundert gekonnt und geleistet hat ... Aber wir müssen auch erkennen, wie hinter und in diesem Können eine letzte Ohnmacht und eine letzte Hilflosigkeit steckt, die Ohnmacht der bloßen Mache, jenes Wahnes, aus letzten beherrschbaren Teilen mechanisch zusammensetzen zu können ... Wo immer man das versucht, da zerstört man Leben und wird im Letzten ohnmächtig. Nicht die Technik hat uns entseelt, sondern unsere Seelenlosigkeit verwahrlost die Technik, wobei ich unter Verwahrlosung die Lösung

19 I. Baxmann, Wahrnehmung In-Between. Überlegungen zu einer Ästhetik der Performance, in: *Weimarer Beiträge* 41 (1995) 29-47.

20 J. Ebach, Theologische Reden, mit denen man keinen Staat machen kann, Bochum 1989, 35.

aus der Wahrheit des Lebens verstehe ... Die eigentliche Gefahr des technischen Zeitalters ist, dass hinter der Technik eine chaotische verwahrloste Lebendigkeit steht, die sich der technischen Mittel bedient und menschliches Dasein für solche Mittelhaftigkeit verbraucht ... Was sich so leicht in der Technik auswirkt, die ehrfurchtslose Mache, die Vermessenheit stammt nicht aus der Technik selbst, sondern aus der Zerstörung echter Schöpfungslebendigkeit durch jenen Abfall. Hier setzt die Deutung aus dem Evangelium ein."[21]

4 Hauptsache Nebensache

Der Verkaufsrenner auf der „ecclesia 2003" in Köln, der Messe für Kirchenbedarf, war ein Sampler, mit dem der dünne Gemeindegesang („zwei/drei Ömachen in der großen Kirche" – so der O-Ton des Vertreters am Messestand) elektronisch aufgepeppt werden kann. Zur Demonstration spielte der Vertreter „Großer Gott, wir loben dich" an, und siehe: mit den Orgelklängen war im typischen Gemengelage-Sound (immer etwas hinterher hinkend, nicht zu deutlich, nicht zu sauber, nicht zu fröhlich) eine Gemeinde von 50, 60 Sängern und Sängerinnen zu hören. Das Gerät könne sogar vom Pfarrer per Fernbedienung gesteuert werden ...

So praktisch kann Theologie sein.

Literatur

Adorno, Th. W.: Eingriffe. Neun kritische Modelle, Frankfurt 1963.

Adorno, Th. W.: Negative Dialektik, Frankfurt 1975.

Anders, G.: Die Antiquiertheit des Menschen, Bd. 2, München 1994, 112/113.

Baxmann, I.: Wahrnehmung In-Between. Überlegungen zu einer Ästhetik der Performance, in: *Weimarer Beiträge* 41 (1995) 29-47.

Beuscher, B.: Remedia. Religion, Ethik, Medien. Entwurf einer religionspädagogischen Theologie der Medien (Habilitation), Norderstedt 1999.

Beuscher, B.: Schnittstelle Mensch, Heidelberg 1994.

Blöss, Chr.: Maschinenkinder, Über die Beziehung zwischen Angst und Naturwissenschaft, Berlin 1987.

Brunstäd, F.: Vom Geist und Sinn des technischen Zeitalters, in: Die religiös-sittlichen Erziehungsaufgaben im Zeitalter der Technik, Fünf Vorträge, hg. v. Studienrat W. Heienbrok, Rostock 1930.

---

[21] F. Brunstäd, Vom Geist und Sinn des technischen Zeitalters, in: Die religiös-sittlichen Erziehungsaufgaben im Zeitalter der Technik, Fünf Vorträge, hg. v. Studienrat W. Heienbrok, Rostock 1930.

DE:BUG. ELEKTRONISCHE LEBENSASPEKTE. MUSIK MEDIEN KULTUR SELBSTBEHERRSCHUNG. Monatszeitung, hg. v. A. Baumgardt, Mercedes Bunz, Jörg Clasen, Jan Rikus Hillman, Sascha Kösch, Fee Magdanz, Rilley Reinhold, Anton Waldt, Benjamin Weiss, DEBUG Verlag Berlin.

Ebach, J.: Theologische Reden, mit denen man keinen Staat machen kann, Bochum 1989, 35.

Goethe, J.W.v: Maximen und Reflexionen, Werke der Hamburger Ausgabe, Band 12, Hamburg 1982.

Hörisch, J.: Der Sinn und die Sinne, Frankfurt 2001.

Kelly, K.: Das Ende der Kontrolle. Die biologische Wende in Wirtschaft, Technik und Gesellschaft, Mannheim 1997.

McLuhan, M.: Die magischen Kanäle. Understanding Media, Dresden 1994.

Nietzsche, F.: Sämtl. Werke, München 1980, Band 4.

Postman, N.: Das Technopol, Frankfurt 1992.

Rumpf, H.: Gegen den Strom der Lehrstoff-Beherrschung, in: Neue Sammlung 1 (1995) 3-17.

Siemann, J.: Jugend und Religion im Zeitalter der Globalisierung, Münster 2002.

Astrid Dinter

Informationstechnik, Virtualität und Lebenswelt.
Eine religionspädagogische Skizze

Die Theologie des 20. Jahrhunderts kennzeichnet eine negative Einstellung gegenüber moderner Technologie. Das Thema "Technologie" wird entweder ignoriert oder – in den meisten Fällen – kritisch konnotiert.[1] So ordnete der Ethiker Helmut Thielicke die Technik dem Reich der Sünde zu und fragte, ob der Ursprung der Technik nicht vielmehr beim Teufel liege.[2] Aktuell versteht der Jenaer Dogmatiker Michael Trowitsch Technik als unkontollierbar operierendes System von dämonischem Charakter.[3] Mit dieser allgemeinen Kritik an moderner Technologie ist auch eine kritische Auseinandersetzung mit Phänomenen moderner, technisch gestützter Kommunikation und Modulation durch neue Medien verbunden. So geht die EKD-Studie "Die neuen Informations- und Kommunikationstechniken. Chancen, Gefahren, Aufgaben verantwortlicher Gestaltung" aus dem Jahr 1985 von einer notwendigen theologischen Vorrangstellung der primären face to face Kommunikation gegenüber der medialen, technisch-vermittelten aus.[4] Die 1997 vom Rat der Evangelischen Kirche in Deutschland und dem Sekretariat der Deutschen Bischofskonferenz verabschiedete Erklärung "Chancen und Risiken der Mediengesellschaft" betont, dass es zu einem "revolutionären Umbruch" in der technischen Medienlandschaft komme, der die Formen der Kommunikaton nachhaltig verändern werde, wodurch eine "Informations- und Mediengesellschaft" entstehe: "Digitalisierung und Datenkompression bewirken einen revolutionären Umbruch sowohl in den Medien als auch in anderen gesellschaftlichen Bereichen mit weitreichenden Folgen für die Kultur der Kommunikation, für Gesellschaft, Wirtschaft und Politik, für jeden einzelnen

---

[1] Vgl. dazu Schwarke, Ch. Demonic Spirit? Lutheran Theology, Technological Progress and the Doctrine of God's Regiments, Aarhus 2003.
Schwarke sucht der verbreiteten Technikkritik des Protestantismus gegenzusteuern.
[2] Vgl. dazu Thielicke, H., Ist die Technik teuflisch?, S. 81-92.
[3] Vgl. dazu Trowitsch, M., Technik II, S. 9-22.
[4] Vgl. dazu EKD Kirchenamt, Die neuen Informations- und Kommunikationstechniken. Chancen, Gefahren, Aufgaben, Hannover 1985.

Menschen".[5] Elektronische Medien würden die Strukturen der Arbeitswelt im 21. Jahrhundert prägen: "Dem Produktionsfaktor Information kommt gegenüber den herkömmlichen Produktionsfaktoren (Materie und Energie, Arbeit und Kapital) eine überragende Bedeutung zu".[6] Wie schon bei der Einführung der Schriftkultur sei anzunehmen, dass die neuen Medien zu einer Transformation der Lebenswelt der Menschen und von deren Wirklichkeitsverständnis führen werden. Dabei lassen sich nach Ansicht der Denkschrift bereits jetzt bestimmte Gefahren dieser Entwicklungen erkennen. So wird herausgestellt, dass die Gestaltung der Medienlandschaft eine politische Aufgabe ist und nicht der Willkür des Marktes überlassen werden darf. Sonst wären weitere Arbeitslosigkeit, Diskriminierung und die Ausbeutung minderqualifizierter und unorganisierter Arbeitskräfte sowie der Missbrauch der neuen Medien zur Personen- und Datenüberwachung die Folge. Zudem betont die Denkschrift "Chancen und Risiken der Mediengesellschaft" die Gefahr der Isolation durch computergestützte Arbeit bzw. computergestütztes Lernen, geht von einer drohenden Segmentierung der Gesellschaft und von der Flucht von Menschen in die virtuellen Realitäten aus. Letzteres gilt insbesondere für Kinder aus einem sozial schwachen Milieu. Kommt es in der Denkschrift "Chancen und Risiken der Mediengesellschaft" noch zu einem Abwägen der Chancen moderner medialer Kommunikation gegenüber ihren negativen Seiten, so zeigen sich im Rahmen aktueller theologischer Reaktionen auf die Nutzung von computergestützten Informationstechnologien teilweise wesentlich kritischere Züge. Die Technik kommt wiederum allein in ihren negativen, menschenfeindlichen Zügen in den Blick. In diesem Sinne bemerkt der Exeget Hans Weder in seinem Beitrag "Virtual Reality" bezüglich der Welten künstlicher Realität: "Alles in diesem Reich ist von Maschinen erzeugt, die von Maschinen gesteuert oder jedenfalls programmiert sind, so dass es nichts gibt, was dem Menschen ein echtes Gegenüber sein könnte".[7] Weder zeigt vielmehr die Gefahr virtueller Realität auf: "Meines Erachtens (kann) die virtuelle Wirklichkeit die differenzierte Wahrnehmung der realen Welt beeinträchtigen oder sogar verkümmern lassen. Die Klarheit des Simulierten lässt die Wirklichkeit in eine völlig undifferenzierte Unklarheit fallen".[8] Und

---

[5] Vgl. EKD Kirchenamt und das Sekretariat der Deutschen Bischofskonferenz, Chancen und Risiken der Mediengesellschaft, Einleitung, S. 1.
[6] Vgl. Chancen und Risiken der Mediengesellschaft, 1. Entwicklung der Medien, S. 3.
[7] Vgl. Weder, H. Virtual Reality, S. 66.
[8] Vgl. Weder, H., a.a.O., S. 74.

der katholische Theologie und Philosoph Anton Kolb konstatiert: "Die Exklusivität und Überbetonung der Virtualität und des Konstruktivismus machen den Menschen krank, stören und zerstören sein Wesen, seine Seele, treiben ihn in Unvernunft, Lüge, Neurosen".[9] Kolb befürchtet dramatische Entwicklungen, verursacht durch die Formen neuer Medialität: "Die Determination, die Manipulation, die Abhängigkeiten, die Heteronomie, der Stress, die (Sach-) Zwänge, die Marktmechanismen, der Selektionsdruck, der Klubzwang, die zentralistisch-monopolistischen Tendenzen, die Polarisierung, die Heteronomie nehmen zu, und die Selbstbestimmungsmöglichkeiten und die Autonomie nehmen ab. Das Fernsehen, vor allem das Internet, entwickeln sich immer mehr zu einem totalitären Medium mit totaler Reizüberflutung".[10]

Es finden sich im Zusammenhang der Überlegungen zur Nutzung des Mediums Computer anmaßend anmutende Äußerungen, die eine derartig negative Haltung dem Medium Computer und den virtuellen Realitäten gegenüber durchaus zu rechtfertigen scheinen. So sind metaphysisch überhöhte, hybride Deutungen der Computernutzung bzw. der generellen Nutzung von Informationstechnologien zu verzeichnen. Zum Beispiel bemerkten die Mitglieder des CommuniTree-Netzes – eines Vorläufers des Internet: "Wir sind wie Götter und könnten ganz gut darin werden".[11] Diese ins religiöse übersteigerten Erwartungen gegenüber dem Medium Computer finden ihren Höhepunkt in den radikalen Zukunftsvisionen der Vorreiter der Debatte um künstliche Intelligenz: Da kommt der Spezialist für künstliche Intelligenz Marvin Minsky vom Massachusetts Institut of Technology zur Schlussfolgerung, dass der Mensch ein unvollkommenes Wesen darstelle. Er sei "langsam, unaufmerksam, konzentrationsschwach, abergläubisch, depressiv und euphorisch, gebe ungern Fehler zu und habe riesige Mengen nutzloser Information gespeichert".[12] Diesem Zustand wollen Hardliner wie Minsky Abhilfe schaffen. Daher plant er derartige Schwächen der menschlichen Natur durch eingepflanzte Neurochips zu beheben. Minskys Kollege Hans Moravec wiederum will den menschlichen Geist ganz von der sterblichen Hülle befreien und in einen Roboter "hineinladen". Das eigentliche erklärte Ziel ist der Traum von der Unsterblichkeit. Minsky konstatiert: "Mit KI

[9] Vgl. Kolb, A., Virtuelle Ontologie und Anthropologie, S. 25.
[10] Vgl. Kolb, A., a.a.O., S.33.
[11] Vgl. dazu Hermann, J., Erlösung durch Kommunikationstechnologie?, S. 78.
[12] Vgl. Martins, N., Denn Sie wissen nicht, was sie tun, S. 134.

wird unser Geist unsterblich".[13] Damit lassen sich bezüglich des Traums von der Erschaffung künstlicher Intelligenz und der Nutzung der neuen Informationstechnologien Parallelen zur aktuellen Debatte um die Neuerungen der Gentechnologie erkennen. Auch hier finden sich dezidiert metaphysische Deutungen, die letztlich auf Unsterblichkeit und das Erlangen eines gottgleichen Status abzielen. So berief sich der US-Forscher Richard Seed auf den Willen Gottes, als er 1998 verkündete, er wolle Menschen klonen.[14] Es wäre Gottes Wille, dass der Mensch Gott gleich werde. Dazu wäre es nötig, dass der Mensch es schaffe, ewig zu leben. Geht es in den radikalen Visionen bezüglich der Nutzung der computergestützten Informationstechnologien darum, sich endgültig vom menschlichen Körper – der sogenannten "Wet-ware" – zu lösen, so ist das erklärte Ziel der Gentechnologie, den Körper in der Weise aufzurüsten, dass seine Insuffizienz überwunden wird. Dabei sind die Übergänge fließend. Scheint angesichts dieser düsteren Zukunftsvisionen die Negativhaltung der Theologie gegenüber modernen Technologieformen nicht geradezu geboten? Hat die Theologie nicht derartige metaphysische Übergriffe zu brandmarken und die in technischem Handeln enthaltenen zweifelhaften Ziele offenzulegen[15]? Ist nicht gerade die Welt moderner computergestützter Informationstechnologien eine "der jegliche Wärme und Menschlichkeit fehlt"[16]? Speziell aus religionspädagogischer Perspektive sind die genannten Fragen zu stellen. Welche Haltung soll die evangelische Religionspädagogik gegenüber den Neuerungen der aktuellen Informationstechnologien einnehmen, die heute die Lebenswelt von Kindern und Jugendlichen prägen? Für die Theologie und ihre didaktische Explikation wäre es möglich, bei den genannten "Maximalvisionen" zu verharren, diese abzuwehren und im Gefolge die gesamte Nutzung der neuen Informationstechnologien negativ zu bewerten.

Ein anderer, phänomenologisch orientierter Ansatz soll im folgenden entfaltet werden. Dieser setzt bei weniger spektakulären Zusammenhängen bezüglich der Nutzung des Mediums Computer und damit verbunden von Elementen künstlicher Intelligenz – z.B. integriert in aktuelle User-Oberflächen wie Windows – an und fragt nach der Einbettung dieses Mediums in die alltägliche Le-

---

[13] Vgl. Martins, N., a.a.O., S. 136.
[14] Vgl. Dinter, A., Models how to relate science and religion and their implications for the ongoing debate on genetic engineering, S. 12.
[15] Vgl. dazu Dinter, A., Models how to relate science and religion and their implications for the on-going debate on genetic engineering, Aarhus 2003.
[16] Vgl. Stoll, C. Die Wüste Internet, S. 336.

benswelt. Dabei liegt der Fokus im Bereich der Religionspädagogik vor allem auf dem Alltagsleben von Kindern und Jugendlichen und dem Stellenwert, den Computer darin einnehmen. Eine phänomenologisch ausgerichtete Herangehensweise versucht, alle bestehenden Vorverständnisse im Sinne einer "Epoche" einzuklammern, und sich im Wissen um die eigene subjektive, intentionale Gerichtetheit den "Sachen" selbst zuzuwenden. Entscheidend ist die Ausrichtung an alltäglichen Erfahrungen, wobei durch die "geduldige Arbeit des Unterscheidens und Vergleichens die 'Phänomene' selber in den Blick"[17] kommen sollen. Der "Ausgang vom natürlichen Sprachgebrauch (erweist sich) immer wieder als geeigneter Weg zur Erhellung der Phänomene".[18] Aus religionspädagogischer Perspektive zeichnet sich eine phänomenologische Herangehensweise zudem dadurch aus, die Sicht von Kindern und Jugendlichen auf ihre eigene Lebenswelt ernstzunehmen, "sie in ihrer Sinngestalt"[19] zu belassen und zum Untersuchungsgegenstand zu machen.[20] Damit wird die "lebensweltlich fundierte Subjektivität nicht nur Thema, sondern auch Form pädagogischer Forschung; d.h. sie lässt sich die Maßstäbe der Untersuchung durch die Untersuchten selbst vorgeben".[21] Durch diese – sich zunächst einer Bewertung enthaltende – Grundeinstellung kann dann versucht werden, sich der Kinder- und Jugendkultur in Hinsicht auf die dort zu verzeichnenden Phänomene der Computernutzung anzunähern. Sonst wird die Diskussion um die Nutzung neuer Informationstechnologien notwendig in einem am Pro oder Contra orientierten Metadiskurs verhaftet bleiben, für den die "Wirkung des Internet auf die Bewohner des Cyberspace"[22] im Dunklen bleiben muss. Daher ist eine phänomenologisch orientierte Herangehensweise an Formen der Nutzung von Informationstechnologien notwendig damit verbunden, nach deren direktem "Sitz im Leben" zu fragen und diesen zu erkunden.

Im Rahmen einer solchen Annäherung wird die auf die "reale", alltägliche Lebenswelt abzielende Feldforschung zu einem unverzichtbaren Desiderat theo-

---

[17] Vgl. Bollnow, O.F., Die anthropologische Betrachtungsweise in der Pädagogik, Essen 1965, S. 42.

[18] Vgl. ebd.

[19] Vgl. Lippitz, W., "Lebenswelt" oder die Rehabilitierung vorwissenschaftlicher Erfahrung, S. 2.

[20] Vgl. dazu Biehl, P., Der phänomenologische Ansatz in der deutschen Religionspädagogik, in: Heimbrock, H.-G., Religionspädagogik und Phänomenologie, S. 23-28.

[21] Vgl. dazu Biehl, P., a.a.O., S. 27-28.

[22] Vgl. Rötzer, F., Wundertüte, Teufelszeug, in: Lernen mit Computern, ZEITPunkte 1/2000, S. 70.

logischer und religionspädagogisch orientierter Forschung. Für die Religionspädagogik besteht die Herausforderung deshalb darin, probate Mittel zu finden, um die tatsächliche Nutzung des Mediums Computer im Alltag von Kindern und Jugendlichen, dessen Stellenwert sowie dessen Wirkung auf das Leben und die Entwicklung von Kindern und Jugendlichen erfassen zu können. Dies ist durch ethnographische Methoden, wie die teilnehmende Beobachtung, möglich[23]. Zudem bieten die Interviewmethoden der qualitativen Sozialforschung[24] Möglichkeiten, einen Einblick in die Computernutzung von Kindern und Jugendlichen zu erhalten. Da es sich bei medialer Wirkungsforschung um ein komplexes Geschehen handelt, das nicht vollständig sprachlich auflösbar ist[25], wird zu überlegen sein, welche weiteren, teilweise experimentell orientierten Methoden möglich sind, um einen Einblick in den Computerzugriff von Kindern und Jugendlichen zu erhalten.[26] Empfehlenswert wird eine Methodentriangulation sein, die durch die Kombination mehrerer Methoden ein breiteres Gegenstandsspektrum in den Blick nimmt.[27] Ein derartiger Zugang zu den aktuellen religionspädagogischen und theologischen Debatten um die Nutzung der neuen Informationstechnologien durch Kinder und Jugendliche wird notwendig, da die lebensweltliche Perspektive der Nutzung des Mediums Computer – wie ein Überblick über einschlägige religionspädagogische Literatur zeigt[28] – noch nicht wirklich im Blick ist. In diesem Sinne bemerkt Hans-Günter Heimbrock: "Angesichts der Divergenz von Bewertungen und Befürchtungen scheint es angezeigt, zunächst mit geschärfter Wahrnehmung hinzusehen, was sich am Umgang von Kindern und Jugendlichen mit virtuellen Welten zeigt. Genauere Wahrnehmung des Umgangs Jugendlicher mit elektronisch erzeugten Imaginationen lohnt, aber Erwachsene sind hier in der Regel ignorant und ahnungslos, müssen sich im inten-

---

[23] Vgl. dazu Legewie, H., Feldforschung und teilnehmende Beobachtung, S. 189-192.

[24] Vgl. dazu das Kapitel "Befragungsverfahren", in: Flick, U., u.a., Handbuch Qualitative Sozialforschung, 2. Aufl., Weinheim 1995, S. 177-188.
Auch quantitative Verfahren geben einen Überblick über die Computernutzung Jugendlicher. Sollen aber Wirkungsweise und Einbettung in die biographische Entwicklung untersucht werden, dann sind qualitative Verfahren zu wählen.

[25] Vgl. dazu Neuß, N., Bilder des Verstehens, S. 19-22.

[26] Vgl. dazu Fritz, J., Langeweile, Streß und Flow, S. 207-216.

[27] Vgl. dazu Flick, U., Triangulation, S. 432-434.

[28] So z.B. Siemann, J., Jugend und Religion im Zeitalter der Globalisierung, Münster 2002 und Sander-Gaiser, M., Lernen mit vernetzten Computern in religionspädagogischer Perspektive, Leipzig 2001.

siveren Gespräch schnell in der Rolle unkundiger Schüler wiederfinden".[29] Ein weiterer Schritt in Richtung der Wahrnehmung der (tatsächlichen) Herangehensweise von Kindern und Jugendlichen an das Medium Computer und von deren Einstellung zu diesem Medium bzw. von dessen Wirkungsweise wäre eine breitere Rezeption der Ergebnisse der qualitativ-empirischen und sozialpsychologischen Medienforschung.[30] Diese kann einen ersten Einblick in den zu untersuchenden Kontext ermöglichen und verfestigte Vorurteile aufbrechen. Ein derartiger erster Einblick aus lebensweltlich orientierter Perspektive soll im folgenden exemplarisch für die Computernutzung von Jugendlichen geschehen. Dieser orientiert sich an eigenen Feldstudien und einer breiten Rezeption entsprechender Untersuchungen der qualitativ-empirischen und sozialpsychologischen Medienforschung.[31]

Welche Phänomene kommen aus dieser Perspektive für die Computernutzung von Jugendlichen in den Blick? Welche Bedeutung kommt dem Medium Computer im Leben von männlichen und weiblichen Jugendlichen zu? Welchen Stellenwert schreiben Jugendliche diesem Medium zu, wo liegen ihre Nutzungsschwerpunkte und welche rückgekoppelten Wirkungsweisen sind zu erkennen? Zunächst bildet der Computer ein typisches Artefakt des Jugendalters. Er ist heute zu einer notwendigen technischen Grundausstattung geworden, die Jugendliche sich anzueignen versuchen und die mit einem gewissen Sozialprestige verbunden ist. Es lässt sich sogar beobachten, dass bestimmte Hardwareelemente bestimmte Lebensabschnitte begleiten, so dass sich explizite Hardware-Biographien nachzeichnen lassen. Dabei darf jedoch nicht unerwähnt bleiben, dass mit dem Medium Computer notwendig die Gefahr einer schichtspezifischen Diskriminierung verbunden ist. Computer finden sich deutlich weniger im Besitz von Jugendlichen aus dem Hauptschulbereich. Diese Milieugruppe unterliegt zudem der Gefahr, im Umgang mit dem Medium Computer deutlich geringere Kompetenzen aufzuweisen. Hier wird eine auf Medienkompetenz abzielende Schulung gerade dieser Milieugruppe unerlässlich sein.

Zudem zeigt sich, dass eine Geschlechterdifferenzierung für das Gegenstandsfeld notwendig ist. So verlieren zahlreiche Studien die Computernutzung

---

[29] Vgl. Heimbrock, H.-G., Virtuelle Räume: Wahrnehmung und Einbildung, S. 219.

[30] So z.B. Döring, N., Sozialpsychologie des Internet, Göttingen / Bern / Toronto / Seattle 1999 und Fix, T., Generation @ im Chat, Erlangen 2001.

[31] So u.a. Baerenreiter, H., u.a., Jugendliche Computer-Fans: Stubenhocker oder Pioniere?, Opladen 1990 und Ritter, M., Computer oder Stöckelschuh?, Frankfurt / New York 1994.

weiblicher Jugendlicher aus dem Blick, weil sie ihren Fokus nur auf die Themenfelder "Computerspiele" bzw. "Programmierung" richten.[32] Große quantitative Untersuchungen zur Mediennutzung von Jugendlichen – aber auch die eigenen Feldbeobachtungen – zeigen dagegen auf, dass männliche und weibliche Jugendliche sowohl auf unterschiedliche Medien zugreifen als auch Medien – wie den Computer – unterschiedlich nutzen.[33] Der Schwerpunkt bei den weiblichen Jugendlichen liegt auf dem pragmatischen Gebrauch des Computers im Rahmen von bestimmten Arbeitsaufgaben im privaten und schulischen Umfeld und auf Kommunikation in Form von e-mails sowie im Chat-Bereich. Findet ein Zugriff durch weibliche Jugendliche auf Computerspiele statt, dann handelt es sich um andere Spiele als bei den männlichen Jugendlichen. Bevorzugen männliche Jugendliche Baller- und Action-Spiele (z.B. Half Life, Command und Conquer), so favorisieren weibliche Jugendliche andere Arten von Spielen wie z.B. Denk- und Geschicklichkeitsspiele (z.B. Solitär). Außerdem stellt der Computer nach wie vor ein männlich besetztes Artefakt dar, was von Einfluss auf das technische Kompetenzerleben der weiblichen Jugendlichen ist. Hier wird zu fragen sein, ob – ähnlich wie bei den Jugendlichen im Hauptschulbereich – nicht spezifische Anstrengungen nötig sind, um weiblichen Jugendlichen die Partizipation am teilweise angstbesetzten Medium Computer zu ermöglichen.

Wird das in der Jugendkultur stark verbreitete Genre "Computerspiele" in den Blick genommen, so konzentriert sich die religionspädagogische Forschung in diesem Bereich – sofern sie dieses Genre überhaupt thematisiert – oftmals auf eine Analyse und Evaluierung der dort behandelten Stoffe[34]: Es finden sich zahlreiche Spiele mit neomythischem Material wie Zelda oder Diablo sowie Spiele, die einen stark gewalttätigen Eindruck hinterlassen wie Doom oder Half Life. Eine derartige Analyse der semantischen Oberflächenstrukturen dieser Spiele erscheint durchaus sinnvoll. Aber erst ein Blick auf die Einbettung dieser Spielverläufe in die Lebensgestaltung von Jugendlichen lässt noch ganz andere Phänomene erkennen: Da sind genau dosierte virtuelle Hintergrundhorizonte zu beobachten, die der Selbststabilisierung und der Verarbeitung des oft wenig erfreulichen Alltagslebens in einer Leistungsgesellschaft dienen. Diese psychischen

[32] So z.B. Baerenreiter, H., u.a., Jugendliche Computer-Fans: Stubenhocker oder Pioniere?, Opladen 1990 und Noller, P., u.a., Jugendliche Computerfans. Selbstbilder und Lebensentwürfe, Frankfurt / New York 1991.
[33] Vgl. dazu JIM 2000, Jugend, Information, Multi-Media., Baden-Baden 2000.
[34] So z.B. Abesser, B., Wer erlöst die Welt?, S. 133-149.

Stabilisierungszyklen sind in vielen Fällen unabhängig von den Details der Oberflächensemantik der Spiele, die ein mythisches oder auch ein bestimmtes kriegerisches Setting umfassen können. Vielmehr geht es den Jugendlichen darum, in der virtuellen Welt genau dosierte Erfolgserlebnisse machen zu können, die ihnen in ihrem tatsächlichen Leben so oftmals versagt bleiben. Dabei wird die Spielgestaltung und -wahl genau auf die individuellen Bedürfnisse abgestimmt. So wünschen Jugendliche eine gewisse Herausforderung, um ihre eigenen Fähigkeiten ausprobieren zu können, schrecken aber vor zu komplexen Anforderungen zurück. Der Spielerfolg darf nicht zu leicht, aber auch nicht zu schwer zu erreichen sein. Innerhalb derartiger Spielverläufe treten Phänomene auf, die die Medienforschung als "Flowerlebnisse" bezeichnet. Die Computeruser verschmelzen mit ihrer Spieletätigkeit, sie gehen darin auf, haben Schwierigkeiten aufzuhören und "vergessen" die Zeit.[35] Diesem Verschmelzen korreliert notwendig eine körperliche Reaktion. An ihrem Ende steht die körperliche Erschöpfung, die teilweise mit Gefühlen einer kathartischen Reinigung verbunden ist. Letztere stellt sich vor allem dann ein, wenn der Spielverlauf nicht durch Frustrations- bzw. Versagenserlebnisse geprägt war. Die Spielerfolge bringen eine hohe selbstverstärkende Wirkung mit sich, ebenso wie negative Erlebnisse zu erheblicher Frustration führen. Derartige Erscheinungen sind auch für das Erstellen von Computerprogrammen sowohl bei männlichen wie auch bei weiblichen Jugendlichen (sofern diese überhaupt Interesse am Programmieren zeigen) zu beobachten. Das Erlebnis, die technische Herausforderung zu bewältigen und ein Computerprogramm zum Laufen zu bringen, führt zu Erfolgsgefühlen, in deren Gefolge wiederum eine Eigenstabilisierung eintritt. Dem Jugendlichen gelingt es, sich jenseits des Alltags im virtuellen Raum – ähnlich wie bei den Spielen – als kompetent und machtvoll zu erleben. Dieses Erleben von Kompetenz und rationaler Macht besitzt wiederum eine nicht zu unterschätzende Bedeutung für die Identitäts- und Selbstbildungsprozesse im Jugendalter. Hier wird zu fragen sein, wie derartige Phänomene aus theologischer und religionspädagogischer Sicht zu bewerten sind.

Weitere neue Dimensionen der Computernutzung eröffneten sich durch das Internet: e-mail, newsgroups, mailing-Listen[36], Chats und die Welten der

[35] Vgl. dazu Fritz, J., Langeweile, Streß und Flow, S. 207-216.

[36] Die News-groups unterscheiden sich von den Mailing-Listen insofern, als inhaltliche Beiträge in den News-groups durch Eigeninitiative abgerufen werden müssen, während bei den Mailing-Listen eine Direktverteilung an die Mitglieder der Liste erfolgt.

Multi User Dungeons (MUDs)[37] wurden nun Teil des Alltagslebens. Zudem etablierte sich das Internet als eine neue wichtige Informationsquelle, die gerade Jugendliche für schulische Zwecke regelmäßig nutzen. Mediale Phänomene wie e-mails und Chats prägen nun den Alltag von Jugendlichen. Dabei spricht die auf Kommunikation abzielende Welt der Chats gerade weibliche Jugendliche an. Man schaltet sich – versehen mit einem entsprechenden, selbstgewählten Code- oder Nickname – in den jeweiligen Chat seiner Wahl ein. Dort besteht die Möglichkeit, sich im Hauptfeld zu bewegen, eine Untergruppe aufzusuchen (die oftmals thematisch gegliedert ist) oder sich im Separée zu unterhalten. Die sinnliche Kanalreduktion durch die Beschränkung der Kommunikation auf die geschriebene Sprache werden durch entsprechende Emoticons und Akronyme – Zeichen die bestimmte Gefühle ausdrücken wie Freude oder Ärger bzw. Abkürzungen, die kurze Botschaften übermitteln – aufzuheben versucht.[38] Inhaltlich sind die Chats immer wieder von sexuell konnotierten Inhalten und Verhaltensformen geprägt. So begegnet die Anfrage nach Cybersex im Chat immer wieder. Diesbezüglich besteht die Herausforderung darin, zu analysieren, wie Jugendliche geschult werden können, souverän mit derartigen Anfragen umzugehen (z.B. dadurch, dass sie die weitere Kommunikation mit dem Anfragenden verweigern und ihn "wegklicken"). Dennoch darf nicht aus dem Blick verloren werden, dass die bestehende Anonymität in den Chats für die Jugendlichen erhebliche Möglichkeiten bietet, ihr eigenes Ich zu gestalten, sich selbst (auch sexuell) auszuprobieren, ja sogar das eigene Geschlecht virtuell zu wechseln. Diese Möglichkeiten werden von Jugendlichen durchaus breit genutzt.[39] Gleiches gilt für die seltener verbreiteten Multi-User-Dungeons, – künstliche Welten auf Textbasis oder als Bildmodulation – in denen es möglich ist, sich virtuell vollständig von der menschlichen Natur zu lösen und Gestalten ganz anderer Art – vornehmlich aus dem Phantasy-Bereich – anzunehmen, wie Trolle oder Elfen. Damit werden die Chats – wie auch die MUDs – zu einem wichtigen Forum für Selbst- und Identitätsbildungsprozesse im Jugendalter. Wie derartige Rückkopplungen der Selbstgestaltung im virtuellen Raum zur Individualentwicklung aussehen, wird eine notwendig zu untersuchende Frage sein. In diesem Bereich er-

---

[37] MUDs sind Computerprogramme, in die man sich einloggen kann, um in einer interaktiven textuellen oder graphischen Umwelt zu agieren.

[38] Vgl. dazu Döring, N., Sozialpsychologie des Internet, S. 99-102.

[39] Letzteres gilt nicht für den Geschlechterwechsel, der kein dauerhaftes Massenphänomen darstellt, aber durchaus explorativ ausprobiert wird.

weist sich weitere Feldforschung als unerlässlich. Erste Untersuchungen zeigen jedoch, dass Jugendliche – bei entsprechender Schulung ihrer Medienkompetenz[40] – durchaus in der Lage sind, souverän mit dem Medium Computer umzugehen. Letzteres gilt gerade auch im Hinblick auf die bestehende Gefahr von sexuellen Übergriffen im virtuellen und davon ausgehend im realen Raum (z.B. durch das "reale" Treffen von Netzbekanntschaften).

Dennoch darf nicht verschwiegen werden, dass sich komplexe und schwierige Lebenssituationen von Jugendlichen finden lassen, in denen es zu einem Verschmelzen der virtuellen und der "realen" Welt kommen kann, Inhalte und Verhaltensweisen aus der virtuellen Welt in die reale hinübertransportiert werden und es zu Eskalationsszenarien – wie im Fall des Robert Steinhäuser in Erfurt – kommen kann. Derartige Szenarien sind aber nicht hauptsächlich durch die Mediennutzung verursacht, sondern haben ihren eigentlichen Ursprung in einer komplexen, ausweglosen Lebenssituation im familiären und schulischen Alltag in einer Leistungsgesellschaft, in der die Nutzung des Mediums Computer zu einem gefährlichen Katalysator werden kann – vergleichbar der Drogennutzung. Die beschriebenen Konstellationen sind äußerst selten. Dennoch ist genau darauf zu achten, wo Jugendliche gefährdet erscheinen. Dann stellt sich jedoch die Frage, an welcher Stelle innerhalb eines derartigen Szenarios eingegriffen werden sollte: im Bereich der hauptursächlichen Probleme im Kontext des Alltagslebens oder durch ein Verbot des weiteren Zugangs zu den virtuellen Welten. Letzteres kann durchaus geboten sein, wird aber die Probleme der Jugendlichen nur auf ein anderes Kompensationsfeld verlagern.[41]

Nach einem Einblick in die aktuell stattfindende Computernutzung von Jugendlichen stellt sich die Frage, wie erste religionspädagogische Schlussfolgerungen aus den beschriebenen Phänomenen der Computernutzung Jugendlicher aussehen könnten. Es hat sich gezeigt, dass die Nutzung der neuen Informationstechnologien, die ein nicht reversibles Element der aktuellen Jugendkultur darstellt, nicht vorschnell einem Generalverdacht unterzogen werden sollte. Vielmehr ist es wichtig, die sich alltagsweltlich im Umgang mit den neuen Informationstechnologien zeigenden Phänomene zunächst einmal – gerade auch aus Sicht der Jugendlichen – wahrzunehmen und sie erst dann einer kritischen Prüfung zu unterziehen. So lassen sich einige potentielle Gefahren erkennen (Ab-

---

[40] Vgl. dazu Baacke, D., Handbuch Medien: Medienkompentenz, Bonn 1999.

[41] Vgl. dazu Steckel, R. / Trudewind, C., Aggression in Videospielen: Gibt es Auswirkungen auf den Spieler?, S. 217-228.

tauchen in virtuelle Welten, schicht- und geschlechtsspezifische Diskriminierung, medial vermittelte Formen von Sexualdelikten). Dennoch zeigt sich auch, dass eine gezielte Schulung der "Medienkompetenz" Jugendlicher diesen einen souveränen Umgang mit modernen Informationstechnologien ermöglicht und nicht notwendig mit extremen Gefährdungsszenarien verbunden sein muss. Daher besteht die Herausforderung für die Religionspädagogik sowohl bezüglich des schulischen Unterrichts wie bezüglich der außerschulischen Jugendarbeit darin, die genannten Phänomene im Kontext der Computernutzung Jugendlicher unterstützend und aufklärend zu begleiten. Dies gilt sowohl für die Erarbeitung von Medienkompetenz – als pädagogischem Gesamtauftrag von Schule wie von Jugendarbeit – als auch für die Unterstützung und Begleitung der medial gekoppelten Identitäts- und Selbstbildungsprozesse. Letzteres betrifft gerade den Religionsunterricht in seiner sozialisationsbegleitenden Funktion. In ihm sollte die Lebenswelt der Schülerinnen und Schüler, die aktuell und zukünftig nachhaltig von dem Medium Computer geprägt sein wird, notwendig Berücksichtigung finden.

Literatur

Abesser, B., Wer erlöst die Welt?, in: hrsg. Klie, T., Darstellung und Wahrnehmung, Münster 2000, S. 133-149.

Baacke, D. (Hrsg.), Handbuch Medien: Medienkompentenz, Bundeszentrale für Politische Bildung, Bonn 1999.

Baerenreiter, H., u.a., Jugendliche Computer-Fans: Stubenhocker oder Pioniere?. Biographieverläufe und Interaktionsformen, Opladen 1990.

Biehl, P., Der phänomenologische Ansatz in der deutschen Religionspädagogik, in: Heimbrock, H.-G., Religionspädagogik und Phänomenologie, Weinheim 1998.

Bollnow, O.F., Die anthropologische Betrachtungsweise in der Pädagogik, Essen 1965.

Dinter, A., Models how to relate science and religion and their implications for the on-going debate on genetic engineering, Aarhus 2003 (www.theo.au.dk/html/syst/Luther 2003).

Döring, N., Sozialpsychologie des Internet. Die Bedeutung des Internet für Kommunikationsprozesse, Identitäten, soziale Beziehungen und Gruppen, Göttingen / Bern / Toronto / Seattle 1999.

EKD Kirchenamt und das Sekretariat der Deutschen Bischofskonferenz, Chancen und Risiken der Mediengesellschaft. Gemeinsame Erklärung, Hannover 1997.

EKD Kirchenamt, Die neuen Informations- und Kommunikationstechniken. Chancen, Gefahren, Aufgaben verantwortlicher Gestaltung. Eine Studie der Kammer der Evangelischen Kirche in Deutschland für Soziale Ordnung und der Kammer für Publizistische Arbeit, Hannover 1995.

Fix, T., Generation @ im Chat. Hintergrund und explorative Motivstudie zur jugendlichen Netzkommunikation, Erlangen 2001.

Flick, U., Triangulation, in: ders., Handbuch Qualitative Sozialforschung, 2. Aufl., Weinheim 1995, S. 432-434.

Flick, U., u.a. (Hrsg.), Handbuch Qualitative Sozialforschung, 2. Aufl., Weinheim 1995.
Fritz, J., Langeweile, Streß und Flow, in: Handbuch Medien: Computerspiele, Bundeszentrale für Politische Bildung, Bonn 1997, S. 207-216.
Heimbrock, H.-G., Virtuelle Räume: Wahrnehmung und Einbildung, in: ders., Religionspädagogik und Phänomenologie, Weinheim 1998, S. 217-233.
Hermann, J., Erlösung durch Kommunikationstechnologie, in: hrsg. Klie, T., Darstellung und Wahrnehmung, Münster 2000, S. 77-95.
JIM 2000, Jugend, Information, Multi-Media., Baden-Baden 2000.
Kolb, A., Virtuelle Ontologie und Anthropologie, in: hrsg. Kolb, A., u.a., Cyberethik. Verantwortung in einer digital vernetzten Welt, Stuttgart / Berlin / Köln, 1998, S. 11-50.
Leggewie, H., Feldforschung und teilnehmende Beobachtung, in: Flick, U., u.a., Handbuch Qualitative Sozialforschung, 2. Aufl., Weinheim 1995, S. 189-192.
Lippitz, W., "Lebenswelt" oder die Rehabilitierung vorwissenschaftlicher Erfahrung, in: ders., Phänomenologische Studien in der Pädagogik, Weinheim 1993.
Martins, N., Denn sie wissen nicht, was sie tun, in: Geo Wissen: Intelligenz und Bewußtsein, S. 134-145.
Neuß, N., Bilder des Verstehens, in: medien praktisch 3 / 98, S. 19-22.
Noller, P., u.a., Jugendliche Computerfans. Selbstbilder und Lebensentwürfe, Frankfurt / New York 1991.
Ritter, M., Computer oder Stöckelschuh?. Eine empirische Untersuchung über Mädchen am Computer, Frankfurt / New York 1994.
Rötzer, F., Wundertüte, Teufelszeug, in: Lernen mit Computern, ZEITPunkte 1 / 2000, S. 68-70.
Sander-Gaiser, M., Lernen mit vernetzten Computern in religionspädagogischer Perspektive. Theologische und lernpsychologische Grundlagen, praktische Modelle, Leipzig 2001.
Schwarke, Ch., Demonic Spirit? Lutheran Theology, Technological Progress and the Doctrine of God's Regiments, Aarhus 2003 (www.theo.au.dk/html/syst/Luther 2003).
Siemann, J., Jugend und Religion im Zeitalter der Globalisierung. Computer / Internet als Thema für Religion(sunterricht), Münster 2002.
Steckel, R. / Trudewind, C., Aggression in Videospielen: Gibt es Auswirkungen auf den Spieler?, in: Handbuch Medien: Computerspiele, Bundeszentrale für Politische Bildung, Bonn 1997,S. 217-228.
Stoll, C. Die Wüste Internet, Frankfurt a. Main 1996.
Thielicke, Helmut, Ist die Technik teuflisch?, in: ders., Der Einzelne und der Apparat, Hamburg 1964, S. 81-92.
Trowitsch, M., Technik II, in: TRE 33, 2001, S. 9-22.
Weder, H. Virtual Reality, in: hrsg. Klie, T., Darstellung und Wahrnehmung, Münster 2000, S. 64-76.

Andreas Mertin

Nullstellung der Wahrnehmung?
Zur Herausforderung des Cyberspace für den Religionsunterricht

Bildungsdiskussion

Wirft man mit dem Interesse der Diskussion netzgestützter Bildung einen Blick auf die jüngst erschienene Denkschrift der EKD „Maße des Menschlichen", die ausdrücklich „Evangelische Perspektiven zur Bildung in der Wissens- und Lerngesellschaft"[1] verspricht, so wird man – gelinde gesagt – enttäuscht. So gut wie alles, was mit neuen Technologien zu tun hat, wird dort pejorativ konnotiert. Das geht von der geradezu naiven Gegenüberstellung von realer und virtueller Wirklichkeit[2] über die vorgeblich ‚vollständige informationstechnologische Vernetzung' der Welt und die Computerisierung der Zeit bis hin zur durch die Entgrenzung und Beschleunigung in Raum und Zeit bedingten Entwertung der Dinge. Bildung ist – glaubt man den VerfasserInnen der Denkschrift – das totaliter aliter der im Netz ablaufenden Erkenntnisprozesse. Bei aller durchaus angebrachten Skepsis zur oft zu euphemistisch eingeschätzten Leistungsfähigkeit des Internets für Bildungsprozesse,[3] geht das doch entschieden zu weit. Dass eine im Jahr 2003 erscheinende Denkschrift zur Bildung es sich leisten kann, auf alle Diskussionen des E-Teaching und E-Learning zu verzichten, ja sich zu der mehr als kühnen Behauptung versteigt, Fernkurse erschwerten das Lernen, ist schon

---

[1] Maße des Menschlichen. Eine Denkschrift, Gütersloh 2003

[2] Dort heißt es: „Virtuelle Wirklichkeit kann nicht ersetzen, etwas wirklich erfahren zu haben. Die künstliche digitale Welt bietet zwar enorme Möglichkeiten des Zugriffs auf Informationen; sie schafft jedoch zugleich einen fiktiven Spielraum für Phantasien über menschliche Möglichkeiten, die von einer konkreten, in bestimmten Lebenserfahrungen gegründeten Lebenswirklichkeit nicht mehr gedeckt sind. Virtuelle Wirklichkeiten nähren den Traum, Zeit und Raum zu überqueren, bald alles zu erschließen und so über alles verfügen zu können. Solchen unrealistischen Bildern gegenüber wird in dieser Denkschrift ein Bildungsansatz vertreten, der eine nüchterne Analyse der Wirklichkeit einschließt. Sie nimmt die Natur des Menschen in ihren Möglichkeiten und Grenzen, im Guten wie in den Abgründen des Bösen, ehrlich und unverstellt wahr". Wie immer man zu konstruktivistischen Theorien steht, derart naiv können Virtualität und Realität am Anfang des 21. Jahrhunderts nicht gegeneinander ausgespielt werden. Vgl. zum Problem Allucquere Rosanne Stone, Würde sich der wirkliche Körper bitte erheben, Kunstforum 133, 1996

[3] Vgl. Verf., Internet im Religionsunterricht, Göttingen 2/2001, insbes. S. 10ff.

erschreckend. Die Frage ist doch, warum jene Länder in der PISA-Studie gut abgeschnitten haben, die auf die computerunterstützte Bildung setzen.[4] Selbst in der deutschen Bildungslandschaft erweisen sich Schulen mit intensivem Computergebrauch als sehr erfolgreich. Bildung und Computereinsatz schließen sich nicht aus. So gesehen bietet die neue Denkschrift keine Perspektiven angesichts der „Herausforderung des Cyberspace für den Religionsunterricht".

Religiöse Bildung

Blickt man auf die Geschichte der klassischen religiösen Bildung im Protestantismus, dann kann man vor allem in den Katechismen erste systematische Formen allgemeiner religiöser Bildung erkennen.[5] Katechismus, so belehrt uns der Brockhaus, ist „seit dem 16. Jahrhundert ein (kurz gefasstes) formal meist in Frage- und Antwortform aufgebautes Lehrbuch über die Grundlehren und -tatsachen des christlichen Glaubens zur Unterweisung in Familie, Kirche und Schule. Bedeutend sind Luthers großer und kleiner Katechismus (beide 1529), für die reformatorischen Kirchen der Heidelberger (1563) und der Genfer Katechismus (1545)".[6] Bis weit ins 20. Jahrhundert waren die Katechismen in den Familien präsent und die pädagogischen Maßnahmen der Reformatoren erwiesen sich als durchaus erfolgreich: „Bibel und Katechismus prägten fortab den Schulunterricht. Tägliche Bibellektüre wurde üblich. Mit neun oder zehn Jahren schon sollte der Christenmensch das ganze Evangelium kennen. Und so geschah es, mindestens bis ins 18. Jahrhundert hinein"[7], also bis zur durchgehenden Privatisierung der Religion. Gegenüber den knapp gefassten Katechismen weitaus umfassender war Johannes Calvins nach 1536 entstandene und immer wieder überarbeitete „Institutio Christianae Religionis" (Unterricht in der christlichen Religion)[8], in dem dieser eine auf der Vernunft basierende, an den Artikeln des Apostolischen Glaubensbekenntnisses orientierte biblische Theologie entwarf.

---

[4] Vgl. Stefan Aufenanger, Internationale Aspekte des Computereinsatzes in Schulen, medien praktisch 4/02, S. 13ff.

[5] Nicht umsonst sieht Manfred Fuhrmann in der Zeit der Reformation nach der Renovatio Karls des Großen den zweiten großen Schritt zur allgemeinen Bildung. M. Fuhrmann, Bildung, Stuttgart 2002

[6] Brockhaus 2002, Art. Katechismus

[7] Brockhaus 2002, Art. Luthers Bibelübersetzung und ihre Wirkung

[8] Johannes Calvin: Institutio christianae religionis, 1988.

Auch dieses Werk ist vor allem im Blick auf die nordatlantische reformierte Tradition außerordentlich wirksam geworden.

Als eine moderne Folge dieser frühen religiösen Bildungswerke kann man den Evangelischen und den Katholischen Erwachsenenkatechismus auffassen, welche kompendienartig und doch weitgehend in verständlicher und jeweils der Zeit angepasster Form den Gläubigen die zentralen Gehalte christlichen Glaubens nahe zu bringen suchen.[9]

Schon in reformatorischen Zeiten war die religiöse Lehre nicht allein an das Wort gebunden, vielmehr wurde sie unter Einsatz aller jeweils verfügbaren Medien vermittelt. Gerade die Auseinandersetzungen in der Zeit der Reformation zeichnen sich durch eine konsequente und wirkungsvolle Ingebrauchnahme aller neu entwickelten Medien und Vermittlungssysteme aus. Dazu zählt nicht zuletzt die Ingebrauchnahme des Buchdrucks, der Bilder und der illustrierten Flugschriften.

Religiöse Bildung im Netz?

Man kann nun nicht sagen, dass der Innovationsfreundlichkeit des Protestantismus und in der Folge auch der katholischen Religion im 16. Jahrhundert eine ebensolche in der Gegenwart im Blick auf die Neuen Medien entsprechen würde. Wie schon zunächst beim Film im letzten Jahrhundert, so wird auch beim Computer und dem Internet am Ende des 20. und Anfang des 21. Jahrhunderts die Stimme der Kirche vor allem dann vernehmbar, wenn es zu warnen, abzuwehren, zu problematisieren gilt. Die bekannten Stichworte heißen (Kinder-) Pornografie, Gewalt, Rechtsradikalismus. Die Produktivität dieser neuen Kulturtechnik, die ja – wenn wir sie nur recht nutzen – enorme Konsequenzen hat, wird nur ansatzweise wahrgenommen. Jedenfalls findet sich etwas dem evangelischen oder katholischen Erwachsenenkatechismus Vergleichbares nicht im Internet. Hier sind die Kirchen offensichtlich auch Opfer von Vermarktungsstrategien der mit ihnen kooperierenden Verlage, die Wissen und Bildung weiterhin an kommerzielle Verwertbarkeit und nicht an optimale Verbreitung koppeln. Auf der anderen Seite sind die Religionen im Internet durchaus präsent. Laut einer Studie gibt es inzwischen mehr Seiten zum Thema „Religion“ im Netz als

---

[9] Evangelischer Erwachsenenkatechismus. Glauben – Erkennen – Leben, Gütersloh 2001. Katholischer Erwachsenenkatechismus. Leben aus dem Glauben, Freiburg 1995.

zum Thema „Sex" – was natürlich nicht heißt, dass sich die Menschen mehr religiöse als erotische Seiten anschauen.

Schaut man sich die religiösen Seiten genauer an, werden deren Stärken und Schwächen schnell sichtbar. Im Rahmen eines medienpädagogischen Seminars hatte eine Studentin sich vor einiger Zeit vorgenommen, mittels des Internets elementare Informationen über die Weltreligionen und ihre Stifter zu suchen. Als Minimum wollte sie ein Bild des Religionsstifters und eine grundlegende Einführung in den Glauben. Im Blick auf den Buddhismus und den Hinduismus stellte das überhaupt kein Problem dar. Man findet schnell Seiten im Netz, die den jeweiligen religiösen Kosmos beschreiben – und zwar sowohl in englischer wie deutscher Sprache. Und auch im Blick auf das Judentum fanden sich schnell exzellente Einführungen – zum Teil sogar von Kursen aus dem evangelischen oder katholischen Religionsunterricht erstellt.[10] Fehlanzeige dagegen weitgehend im Blick auf den Islam und nicht zuletzt bei den christlichen Kirchen. Auf den Seiten der evangelischen und der katholischen Kirche fand die Studentin zwar Infos über die Notwendigkeit der Kirchensteuer, aber keine Einführung in den christlichen Glauben oder dem Medium angemessene Informationen über Jesus Christus. Ihr bestes Fundstück war eine Magazinausgabe der Evangelischen Kirche Bayerns, die vom Printmedium ins Netz übertragen wurde, ohne irgendein Stück an Interaktivität oder Multimedialität hinzuzufügen.[11] Seitdem hat sich wenig geändert. Zwar gibt es inzwischen so genannte Glaubenskurse im Netz, die aber mit den Möglichkeiten dieses Mediums wenig zu tun haben.

Die Verantwortung für dieses Defizit im Blick auf die religiöse Bildung im Internet sehe ich vor allem bei den Kirchen und ihren pädagogischen Institutionen und weniger bei den Unterrichtenden des Faches Religion. Waren 1998 vielleicht 5% der ReligionspädagogInnen online, sind es inzwischen über 90%. Natürlich ist diese Entwicklung auch dem enormen Druck zu verdanken, den Politik und Wirtschaft auf die einzelnen LehrerInnen in den vergangenen Jahren ausgeübt haben. Was mir allerdings in der veröffentlichten Meinung fast symptomatisch zu sein scheint, ist die Verachtung der praktizierenden PädagogInnen. Analog zur beliebten Medienmeme, in Fragen der Neuen Medien müssten inzwischen SchülerInnen ihre LehrerInnen unterrichten, wird den PädagogInnen

[10] Vgl. etwa das Projekt unter http://www.lgd.de/projekt/judentum/index.htm
[11] http://www.epv.de/magazin/index.htm

pauschal Angst vor Neuen Medien unterstellt. Und das nur, weil sie sich nicht gleich reflexhaft darauf gestürzt, sondern erst einmal über den Nutzen nachgedacht haben. Die SchülerInnen werden dagegen als höchst interessiertes Potenzial einer neuen Wissenserkundung dargestellt. Nichts ist der Praxis ferner. Ich habe in den letzten Jahren mehr als 1000 LehrerInnen aller Bildungsgänge im Umgang mit dem Internet ausgebildet und kann nur sagen, dass das gezeichnete Bild der internet-ängstlichen LehrerInnen im Gegensatz zu den internetfreundlichen SchülerInnen absolut unzutreffend ist. Es trifft weder pauschal auf ältere LehrerInnen und schon gar nicht auf die Generation der heutigen ReferendarInnen zu. Tatsächlich kann eine Vielzahl der Unterrichtenden auf praktische Erfahrungen mit dem Internet im Rahmen ihrer Arbeit zurückgreifen.

Ihre Erfahrung ist dabei allerdings eine andere, als sie manchem lieb wäre. Dementsprechend schreibt Rolf Sachsse, Professor für Photographie und elektronische Bildmedien an der Fachhochschule Niederrhein in Krefeld, über die Nutzung des Internets: „Die verfügbare Datenmenge ist explodiert, das Interesse am Finden von Materialien jedoch implodiert, die Kritikfähigkeit zur Bewertung von Themen und Texten hat sich asymptotisch dem Nullpunkt genähert.“[12] Und genau *das* ist die Herausforderung, vor der heutige Pädagogen angesichts des Internets stehen und mit dem sie fertig werden müssen. So ist es eine alltägliche Erfahrung, dass inzwischen die Informations*beschaffung* die Informations*bewertung* verdrängt hat. Das Problem besteht im menschlichen Verhalten, immer den Weg des geringsten Widerstands zu gehen, d.h. im vorliegenden Fall, jeweils die Quelle zu suchen, die am bequemsten zugänglich ist, statt sich der Mühe zu unterziehen, aus der Fülle des Angebots die beste Quelle zu suchen: „Wenn ein System ... Quellen leicht zugänglich macht und diese womöglich noch oberflächlich oder niveaulos sind, kann es der Forschungsqualität ernsthaften Schaden zufügen, indem die Nutzer dazu ermutigt werden, es bei den erreichbaren Informationen bewenden zu lassen, ohne auf deren Wert und Vollständigkeit zu achten.“[13]

Chancen und Risiken

Im Augenblick zeigt sich die neue Kulturtechnik als höchst ambivalent. Den nahezu unbegrenzten Möglichkeiten stehen gleichermaßen Schranken und Hinder-

---

[12] Rolf Sachsse, Jahrhunderte nacheinander oder nebeneinander, Telepolis 9.12.2000

[13] Thomas Mann, zit. nach Clifford Stoll, Die Wüste Internet, S. 268.

nisse entgegen. So ist das Internet zumindest potentiell jedem im nordatlantischen Bereich zugänglich, zugänglicher jedenfalls als wissenschaftliche Bibliotheken. Jeder der über Telefonanschluß und Computer verfügt, kann das Internet nutzen. Das gilt aber andererseits weltweit nur für einen exklusiven geographischen Gürtel wie die folgende Grafik[14] zeigt:

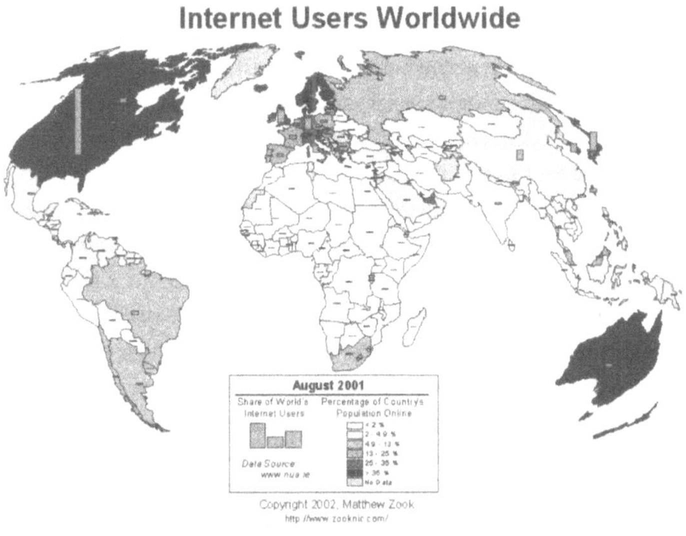

Zugespitzt könnte man sagen, dass das Internet nahezu exklusiv von den christlich geprägten Ländern dieser Erde genutzt wird. Auch im Blick auf die Bildung der NutzerInnen lassen sich große Unterschiede feststellen. Nach den letzten Erhebungen nutzen 75 Prozent der Bevölkerung mit Hochschulreife, aber nur 15 Prozent mit Hauptschulabschluss ohne Lehre das Internet und letztere nur in den seltensten Fällen zur Informationsbeschaffung.

Eine Chance bietet das Internet nicht zuletzt durch die Nivellierung der Publikationshürden. Anders als bei den Printmedien kann jeder mit minimalem Aufwand seine Meinung kund tun. Andererseits entfallen im Internet die qualitätssichernden Institutionen wie Lektoren oder Bibliothekare, weshalb man auf viel häufiger auf unseriöses als auf seriöses Material trifft.

Und schließlich bietet die sich durchsetzende Digitalisierung einen Zugang zu Quellen, die bisher nur mit viel Aufwand recherchierbar waren. Kunst,

---

[14] Quelle: http://www.zooknic.com

Literatur und wissenschaftliche Texte erschließen sich zunehmend für ein breites Publikum. Ob es sich dabei um authentisches Material handelt, ist für den normalen Nutzer allerdings nur schwer durchschaubar.

Manipulation und das Problem der Verifikation

Die implizite Problematik des an Bildung interessierten Zugriffs auf das World Wide Web ist die nahezu grenzenlose Möglichkeit der Manipulation der Netzinhalte und die Schwierigkeit, sie netzimmanent zu verifizieren. Die Probleme können sowohl auf der Angebotseite, wie auf der Seite des Nutzers, als auch durch Filter im Internet entstehen. Die Möglichkeit gezielter Desinformation und der Nutzung des Internets zur ideologischen Propaganda sollte allen NutzerInnen zumindest grundsätzlich bewusst sein.[15]

Aber es muss nicht so sein, dass jemand eine Website „hackt", um falsche Informationen an den Anwender gelangen zu lassen. Das Dezember-Heft 2002 der Computerzeitschrift CHIP brachte im Editorial folgende Geschichte, die sehr gut demonstriert, wie leicht Informationen zu manipulieren sind und vor allem, dass die Manipulation niemandem auffällt:

„Um Kompetenz und Kritikfähigkeit von Surfern zu überprüfen, starteten drei Studenten ein Experiment ***(www.odem.org).*** *Im Rahmen ihrer Diplomarbeit manipulierten Alvar Freude, Andreas Milles und Dragan Espenschied den WWW-Verkehr der Stuttgarter Merz Akademie. Omni Cleaner, so der Name des selbstgeschriebenen Programms, manipulierte die Darstellung der Seiten auf den Nutzer-Rechnern: So wurde ‚und' zu ‚oder', ‚nicht' zu ‚bestimmt', Helmut Kohl zu Gerhard Schröder. Wer sueddeutsche.de wollte, landete bei spiegel.de. Wer seine E-Mails bei einem Freemail-Dienst abrief, bekam einen neuen Brieffreund vorgestellt, ausgesucht nach ‚Ihren persönlichen Einstellungen und Ihrem Surfverhalten'. Vor Musiktauschbörsen lagen Formulare, die unsinnige Details abfragten, etwa den Mädchennamen der Mutter. Die privaten Homepages der Kommilitonen bekamen urplötzlich hässliche Werbebanner. Das Experiment lief zweieinhalb Monate. Niemand, so versichern die Urheber, hat etwas bemerkt. Selbst nachdem alles aufgeklärt war und beschrieben wurde, wie man*

[15] Angesichts der fortgeschrittenen Vorbereitungen zu einem Cyberwar vermitteln die bisher bekannt gewordenen Manipulationen erst einen harmlosen Eindruck dessen, was uns bevorsteht. Inzwischen gehört der Cyberwar zur offiziellen amerikanischen Regierungspolitik. Vgl. dazu Florian Rötzer, Strategie für den Cyberkrieg, Telepolis 7.2.2003

den Filter umgeht, hat das kaum Jemanden berührt. Viele sind einfach weiter über den Omni Cleaner gesurrt - und wenn der zwischendurch einblendete, ‚Sie können den Computer nun ausschalten', wurde brav ausgeschaltet."[16]

Nahezu jeder kann dieses verblüffende und beunruhigende Experiment am eigenen Computer oder auch im Unterricht mit seinen Schülerinnen und Schülern nachvollziehen. Das Einzige, was er dazu tun muss, ist, in den jeweiligen Browseroptionen einen bestimmten Proxyserver einzutragen.[17] Sofort werden dann an jedem beliebigen aufzurufenden Text die entsprechenden Manipulationen hervorgerufen.

Der Effekt lässt sich im Vergleich zweier Screenshots demonstrieren. Auf der linken Seite sieht man den „Originaltext", wie er auf dem Server abgelegt ist, auf der rechten Seite den „gefakten Text", wie er – ohne dass man den Vorgang der Manipulation wahrnimmt – auf dem Computer dann zu lesen ist.

Faktisch ersetzt der manipulierende Filter „Bildung" durch „Information", „Kultur" durch „Subvention", „Europa" durch „Amerika". Ruft man politische Texte und Stellungnahmen zum Irak-Konflikt auf, wird das Wort „Irak" durch „Iran" oder auch „Bush" durch „Hussein" ersetzt. Das könnte man als akzentuiert politisch-ironischen Kommentar werten, wenn es denn nicht so ernst wäre.

---

16 CHIP 12/2002, Editorial

17 HTTP Proxy: proxy.odem.org Port: 7007

Das Problem besteht darin, dass der Nutzer nicht einmal annähernd weiß, dass er einen manipulierten Text vor sich hat, er hat nicht einmal einen Anfangsverdacht, es sei denn, er pflegt grundsätzlich eine Hermeneutik des Verdachts. Man muss davon ausgehen, dass zumindest potentiell jede Internetseite ein derartige Fake, eine gefälschte Information ist. Statt dessen vertrauen wir aus langjähriger Erfahrung mit der Gutenberg-Galaxis in einem bestimmbaren Rahmen den Texten, die uns vorgelegt werden. Im Rahmen dieser Lektüre-Erfahrungen wissen wir, welchen Texten wir vertrauen können und welchen nicht. Diese Erfahrung lässt sich aber – wie das obige Beispiel zeigt - *nicht* auf das Internet übertragen. Im *worst case* haben wir für die Quellen, die wir dort erschließen, innerhalb des Netzes keine Verifikationsmöglichkeit.[18] Rein pragmatisch wird man zwar sagen können, dass die Wahrscheinlichkeit derartiger umfassender Manipulationen gering ist, das Problem bleibt dennoch bestehen.

Pädagogische Datenbanken

Als zentrales Problem der Beschäftigung mit dem Internet im Unterricht gilt neben der problematischen Verifikation vor allem die Unübersichtlichkeit des Internets. Seit längerem gibt es Versuche von LehrerInnen, das Problem der Orientierungslosigkeit angesichts der Fülle von Informationen im WWW in den Griff zu bekommen. Ein erster Schritt war die Zentrale für Unterrichtsmaterialien,[19] ein Zusammenschluss von Unterrichtenden aller Fächer, die das im Netz vorhandene Material zusammentrugen und lehrplanspezifisch Angebote zusammenstellten. Anfangs bestand das Problem darin, überhaupt etwas im Netz zu finden, die Angebote waren noch spröde, selten multimedial aufbereitet und wenig ansprechend. Man war zufrieden, wenn man ein gutes Bild, einen interessanten Text, eine abgelegte Examensarbeit und im Glücksfall einen kompletten Unterrichtsentwurf fand. Als sich dann das *online* vorhandene Material mehrte und man zwischen gut und schlecht unterscheiden konnte und musste, kam die Stunde der auf einzelne Fächer spezialisierten Datenbanken, für das Unterrichtsfach

[18] An dieser Stelle pflegen Apologeten des Internets einzuwenden, dass es auch bei der Gutenberg-Galaxis mit der Seriosität nicht gut bestellt ist. Aber das verkennt die Sachlage und die Komplexität des Problems. Während es in der Gutenberg-Galaxis keine umfassenden Manipulationen der Lektüren geben *kann* – da es zumindest in freien Gesellschaften immer alternative Lektüren gibt – gilt das für das Internet aus den dargelegten Gründen eben nicht. Wir wissen in der Regel nicht, welchen Weg die Daten genommen haben.

[19] http://www.zum.de

Religion also z.B. das so genannte Reliweb.[20] Bei religionspädagogischen Fortbildungen äußern inzwischen mehr als 2/3 der TeilnehmerInnen, dass sie das Internet in die Unterrichtsvorbereitung mit einbeziehen. Diesem Interesse diente das Reliweb, indem es den Spreu vom Weizen trennte. Die Datenbank verzeichnete unter aktiver Mithilfe der Lehrerinnen und Lehrer alles, was im Internet für den Unterricht zu gebrauchen war und bewertete es vor allem. Heute scheint die Herausforderung vor allem darin zu bestehen, unter vielem differentem Guten (und natürlich unendlich viel mehr Schlechtem) das *Passende* zu finden. Während sich allein von Anfang 1999 bis Ende 2002 die Zahl der Nutzer des Internets in Deutschland vervierfachte, stieg gleichzeitig die Zahl der deutschen Webadressen und Homepages um den Faktor 14 auf über 6 Millionen.

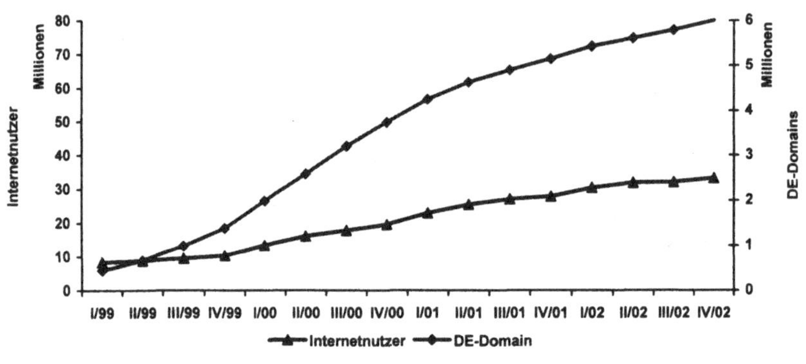

Das Angebot ist inzwischen zum Teil so überwältigend geworden, dass Übersicht auch mit der besten Datenbank kaum noch zu erlangen ist. Denn spätestens dann, wenn die Eingabe des Stichwortes „Jesus" so viele verwendbare Ergebnisse zeitigt, dass man wiederum mit der Sichtung mühsam von vorne beginnen muss, zeigen sich die Grenzen des Verfahrens. Bildlich gesprochen: Wenn der Restaurantführer zu viele Fünf-Sterne-Restaurants ausweist, beginnt die Qual der Wahl von neuem. Je erfolgreicher eine Datenbank oder Suchmaschine also ist, desto schwieriger wird es für den Anwender.

---

[20] http://www.reliweb.de

Vor einem Jahr reichte es, religionspädagogische Nutzer auf die religionspädagogische Datenbank zu verweisen und sie konnten dort die besten Adressen zum jeweiligen Thema finden. Nun aber wird die Suche etwa zum Thema „Jesus“ so viele *gute* Treffer ergeben wie im Herbst 1999 insgesamt als unterrichtsrelevante Webseiten zum Thema aufzufinden waren. Und dann beginnt die Suche von Neuem.[21]

Wie kann man dem begegnen? Zum einen kann man die Bewertung verfeinern. Man kann eine größere Abstufung wählen oder zusätzliche Kriterien einführen, etwa nutzerorientierte Hilfsmittel wie User-Rankings. Sie lösen das Problem aber nur temporär und unbefriedigend, wie man an vergleichbaren Rankings bei Kinofilmen erkennen kann. Sie sind zum einen oft zeitgeistgesteuert und zum anderen differieren die Wertungen der aktiven Nutzer von den nur passiv eine Datenbank auswertenden Nutzern.

Das Bildungsportal RPI-virtuell

Das mit der Unterstützung der EKD aus dem *Reliweb* entstandene *virtuelle religionspädagogische Institut*[22] ist der nächste Schritt zur religiösen Bildung und damit auch zum religiösen Lernen im Netz. Zwar ist auch dieses in erster Linie wiederum nur „von und für alle mit religiöser Erziehung und Bildung Befassten in Schule und Gemeinde im deutschsprachigen Raum“ konzipiert. Es erleichtert aber durch zahlreiche Funktionen zumindest den Einsatz des Internets in Bildungsprozessen. Durch Studienzimmer, die Unterrichtende sich einrichten können, durch Foren und Werkstätten, durch leicht einzurichtende Internettouren wird eine Plattform angeboten, auf die man für die Unterrichts*gestaltung* – und eben nicht nur für die Unterrichts*planung* – zugreifen kann.

---

[21] Zur Zeit der Abfassung dieses Artikel (Februar 2003) verzeichnete die nun unter der Bezeichnung rpi-virtuell laufende Datenbank zum Stichwort „Jesus“ 191 Online-Materialien, von denen 3 mit fünf Sternen, 13 mit vier Sternen und über 30 mit drei Sternen versehen sind. Als erste Karteikarte wird dann auf die Jesusskins verwiesen. Ob diese im Vergleich zur oben bereits anmerkungsweise erwähnten Adresse www.epv.de/magazin/index.htm (die mit nur drei Sternen bewertet ist) wirklich die beste Wahl ist, darf man mit Fug und Recht bezweifeln. Da Internetnutzer in der Regel aber nur aus den ersten zehn angezeigten Datensätzen auswählen, ist Qualitätssicherung weiterhin eine zentrale Aufgabe im Internet.

[22] http://www.rpi-virtuell.net

Das ist ein außerordentlicher Fortschritt. Dieser liegt nicht zuletzt darin, dass durch die deutschlandweite institutionelle Anbindung (in Gestalt der EKD) auch Informationen und Datenbanken in das Portal einfließen, die bisher nicht zur Verfügung standen oder separat aufgesucht werden mussten. Nun aber ergeben sich für die Unterrichtenden interessante Synergieeffekte, insofern sie von einer Datenschnittstelle die Datenbanken des ehemaligen Reliweb und des Comenius-Instituts sowie weitere Zeitschriften- und Literaturverzeichnisse abfragen und nutzen können.

Zugleich wird das alte Reliweb als spezifische Zugangsadresse für Schülerinnen und Schüler aufgebaut, denn diese sollen ja in der Regel nicht Zugriff auf Materialien für Unterrichtende, sondern auf für sie geeignetes und aufbereitetes Lernmaterial haben.

Jedem Unterrichtenden bietet das virtuelle Institut zunächst einmal ein *Dozenten- bzw. Studienzimmer*, in dem er seine unterrichtsrelevanten Materialien ablegen kann. So kann er Texte, Webseiten und Materialien, die er für die Arbeit im Unterricht verwenden will, zu Hause in Ruhe vorbereiten und für den Unterricht bearbeiten.

Daneben bietet das virtuelle Institut aber auch *Seminarräume*, in denen sich Unterrichtende und Lernende treffen können bzw. auf die SeminarteilnehmerInnen auch außerhalb des Unterrichts zugreifen können. Jeder Seminarraum ist nur für die SeminarteilnehmerInnen zugänglich, sie können hier Materialien abrufen, selbst Material einstellen, in der Bibliothek stöbern, Linklisten zusammenstellen und mit anderen SeminarteilnehmerInnen in *Foren* das zu bearbeitende Thema erörtern.

Unterrichtende können darüber hinaus interessante Internetadressen zu so genannten *Internettouren* zusammenstellen, die die SchülerInnen aufrufen und abarbeiten können. Der Vorteil gegenüber den sonst üblichen Linklisten ist, dass die Lernenden durch Steuerungsmodule das zu bearbeitende Pensum immer im Blick haben. Zum anderen ist die Orientierungslosigkeit, die sich schnell bei einem Zugriff auf das Internet über die konventionellen Suchmaschinen einstellt, vermieden.

Qualitätssicherung

Trotz dieser positiven Entwicklung muss man dennoch sagen: wirklich ausgereifte Modelle religiöser Bildung gibt es im Netz weiterhin nicht. Offline-Lehren mit Online-Hilfe ist der Normalfall. Für religiöse Bildungsprozesse zu Beginn des 21. Jahrhunderts scheint mir das immer noch zu kurz gegriffen. Unbestreitbar ist, dass die Zielgruppe der Unterrichtenden eine Plattform im Netz braucht, bezweifelbar ist aber, ob die pragmatisch vollzogene Zielgruppenbindung sinnvoll ist. Die nächste Herausforderung, die daher auf die Kirchen zukommt, ist die Erörterung zeitgemäßer Bildungskonzepte im Netz. Mit inhaltlichen Bildungsdiskussionen verbindet das virtuelle Institut noch wenig. Es lagert diese Diskussion aus, indem sie zugleich den Diskutierenden die Möglichkeit einräumt, ihre Diskussion auf der Plattform abzulegen. Statt dessen müsste ein virtuelles Institut aber Diskussionen initiieren! Daher ist das virtuelle Institut in seiner jetzt geplanten Form eine pragmatisch sinnvolle, aber noch keine umfassend befriedigende und zukunftsweisende Lösung. Aber es ist ein Schritt in die richtige Richtung.

Die zentrale Herausforderung ist die der Qualitätssicherung. Dokumentiert wird zur Zeit, was Unterrichtende de facto vermitteln bzw. vermitteln wollen und nicht unbedingt, was Religion lehrt. Abgemildert könnte man sagen, dass das aktuelle Angebot die Lehrpläne und die darüber hinaus gehenden Unterrichtswünsche der Schülerinnen und Schüler spiegelt, nicht notwendig aber die Gestalt der Religion in der Gegenwart. Qualitätssicherung wird durch Bewertung vorgenommen, die sich in der Regel aber auf Verwendbarkeit und nicht auf den Inhalt bezieht. Von der Qualität eines Angebots hängt aber auch seine Zukunftsfähigkeit ab.

Angedacht ist im virtuellen religionspädagogischen Institut, dass Unterrichtende, die sich auf freiwilliger Basis dazu bereit erklären, einen genaueren

Blick auf das Angebot werfen und es im Blick auf die verschiedenen Bildungsgänge und auf verschiedene Sachaspekte qualifizieren. Wer aber kontrolliert die Kontrolleure, genauer: nach welchen wissenschaftlich religionspädagogischen Standards arbeiten sie? Wird das transparent werden oder geschieht die Qualifizierung relativ zufällig danach, wer sich gerade für einen Bereich gemeldet hat?[23]

So steht weiterhin zur Diskussion: Was sind die Standards, an denen sich im 21. Jahrhundert der Unterricht in Religion orientieren müsste? Was wird derzeit bei den professionell mit religiösen Bildungsprozessen Befassten diskutiert? Welche Vermittlungsinhalte sind zu forcieren, welche zurückzustellen? Wo sind im Rahmen der Angebote des Netzes noch Defizite – grundsätzlicher wie aktueller Art – festzustellen? Kann es religiöse Kommunikation im Sinne von Religion als einem „diskursiven Tatbestand“ im Internet überhaupt geben?

E-Teaching

Kommen wir zurück zum virtuellen religionspädagogischen Institut. Letztlich dürfte dieses auf Dauer nicht nur gutes Material sammeln und bewerten – das tut ein reales Institut ja auch nur am Rande –, sondern es müsste vor allem anbieten, das heißt lehren. Und wenn es erkennbar Defizite im bisherigen Lehr-Angebot gibt, müssten die StudienleiterInnen sich hinsetzen und entsprechende Angebote erstellen oder erstellen lassen. Denn würde es zum Beispiel thematische Klassenzimmer geben, die nicht nur aus Verlinkungen, sondern aus einem konkreten Lehrangebot bestehen, dann müsste sich nach und nach eine aktuelle Onlineversion der *Institutio christianae religionis* ergeben, eine qualitativ vertretbarer, multimedial aufbereiteter „Katechismus“ in zeitgemäßer Form. Das hätte den Vorteil, dass das Institut über den engeren Kreis der LehrerInnen und SchülerInnen hinaus für alle religiös bzw. am Christentum Interessierten eine lohnende Adresse würde. Religion lehren und lernen würde zu einem dauerhaften prozessualen Geschehen. Dabei kann es gar nicht darum gehen „die“ Lehre darzustellen – was immer das auch sein sollte. Zumindest im Rahmen eines fröhlichen protestantischen Pluralismus war Divergenz und Streit immer auch eine kultu-

---

[23] Die gleichen Fragen stellen sich natürlich auch für das kommerzielle Angebot der pädagogischen Schulbuchverlage. Für Schulbücher gibt es aber eine kontrollierende Zwischeninstanz, für die Online-Auftritte der Verlage wie der Kirche aber nicht.

relle Tugend. Und im ökumenischen und interreligiösen Gespräch wird Offenheit für unterschiedliche Positionen immer selbstverständlich sein müssen.

In einem thematischen Klassenzimmer könnte daher zwischen verschiedenen LehrerInnen (verschiedener Konfessionen und Religionen) vehement zum Beispiel über das Gottesbild gerungen werden. Das beste Argument etwa für oder gegen die Verabschiedung eines theistischen Gottesbildes soll dann die BesucherInnen überzeugen und zur Diskussion einladen. Gerade an der Auseinandersetzung über religiöse Fragen erweist sich die Lebendigkeit von Religion. Genau das aber wäre das Ziel eines religiösen Bildungsinstituts im Internet.

Die so beschriebene Aufgabe ist nicht gering, beinhaltet sie doch letztlich die Darstellung der religiösen Lehren und Lebensdeutungen mehrerer Kirchen und kirchlicher Spektren. Sie ist umfassend, denn sie muss in einem ersten Schritt das Lehrangebot deutschsprachiger Schulen abdecken und später sich auf die gesamte religiöse Lehre erweitern. Sie muss zugleich wissenschaftlichen Standards entsprechen. Handlungsorientierung, Problemorientierung, Diskursorientierung, Wissenschaftsorientierung und exemplarisches Lernen wären die zentralen didaktischen Prinzipien zur Strukturierung des Angebots.

Eine derartige Konzeption eines religiösen Bildungsportals gemäß der Idee eines religiösen „Lehrhauses“ steht noch aus und muss schnellstens von den christlichen Kirchen angegangen werden. Denn nichts geändert hat sich seit Herbst 1999 an dem Tatbestand, dass wesentliche religiöse Inhalte, die auch dem technischen Stand des Mediums Internet entsprächen, im Netz fehlen. Die Kirchen müssen nun Personal- und Sachressourcen zur Verfügung stellen, die E-Teaching im Netz möglich machen. Dies allein den Verlagen – und damit dem Markt – zu überlassen, scheint mir zu wenig.

E-Learning

Selbst gesteuertes Lernen in Sachen Religion ist dagegen etwas, das sich erst in ungefähren Konturen abzeichnet. Vor allem deshalb, weil technisch wie ökonomisch die Voraussetzungen noch kaum gegeben sind. Zur Zeit machen sie, wie Rudolf Sachsse schreibt, *„jeden Ansatz von Interaktivität zum schlechten Witz: Wo sich ohnehin nur ein paar Schalter bedienen lassen, kleine Filmchen ablaufen - deren Vorführ-Software nicht ohne Grund 'Quick Time Movie' heißt - und das genauere Anschauen von Bildern mit demselben Ladevorgang verbunden ist, dessen Frustpotential mehrheitlich von Pornoseiten-Nutzern geteilt wird, da* *kommt keine Partizipation, kein Engagement, keine Einlassung auf, von 'studium' ... schon einmal gar nicht mehr zu schreiben.*"[24] E-learning ist – im Unterschied zum E-Teaching – zu Zeit etwas, das zwar produktiv die Phantasie freisetzen und so die technische und pädagogische Entwicklung vorantreiben kann, aber noch nicht so ausgereift ist, dass es in die religionspädagogische Praxis umgesetzt werden könnte.

Ein weiteres Problem selbst gesteuerten Lernens mittels Neuer Medien ist das fehlende Bewußtsein der kirchlichen Stellen von der Bedeutung des E-Learnings und ihrer nahezu exklusiven Konzentration auf die face-to-face-Kommunikation.[25] E-Learning setzt aber für die Bereitstellung und Aktualisierung des Materials noch einmal erheblich mehr an Personal und Material voraus.

Das dritte Problem ist die mangelnde Selbsteinschätzung in Sachen Religion. Selbst gesteuertes Lernen, so schreibt Karlheinz Rebel, „führt bei anspruchsvollen Inhalten, Aufgaben und Zielen ohne qualifizierte Voraussetzungen auf Seiten des Lernenden mit hoher Wahrscheinlichkeit zu Lerndefiziten, fehlerbehafteten Kenntnissen und Misserfolgserlebnissen."[26] Die Moderne unterminiert gerade diese Voraussetzungen durch den nahezu flächendeckenden Ausfall religiöser Sozialisation. Und eine Introspektion, die uns sagt, „ich bin gerade auf Stufe drei der sechsstufigen Leiter religiöser Urteile", eine derartige Introspektion gibt es nicht. Voraussetzung für selbstgesteuertes Lernen wäre aber ein „Metawissen über das eigene Lernen zu erwerben und eine Art Bewusstsein über ablaufende Lern- und Denkprozesse zu erlangen". Ob und wie dies für religiöse Erfahrungsprozesse möglich ist, bedarf noch eingehender Untersuchung.

Im Blick auf das für das Christentum notwendige kognitive Wissen ist selbst gesteuertes Lernen über die Neuen Medien sicher denkbar. Ob dies für die ebenso konstitutive Gefühlsseite der Religion gilt, bleibt allerdings weiterhin fraglich. Vermittelt werden kann, was – mit Martin Luther gesprochen – „jeder vernünftige, einigermaßen zum Verstehen befähigte und gebildete Mensch erfassen kann" – mehr aber vermutlich nicht.

---

[24] Rudolf Sachsse, Kunst als schnelle Nummer, S. 158.
[25] Vgl. Rafael Capurro, Face-to-Face oder Interface? http://www.capurro.de/face.htm
[26] Karheinz Rebel, Selbstgesteuertes Lernen - Eine Real-Utopie mit Augenmaß

Literatur

Aufenanger, Stefan: Internationale Aspekte des Computereinsatzes in Schulen, medien praktisch 4/02. S. 13-17.

Calvin, Johannes: Unterricht in der christlichen Religion. Institutio christianae religionis. Neukirchen-Vluyn 5/1988.

Capurro, Rafael: Face-to-Face oder Interface?, www.capurro.de/face.htm

Der Brockhaus in Text und Bild, Edition 2002 (CD)

Evangelischer Erwachsenenkatechismus. Glauben – Erkennen – Leben, Gütersloh 2001.

Fuhrmann, Manfred: Bildung. Europas kulturelle Identität. Stuttgart 2002.

Jentsch, Werner u.a. (Hg.): Evangelischer Erwachsenenkatechismus. Gütersloh: Gütersloher Verlagshaus Gerd Mohn, 1975.

Katholischer Erwachsenenkatechismus. Leben aus dem Glauben, Freiburg 1995.

Maße des Menschlichen. Evangelische Perspektiven zur Bildung in der Wissens- und Lerngesellschaft. Eine Denkschrift, Gütersloh 2003

Mertin, Andreas: Internet im Religionsunterricht, Göttingen 2/2001

Rebel, Karheinz: Selbstgesteuertes Lernen - Eine Real-Utopie mit Augenmaß, http://www.zfu.de/Texte/sl.html

Rötzer, Florian: Strategie für den Cyberkrieg, telepolis 7.2.2003, www.telepolis.de/deutsch/special/info/14138/1.html

Sachsse, Rolf: Macht Fernsehen blöd und der Computer schlau? Die PISA-Studie und die Medien, Telepolis 7.2.2002, http://www.telepolis.de/deutsch/inhalt/co/11732/1.html

Sachsse, Rolf: Jahrhunderte nacheinander oder nebeneinander, telepolis 9.12. 2000, www.telepolis.de/deutsch/inhalt/co/4438/1.html

Sachsse, Rolf: Kunst als schnelle Nummer, Kunstforum Band 148, Dezember 1999 – Januar 2000, S. 158.

Stoll, Clifford: Die Wüste Internet. Geisterfahrten auf der Datenautobahn, Frankfurt 1998

Stone, Allucquere Rosanne: Würde sich der wirkliche Körper bitte erheben. Grenzgeschichten über virtuelle Kulturen, Kunstforum 133, S. 68-83.

Internetadressen

http://www.denic.de
http://www.epv.de/magazin/index.htm
http://www.lgd.de/projekt/judentum/index.htm
http://www.odem.org
http://www.reliweb.de
http://www.rpi-virtuell.net
http://www.telepolis.de
http://www.zum.de
http://www.zooknic.com

MENSCHLICHES UND ZWISCHENMENSCHLICHES

Eric Mührel

Das Zwischenmenschliche in der Informations- und Biotechnologie-Gesellschaft

I. Von Angesicht zu Angesicht

Die Philosophie Lévinas` verdichtet sich in dem prägnanten Paradigma: „Einem Menschen begegnen heißt, von einem Rätsel wachgehalten werden."[1] Doch was bedeutet *einem* ***Menschen*** *begegnen* und was *einem Menschen* ***begegnen***? Die Rätselhaftigkeit des Anderen bezieht sich bei Lévinas nicht auf die Erkenntnis und Thematisierung eines letztlich doch nur totalitär zu bestimmenden Menschseins, womit der andere Mensch seiner Rätselhaftigkeit entledigt wäre, sondern auf sein Antlitz, das *mich* in die Einzigkeit der Verantwortung für ihn beruft. Im Antlitz des anderen Menschen ergeht ein Aufruf als Befehl an *mich*: „Du wirst keinen Mord begehen!"[2]. *Mord* kann hierbei sehr weit ausgelegt werden. „Jeder, der das Gesicht seines Gefährten vor den Vielen erbleichen lässt, ist, als ob er Blut vergieße."[3] Keinen *Mord* zu begehen, heißt demnach auch das Gesicht des Anderen und damit seine Würde zu wahren. Es geht aber auch um den *Mord* am Anderen, indem ich dessen Anderssein im Verstehen im Selben auflöse. Der Aufruf des Anderen ergeht aus der Höhe, womit diese Ebene des Zwischenmenschlichen in eine Asymmetrie gestellt ist. Das Antlitz spricht aus einer Dimension der Heiligkeit, Unantastbarkeit, der *Ich* als Subjekt untergeben bin, Untertan bin. *Untertan* bedeutet dabei jedoch nicht die Stellung und Haltung einer blinden Unterwürfigkeit, sondern eine Berufung zur Gewährung der Gastfreundschaft für den Anderen. „Das Subjekt ist ein Gastgeber."[4] Doch wie lässt sich das Antlitz beschreiben? Lévinas spricht es nur dem Menschen zu! Aber was ist das Antlitz am Menschen? Wie begegne ich ihm? Ohne Zweifel ist das Antlitz im Sinne Lévinas etwas, das in leibhaftiger Begegnung *mir* zustößt und *mich* in Besitz nimmt. Im Antlitz bin *ich* vom anderen Menschen „befallen,

---

[1] Lévinas, Emmanuel: Die Spur des Anderen, S. 120.
[2] Ders.: Totalität und Unendlichkeit, S. 285.
[3] Bawa mezia 58b, zitiert nach der Goldmann Ausgabe von Reinhold Mayer, München 1980, S. 508.
[4] Lévinas, Emmanuel, Totalität und Unendlichkeit, S. 434.

bevor er mir auffällt, als hätte ich ihn vernommen, bevor er spricht"[5]. Eine für unsere weiteren Überlegungen noch sehr bedenkenswerte Äußerung Lévinas`. Das Antlitz bezieht Lévinas nicht zwingend auf das Gesicht des Anderen. Lévinas beschreibt mit Bezug auf *Leben und Schicksal* von Wassilij Grossmann das Antlitz als das, an dem sich „die ganze Schwäche, die ganze Sterblichkeit, die ganze nackte, wehrlose Sterblichkeit des Anderen ablesen"[6] lässt. Dies bezieht er aber nicht auf das Gesicht, also auf Augenfarbe, Form, Nase oder den Gesichtsausdruck. Auch ein Nacken oder gar ein *von Rodin geformter Arm* vermag *mich* in die Einzigkeit der Verantwortung für den Anderen zu erwählen. Das Antlitz beruft *mich* in eine Beziehung zum Anderen, die nicht auf der symmetrischen, reziproken Anerkennung und damit dem Verstehen des Anderssein des jeweiligen Anderen basiert, sondern einseitige, unendliche Verantwortung für den Anderen ist. Lévinas bezeichnet diese Beziehung als *Von Angesicht zu Angesicht*! Enrique Dussel weist darauf hin, dass *Von Angesicht zu Angesicht* auf das *pnim el-pnim* im Hebräischen (Ex 33,11) zurückzuführen ist, was mit *prosopon pros prosopon* (1 Kor. 13,12) ins Griechische übersetzt wurde.[7] Danach bezeichnet das *Von Angesicht zu Angesicht* das Höchste, die Unmittelbarkeit zweier Mysterien als eine *veritas prima*. Der Andere begegnet *mir* in seinem Antlitz in einem unbegreifbaren, unantastbaren, sakralen Bereich. Das Zwischenmenschliche ist bei Lévinas geprägt von dieser Heiligkeit des Anderen, die sich im Antlitz *mir* als Berufung in die Verantwortung der Gastfreundschaft für den Anderen einschreibt. Doch das Antlitz bleibt an eine leibhaftige zwischenmenschliche Begegnung gebunden. Es handelt sich nur um leibhaftige Begegnungen zwischen Menschen. Es wird das Ziel der weiteren Ausführungen sein, diese fundamentalethische Dimension des Zwischenmenschlichen als Eckpfeiler eines radikalen Humanismus des anderen Menschen hineinzuwinden in den *Rahmen* der angeblich *posthumanen* Biotechnologie- und Informationsgesellschaft. Doch zuvor weise ich noch auf zwei Dinge hin.

Zum einen begrenzt sich der Raum des Sozialen nicht nur auf das Zwischenmenschliche im Rahmen der Begegnung des *Von Angesicht zu Angesicht*. Auch ohne einem Kollektivismus zu verfallen, ist das Vorhandensein anderer

---

[5] Lévinas, Emmanuel: Jenseits des Seins oder anders als Sein geschieht, S. 198.
[6] Ders.: Zwischen uns, S. 276.
[7] Vgl. Dussel, Enrique: Herrschaft - Befreiung, S. 398. Anzumerken ist hier, dass die Einheitsübersetzung der Deutschen Bibelgesellschaft in der Fassung von 1997 *pnim el-pnim* in Ex 33,11 mit *Auge in Auge* übersetzt.

Gestalten des Sozialen neben oder über dieser Form offensichtlich. Der sich im Antlitz des anderen Menschen als leibhaftigem Nächsten offenbarende Appell zur Verantwortung erstreckt sich auf alle Menschen in jeglichen Bezügen der Sozialität. Denn: „Die Epiphanie des Antlitzes als eines Antlitzes erschließt die Menschheit."[8] Diese über die von Lévinas erörterte Beschreibung des Übergangs von der Verantwortung zum Problem beim Eintritt des Dritten, der das Vergleichen zweier an sich nicht vergleichbarer Anderer eröffnet, hinausgehende Stiftung einer Sozialität der maßlosen Verantwortung drückt das Zitat aus dem Roman *Die Brüder Karamasow* von Dostojewski aus, welches Lévinas selber anführt: „Wir sind alle verantwortlich für alles, und ich noch mehr als die anderen."[9] Ergeht im Antlitz des nächsten Anderen also die Botschaft des Auftrags, des Befehls der Übernahme der Verantwortung für alle Antlitze, d.h. alle Menschen? Keinem einzigen Menschenleben darf mit Gleichgültigkeit geantwortet werden. Und da der Andere über den Eintritt des Dritten auch immer vergleichbarer, thematisierbarer Anderer in seinen Lebensverhältnissen ist, erstreckt sich diese Verantwortung auch immer auf die Lebensumstände aller Anderen, seien sie sozial, ökologisch oder ökonomisch.

Mit Rafael Capurro weise ich zum anderen auf die Uneindeutigkeit dessen hin, was wir unter Information bestimmen und verstehen können. Capurro bezieht sich in seinen Beschreibungen des Begriffs Information in seiner geschichtlichen Entwicklung und heutigen Verwendung auf Ludwig Wittgenstein: „Die Bedeutung eines Wortes ist sein Gebrauch in der Sprache"[10]. Obwohl der Informationsbegriff in den verschiedenen Wissenschaften und in seiner Bedeutungsentwicklung equivoke, analoge und univoke Verwendungen aufweist, ist nicht auf ein Wesen seiner zu schließen, sondern nur auf Familienähnlichkeiten im Geflecht der Sprachspiele.

„Betrachte z.B. einmal die Vorgänge, die wir Spiele nennen. Ich meine Brettspiele, Kartenspiele, Ballspiele, Kampfspiele, usw.. Was ist allen diesen gemeinsam? – Sag nicht: Es muss ihnen etwas gemeinsam sein, sonst hießen sie nicht Spiele – sondern schau, ob allen etwas gemeinsam ist. (...) Ähnlichkeiten,

---

[8] Lévinas, Emmanuel: Totalität und Unendlichkeit, S. 308.

[9] Ders.: Zwischen uns, S. 134. Zur Problematik des Eintritts des Dritten vgl. meine Ausführungen in *Zum Problem der Verantwortung und Anerkennung bei Emmanuel Lévinas*, S. 71-76.

[10] Wittgenstein, Ludwig: Philosophische Untersuchungen, § 43. Vgl. hierzu sowie bezüglich des kommenden Abschnitts die Interpretationen von Rafael Capurro in *Informationsbegriffe und ihre Bedeutungsnetze*.

Verwandtschaften, sehen, und zwar eine ganze Reihe. Wie gesagt: denk nicht, sondern schau! (...) Und das Ergebnis dieser Betrachtung lautet nun: Wir sehen ein kompliziertes Netz von Ähnlichkeiten, die einander übergreifen und kreuzen. Ähnlichkeiten im Großen und Kleinen."[11]

Wenn im folgenden der Versuch unternommen wird, die Beschreibungen der Sozialität bei Lévinas in den Rahmen der sich abzeichnenden Informationsgesellschaft zu wenden, so geschieht dies exemplarisch am Informationsbegriff in der Verwendung bei Capurro im Rahmen der von ihm erarbeiteten Angeletik als einer Theorie der Botschaft des Internets und der Bestimmung von Erb-Information bezüglich der Biotechnologie.

II. Problematiken des Zwischenmenschlichen

Mit Bezug auf die Ausführungen von Lévinas, nach denen nur den Menschen das Antlitz auszeichnet, fragen wir unter den Voraussetzungen der Biotechnologie- und Informationsgesellschaft nach dem Maß des Menschseins für ein solches Antlitz und dem Horizont von Botschaften und Mitteilungen im Internet ohne Antlitz. Radikal gefragt geht es um das Ausloten von Möglichkeiten, ob die Philosophie von Lévinas überhaupt noch unter den neuen Bedingungen tragfähig ist oder sie für die zukünftigen Herausforderungen einer Ethik untauglich erscheint und somit ein abgeschlossenes Kapitel der Philosophiegeschichte zu werden droht.

1. Antlitz welches Menschen?

In einem Gespräch[12] mit Peter Sloterdijk weist Hans-Jürgen Hinrichs auf den maßlosen Schrecken hin, der dem Gesichtsausdruck eines australischen Aborigines beim ersten Anblick eines Weißen eingeschrieben war, den er für einen auferstandenen Toten hielt. Der Weiße begegnete wohl eben nicht als ein *menschliches* Antlitz, das den Aborigine in eine Verantwortung berief, sondern als ein beängstigender Geist ohne Antlitz. Hinrichs benennt hiermit ein Beispiel für den Schrecken, der uns für den Fall erwartet, wenn die Gentechnik das Zur-Welt-Kommen des Menschen noch einmal als Peformance des schöpferischen Grundprinzips des „Es werde!" inszeniert. Führt ein solches Experiment der

---

[11] Wittgenstein, Ludwig: Philosophische Untersuchungen, § 66.

[12] Vgl. im folgenden die Aufzeichnung dieses Gesprächs unter dem Titel *Gottes Werk übertreffen. Horizonte der homöotechnischen Wende* in: du, Juli 2001, S. 68-73.

gentechnischen Manipulation nicht zur Erzeugung einer unfassbaren Fremdheit, die das menschliche Antlitz pervertiert und letztlich auflöst? Sloterdijk erblickt in den gentechnischen Möglichkeiten dagegen ein zu begrüßendes Zerbrechen der Allmachtsphantasien des Menschen, ein ausgezeichnetes Geschöpf zu sein. Die Technik könne nun zum erstenmal naturnahe Technik werden, Homöotechnik anstatt Allotechnik. Sie schleust sich ein in die Eigenproduktionen des Lebendigen, die aufgrund langfristiger evolutionärer Erfolgsmuster in Gang seien. Die Kooperation dieser *neuen* Technik mit der Natur bringe bald Epinaturen hervor, die an sich nicht schrecklicher seien als die Kontranaturen der *alten* Technik. In dem Streit um diese gentechnischen Eingriffe spiegele sich ein alter Disput zwischen der *triumphalen* Schöpfungstheologie des Juden- und des Christentums und den gnostischen Theologen des zweiten und dritten Jahrhunderts unserer Zeitrechnung, die die Schöpfung als misslungen erachteten und Gott als Pfuscher denunzierten. Nun ständen wir an der Schwelle, unserem Wunsch nach Verbesserung der *ersten* Schöpfung nachzugeben, und damit auch Reparaturen am Menschen.

Ohne auf den theologischen Streit in seiner Tiefe eingehen zu können, lässt sich doch ein erstes Resümee aus diesem Gespräch ziehen. Galt bisher die Differenz im Menschlichen zwischen physiologischer, und damit auch genetischer, Bestimmung und pragmatischer Gestaltung der Möglichkeiten innerhalb dieses vorgegebenen *Rahmens*, so werden mittels der *Anthropotechniken* die physiologischen Bestimmungen pragmatisch gestaltbar. Der einstige Rahmen wird gesprengt. Dabei kann es nun zu Geschöpfen phantastischer Vorstellungen kommen, die wir bisher nur als multimedial aufbereitete populäre Mythen wissenschaftlichen Wissens, beispielsweise sei hier an die Kreaturen in Filmen wie *Harry Potter*, der *Herr der Ringe* oder auch *star wars* erinnert, kennen.[13] Wie viel Mensch aber darf es noch sein zwecks der Zuschreibung eines Antlitzes? Eine solche Frage ist schon eine Pervertierung der Intention von Lévinas, aber ich sehe keine Möglichkeit dieser Pervertierung nicht einzuwilligen, wenn die Kerngedanken der Philosophie Lévinas transformiert werden sollen. Was ist also mit den Variationen von Mensch *und* Maschine, Mensch *und* Prothese, Mensch *und* menschliches oder tierisches Organ; was mit einem geklonten Menschen; was, und jetzt radikalisiere ich die Frage, mit einem in einem gentechnischen

[13] Vgl. hierzu Weingart, Peter: Von Menschenzüchtern, Weltbeherrschern und skrupellosen Genies – Das Bild der Wissenschaft im Spielfilm, in ZIF – Mitteilungen I/2003, S. 9-19.

Labor auf dem Rücken einer Ratte gezüchtetem *menschlichen* Ohr? Gilt hier noch die Aussage von Lévinas, dass das Antlitz auch aus dem Gegenteil des Gesichtes des anderen Menschen *sprechen* könne, also aus einem Nacken oder einem von *Rodin geformter Arm*. Warum dann nicht auch aus einem *menschlichen* Ohr auf dem Rücken einer Ratte?

Kehren wir zur Frage der Selbstmanipulation des Menschen zurück, um unseren Blickwinkel auf die gestellte Frage zu erweitern. Kann der Mensch sich selbst in seiner Selbstmanipulation entmenschlichen? Capurro bezieht sich in seiner Grundlegung einer Internetethik auf den erstmals im Jahre 1965 gehaltenen Vortrag Karl Rahners mit dem Titel *Experiment Mensch. Theologisches über die Selbstmanipulation des Menschen.*[14] Capurro fasst die Ausführungen Rahners bezüglich eines Leitfadens für eine Netzethik wie folgt zusammen: Die Selbstmanipulation des Menschen ist ein Wagnis der Menschheit, dem sie sich stellen muss. Sie ist, bei Ausblendung des christlich-metaphysischen Hintergrunds bei Rahner, gerechtfertigt, wenn sie „zu höheren Stufen und Gestalten der Sozialität“[15], worunter eine Gestalt das Internet unter bestimmten Voraussetzungen sein kann, führt. Doch genau in dieser Ausblendung des christlich-metaphysischen Hintergrunds Rahners liegt die Möglichkeit jenes Schreckens der Selbstmanipulation, den Hinrichs benannte. Dies wird deutlich, wenn wir die Intention Rahners und deren mögliche Pervertierung näher im Fokus der Biotechnologie beleuchten.

Rahner beschreibt in seinem Vortrag zunächst die Möglichkeiten der Selbstmanipulation des Menschen. Zu diesen Möglichkeiten gehören z.B. die psychologische, medizinische, politische, pädagogische und biologische, die teilweise in entsprechendem Maße des Standes von Forschung und Wissenschaft schon zur Verfügung stehen. An einige haben wir uns gewöhnt, so dass sie uns nicht mehr in Schrecken versetzen. Andere Möglichkeiten wie die genetische, die Rahner zum damaligen Zeitpunkt des Vortrags eher prophetisch benennt, beängstigen uns. Er beschreibt visionär *Werkhallen* der verschiedenen wissenschaftlichen Disziplinen, deren Tätigkeiten von einer Weltregierung, bestehend aus gezüchteten Superintelligenzen, in einer politischen Werkhalle koordiniert werden.[16] Der Mensch ist nach Rahner gerade *das* Wesen der sittlichen und

---

[14] Siehe hierzu die Ausführungen Capurros in: Hausmanninger, Thomas; Capurro, Rafael: Ethik der Globalität. Ein Dialog, S. 19-20.
[15] Rahner Karl: Experiment Mensch, S. 64.
[16] Vgl. ebenda. S. 45-50.

leibhaftigen Selbstmanipulation, allerdings immer als Mensch *vor* Gott, d.h. in der Verantwortung *vor* Gott.[17] Worin erkennt Rahner die Grenzen der Selbstmanipulation? Er ist der Auffassung, dass der Mensch durchaus das tun darf, was er tun kann. Im Umkehrschluss zieht er das Fazit, dass das, was der Mensch wirklich nicht darf, auch im letzten nicht geht, da „das Böse letztlich doch gerade die Absurdität des Wollens des, weil Wesen- und Sinnlosen, Unmöglichen ist“[18]. Diese Haltung Rahners erscheint aus heutiger Sicht euphorisch optimistisch und ist aus solcher erneut zu hinterfragen. Doch an dieser Stelle interessiert zunächst der Grund für seine Haltung.

Bei Rahner ist die Selbstmanipulation des Menschen eingebettet in das Zukommende einer absoluten Zukunft als das transzendentale *Woraufhin* des unumkehrbaren menschlichen Freiheitsprozesses. Eine Zukunft, die absolut ist, da sie jenseits menschlicher, und somit natürlicher und technischer, Möglichkeiten liegt.

> „Alle Planung des Menschen, aller aktive, eine Pluralität von Vorgegebenheiten manipulierende Selbstvollzug des Menschen ist umfaßt von dem Unplanbaren und Unmanipulierbaren des Ereignisses des als Liebe sich zuschickenden Geheimnisses, das wir erfahren und Gott nennen.“[19]

Diese absolute Zukunft Gottes offenbart sich im Zukommen des Todes, in welchem die eventuellen irreversiblen und irreparablen Folgen der Selbstmanipulation, eben auch in der Form der Weltkatastrophe, des Holozids oder des Gentods, gehalten sind. Anzumerken ist an dieser Stelle, dass in einer gewissen Entsprechung der Beschreibung Rahners bei Lévinas diese absolute Zukunft im Antlitz des Anderen auf *mich* zu-kommt. Die Idee des Unendlichen, Gott als *das* absolut Andere „ereignet sich konkret in der Gestalt einer Beziehung mit dem Antlitz“[20] *des* Anderen. Damit eröffnet sich im Antlitz eine nicht in die Gegenwart zu versammelnde Vergangenheit als eine *Anarchie* wie eine uneinholbare, absolute Zukunft, die das *heroische Ich* in eine nicht mehr in Aktivität verwandelbare Passivität des Erduldens und Erleidens des Anderen in den Akkusativ des *Mich* setzt.

---

[17] Vgl. ebenda. S. 55.
[18] Ebenda, S. 59.
[19] Ebenda, S. 63.
[20] Lévinas, Emmanuel: Totalität und Unendlichkeit, S. 280.

Im Sinne Rahners sind wir als Menschen in unseren Möglichkeiten nie nur auf uns selbst geworfen, nicht uns selbst gehörend, sondern verwiesen auf ein Zukommendes im Licht der absoluten Zukunft. Nur in diesem Zusammenhang können die folgenden Ausführungen Rahners unmißverständlich wirken.

> „Es wäre in einer überindividuellen Moral nüchtern und mutig zu bedenken, welche Opfer der Menschheit von heute für die Menschheit von morgen zugemutet werden dürfen, ohne dass man zu schnell von unsittlicher Grausamkeit, Vernutzung und Verletzung der Würde des Menschen von heute zugunsten dessen von morgen sprechen darf."[21]

Die Verbindung dieses Appells mit dem Begründungszusammenhang der Selbstmanipulation des Menschen mit Blick auf die *höheren Stufen und Gestalten des Sozialen*, verliert nur dann an Schrecken, wenn der Mensch durch die absolute Zukunft grundsätzlich In-die-Frage gestellt bleibt, und zwar in die Frage, wem wir gehören, wem wir Gehör schenken. Alle theologischen Fragen der Selbstmanipulation „würden wohl in die schlichte Erfahrung münden, dass der Mensch wirklich Geschichte macht, also sich selbst, und dass er gerade darin nicht sich selbst gehört, sondern dem Geheimnis der Liebe“[22].

Doch was geschieht bei einer Ausblendung des christlich-metaphysischen Hintergrunds, dem Verleugnen einer absoluten Zukunft Gottes? Werden wir dann nicht *Hörer* und *Hüter* der (Erb)Information, als einer Zukunft in einem Code, die wir entziffern und *lesen* können? Was wir unter Information verstehen können, ist dabei von zwei Blickwinkeln aus zu betrachten. Einerseits ist sie als ein gewisses Maß an Menge, eines *digitalen* Codes, in Form, welches *verstanden* werden kann. Verstehen bezieht sich dabei auf den lebendigen Organismus, der die Erbinformation *lesen* und ver*wirklichen* kann. Dabei erzeugt Information Information als eine Bewegung, die sich selbst bewegt. Die Evolution basiert dann auf einer Vermehrung der Menge an Form. Andererseits ist Information ein auf der Basis einer Zahlenkombination in *Sprache* gefasstes *Alphabet* der Natur, hier des Codes der DNS, beobacht- und *les*bar mit dem Ziel einer empirischen Prognose, die auf entscheidbare Alternativen hinausläuft. Damit wird deutlich, dass *Information* in diesem Zusammenhang immer im Spannungsfeld

---

[21] Rahner, Karl: Experiment Mensch, S. 68-69.
[22] Ebenda, S. 69.

zwischen einer aus der Verborgenheit in die Unverborgenheit hineintretenden *Einformung* und den Konstruktionen des Beobachters *in der Schwebe* bleibt.[23]

Indem nun diesem so in der Schwebe Liegendem eine eigene *Seinsklasse* zugesprochen wird, falls sie nicht sogar als die einzig gültige proklamiert wird, bekommt das Experiment Mensch eine andere *Logik*, eine andere *Eigendynamik* als in der Intention Rahners. Im Sinne einer solchen Eigendynamik argumentiert beispielsweise Marc Jongens im Zusammenhang der Diskussion über das Töten von Embryonen zwecks Gewinnung embryonaler Stammzellen für die Forschung: „In seiner informierenden und informativen Eigenschaft kommt dem Genom im präpersonalen Embryo eine spezifische Würde zu."[24] Die *Bewertung* des Embryos in den Kategorien Person *oder* Ding, Subjekt *oder* Objekt sei grundsätzlich nicht mehr auf der Höhe des heute längst Denkmöglichen. Aus dieser Sicht heraus ist es folgerichtig, wenn der Embryo weder als ein in der Intention von Jürgen Habermas zu antizipierender, personaler Diskurspartner aufzufassen ist noch ihm in einem übertragenen Sinne der Beschreibungen Lévinas` ein Antlitz anhaftet, dass *mich* in die Verantwortung für ihn beruft. Die von Lévinas zitierte Formel Dostojewskis hinsichtlich der *Verantwortung aller für alle* kann eben auch auf alle Zukommenden und damit alle Föten und Embryonen bezogen werden. Jongens lässt die Möglichkeiten offen, wie mit einem Embryo, wobei zu klären wäre, was er und andere in diesem Zusammenhang mit *präpersonal* bezeichnen und ob dies nicht auch eine willkürliche Kategorisierung ist, *zu verfahren* sei. Er bestimmt jedoch den *Hörer* und *Hüter* der (Erb)Information radikal zum Projekt seiner selbst, zum autopoietischen, sich selbst erzeugenden und entwerfendem *Wesen.* Sloterdijk beschreibt diese Möglichkeit der totalen Autopoiesis als Umsetzung dessen, was in der Kabbala vorausgeträumt worden ist.

> „Die Kabbalisten waren die ersten, denen klar wurde, dass Gott kein Humanist ist, sondern ein Informatiker. Er schreibt keine Texte, sondern er schreibt die Codes. Wer wie Gott schreiben könnte, der würde dem Konzept der Schrift eine Bedeutung geben, wie sie kein menschlicher Schreiber bisher verstand. Genetiker und Informatiker schreiben anders. Auch in diesem Sinne hat eine posthumanistische Ära begonnen."[25]

---

[23] Vgl. Weizsäcker, Carl Friedrich v.: Die Einheit der Natur, S. 347-356.

[24] Jongens, Marc: Der Mensch ist sein eigenes Experiment, S. 31.

[25] Sloterdijk, Peter, in: *Gottes Werk übertreffen. Horizonte der homöotechnischen Wende* in: du, Juli 2001, S. 70.

Doch welches Maß an *Altmensch* wird im *neuen* selbsternannten *Übermenschen*, der nach Jongens nun den *lapis philosophorum* gefunden hat, noch vorhanden sein?[26] Ist ein solcher Übermensch, der in seiner Selbstmanipulation eine absolute Zukunft negiert und sich in seinen Möglichkeiten total über-nimmt, noch Mensch? Spricht aus einem solchen Übermenschen als neu gemischtes Wesen ein Antlitz im *Von Angesicht zu Angesicht* oder erscheint er wie im Beispiel von der Begegnung des Aborigine mit dem Weißen als Schrecken einflößender Geist? Können wir überhaupt noch von einer zwischen*menschlichen* Begegnung sprechen? Mutieren wir als Hörer und Hüter eines anonymen Seins im Gewand der Information nicht zu einem unpersönlichem *jedermann*? Im Kraftfeld eines solchen Seins als des *Es gibt*[27] ist *jedermann* der Anonymität und einer Haltung der Indifferenz, der Gleichgültigkeit gegenüber allem und jedem anheim gegeben. Erlischt somit das Antlitz des Anderen und in ihm die Verheißung der absoluten Zukunft? Droht eine totalitäre, antlitzlose Gegenwart einer abseh- und beherrschbaren Zukunft der reinen Autopoiesis? Eine derart geprägte *Gesellschaft* würde die Beschreibung *posthuman*, nachmenschlich, tatsächlich verdienen, womit sich dann auch die Frage nach dem Zwischen*menschlichen* erledigt hätte.

2. Boten ohne Antlitz

Wie gestaltet sich das *Zwischen*menschliche in der Welt der Netze des Internets? Information lässt sich in diesem Zusammenhang als eine digitalisierte Botschaft zwecks zwischenmenschlichen Wissensaustausch begreifen, den Capurro in einer Theorie der Botschaft als Angeletik beschreibt. Angeletik bezeichnet dabei eine Angel-Ethik als grundlegende Internetethik. Diese entfaltet er bisher in Ansätzen in mehreren Einzelbeiträgen, auf die ich mich im folgenden beziehe.[28] Der Begriff Angeletik geht auf das griechische *angelia* zurück, was ins Deutsche übertragen *Botschaft* bedeutet. Ausdrücklich soll es sich bei der Angeletik nicht um eine theologische Engellehre handeln, auch der Begriff Engel ist auf angelia zurückzuführen, sondern um die Erörterung des Botschaftsphänomens unabhän-

---

[26] Vgl. Jongens, Marc: Der Mensch ist sein eigenes Experiment, S. 31. Jongens bezieht sich ausdrücklich auf die Lehre Nietzsches vom Übermenschen und deren Interpretation durch Sloterdijk in *Regeln für den Menschenpark*.

[27] Zur Anonymität des *Es gibt* vgl. Lévinas, Emmanuel: Die Zeit und der Andere, S. 22-23. Diese Anonymität des *Es gibt* vergleicht Lévinas mit dem *es regnet* oder *es schneit*. Da ist *etwas*, das mich nicht anspricht, das sich mir und allen gegenüber gleichgültig verhält.

[28] Bei diesen Beiträgen handelt es sich um *Operari sequitur esse*, *Informationsbegriffe und ihre Bedeutungsnetze*, *Theorie der Botschaft* und *Ich bin ein Weltbürger aus Sinope*.

gig von einem göttlichen Ursprung. Damit bezieht sich die Angeletik auf das Phänomen der *menschlichen* Botschaften und Boten.

In einem historischen Rückblick knüpft Capurro an die Botschaften der mündlichen und schriftlichen Überlieferungen an, in denen sich jeweils die zeitbedingten Machtstrukturen kundtaten. Dabei gibt es immer eine *Konkurrenz* zwischen vertikalen und horizontalen Botschaften. Nennen wir ein Beispiel für eine solche Konkurrenz. Die vertikalen heiligen Botschaften der feudalen Gesellschaft des antiken Griechenlands, meist von den Dichtern als Boten verkündet, bestätigen in ihrer Heilsverkündung zugleich eine sakrale Ordnung, eine Machtstruktur. Doch diese vertikalen Botschaften werden durch die horizontalen Botschaften der dialektischen Diskussion der Philosophen spätestens seit Sokrates korrumpiert. Eine ähnliche Situation ergibt sich im Zeitalter der Reformation und der Aufklärung. Die Macht des katholischen Dogmatismus des ausgehenden Mittelalters wird über das *neue* Medium des Buchs als massenhafter Träger von reformatorischen und wissenschaftlichen Botschaften zerbrochen. Capurro beschreibt nun das Internet mit seiner dezentralen und interaktiven Struktur als einen wiederum menschheitsgeschichtlich neuen angeletischen Raum, der durch die Möglichkeiten einer vertikalen Botschaftsstruktur die horizontale der *one to many messages* der Massenmedien subversiv unterläuft. Damit wird einer Kritik an deren dogmatischen Heilsbotschaften (Euangelien), die an sich Dysangelien, Botschaften der Leere sind, Raum geboten. Dieser Raum stellt sich dabei nicht *über* den der Gutenberg-Galaxis, sondern in verschränkender Art und Weise *hinter*, *vor* und *neben* diesen. Das Internet kann gar nicht *gegen das Buch* gestellt werden, da wir uns in diesen verschiedenen *Welten*, d.h. in verschiedenen Dimensionen der einen Welt, unterschiedlich entwerfen und einen anderen Bezug zur Welt und damit zu anderen Menschen und uns selbst aufweisen. Lévinas hat diese Entwicklung wohl nicht abschätzen können, wenn er dem *im Netz Sein*, auch schon bezogen auf den rein dialogischen Charakter des Telefons, weniger Bedeutung zukommen lässt als dem *zum Buch Sein* des Menschen.[29] Es geht also bei der Angeletik als Angel-Ethik um eine einzunehmende Haltung gegenüber dem, was mich an-geht. Grundsätzlich kommen wir nach Capurro persönlich und namentlich zur Welt, indem wir uns als Angerufene verstehen, die verschiedenen Rufen folgen. Dies kann der Ruf der *physis* sein, der Ruf des Ande-

[29] Vgl. Lévinas, Emmanuel: Zwischen uns, S. 139.

ren im *Von Angesicht zu Angesicht* oder der Ruf der Bio*techne*[30], wobei eben genau diese Gleichrangigkeit bei Capurro mit Lévinas zu kritisieren ist. Bezogen auf das Internet sind wir dem Ruf der *techne* folgend digitale Kosmopoliten, ohne aufgehört zu haben dem Ruf des *physis* zu folgen. Da wir leibhaftig an den Bildschirmen der PC`s sitzen, verfehlt jede die *physis* ausblendende, *körperlose* Ethik des Cyberspace dieses Faktum. Den verschiedenen Rufen folgend gilt es, eine Haltung einzunehmen, die diesem Ruf entspricht. Bezogen auf das Inernet können wir uns als *digitale Boten* verstehen und unser Leben dementsprechend gestalten. Während wir in den Massenmedien den vertikalen Botschaften ausgeliefert sind, entwerfen wir uns im Cyberspace vernetzt, wobei die Netzmetapher sich auf die Ambivalenz zwischen lebensdienlich und tödlich umschlingend als sich im Netz verfangend oder auch verlierend bezieht. Eine Lebenskunst des Vernetztseins als Antwort auf den Ruf der *techne* des Internets muss nach Capurro absehen von einer *modernen* Mächtigkeit des Subjekts und ist gekennzeichnet durch die Öffnung des Selbst für die zeitliche und räumliche Weite eines gemeinschaftlichen Existierens im Horizont dieser digitalen Weltvernetzung. Wie können wir diese verschiedenen Haltungen beschreiben. Während wir vor dem Fernsehen unterhaltend konsumieren und im Dialog mit *dem Buch*, im Sinne der Hermeneutik Gadamers ähnlich wie im Dialog mit einem Gesprächspartner, die Welt deuten und verstehen, empfangen wir im Internet Botschaften und senden sie weiter. Als Bote sind wir nur Knoten eines Netzes, dessen Aufgabe nicht darin liegt, die zu übermittelnde Botschaft zu erklären, zu verstehen oder zu deuten.

Doch werden wir so nicht genau Boten ohne Antlitz? Stehen wir vornehmlich im An-Ruf der *techne* des Cyberspace oder dem des Adressaten der Botschaft? Wenn wir von Boten ohne Antlitz sprechen, ist damit nicht eine Kategorisierung des Internets als unmoralisch oder auch ethisch verwerfbar intendiert. Das Internet stellt ja **eine** Dimension unseres Weltbezugs dar, die je nach der Lebensweise bei dem einen *größeren* Raum einnimmt als bei dem anderen. Doch in der Auflösung des *Von Angesicht zu Angesicht* im *interface* entsteht ein entsakralisierter Raum. Ohne eine Verknüpfung mit leibhaftigen Begegnungen mit den Adressaten droht das Umschlagen in jene Anonymität des *Es gibt*, hier als ein *Rauschen* im Internet. Da ist *etwas*, ein Netz von Boten, die sich gleich-

---

[30] Vgl. die Ausführungen Capurros in: Hausmanninger, Thomas; Capurro, Rafael: Ethik der Globalität. Ein Dialog, S. 34.

gültig Botschaften hin und her senden, ohne von einem Anderen *befallen* oder betroffen zu sein. Ein *reines* Im-Netz-sein als entsakralisierten Raum ist ein Aufenthalt in einer Wüste von Botschaften ohne Menschen.[31]

III. Verwindungen des *Zwischenmenschlichen*

Ergibt sich in den hier vorgestellten Zusammenhängen überhaupt eine Möglichkeit der Verwindung der Philosophie des Zwischenmenschlichen von Lévinas in den Rahmen der Informations- und Biotechnologiegesellschaft? Auf diesem Weg wäre zweierlei zu bedenken:

1. Der Prozess der Selbstgestaltung des Menschen in der Möglichkeit seiner Selbstmanipulation, der in eine Entmenschlichung und damit in eine im wahrsten Sinne des Wortes posthumane, nachmenschliche Gesellschaft führen kann.
2. Mit diesem Prozess einhergehend eine be-deutende Wendung des Auftrags der Gastfreundschaft, sich lösend vom menschlichen Antlitz und umfassend alle sich Zuschickende.

Die Frage der Selbstmanipulation des Menschen, die im Biotechnologie- und Informationszeitalter sich aufgrund der nun bestehenden und abzeichnenden Möglichkeiten neu stellt, kann in eine irreversible und irreparable Form münden. Der Auftrag des Menschen zur Selbstgestaltung, womit er zugleich zum Wesen der Selbstmanipulation wird, kann sich pervertieren in eine entmenschlichte Gesellschaft, was im Sinne Lévinas` eine Gesellschaft ohne Antlitze wäre. Rahner bedenkt eine solche Gesellschaft wie folgt:

> „(...) es könnte (wer kann es wissen; auch das Absurde darf vom Christen bedacht werden) sein, dass die Menschheit sich tatsächlich einmal biologisch zurückkreuzt auf die Stufe einer technisch intelligenten und selbstdomestizierenden Australopithekusherde oder eines Insektenstaates ohne den Schmerz der Transzendenz, Geschichte und den Dialog mit Gott, also sich selbst durch kollektiven Selbstmord auslöscht, auch wenn sie biologisch noch weiterbestünde."[32]

Es sei noch einmal darauf hingewiesen, dass sich in einer solchen Gesellschaft die Frage nach dem Zwischen*menschlichen* nicht mehr stellen würde. Diese

---

[31] Aus einem anderen Blickwinkel heraus ist die Forderung nach einem Zugang zum Internet zu berücksichtigen, um einer globalen *digitalen Apartheid* und einem daraus entspringendem Heer an *Informationsobdachlosen* vorzubeugen.

[32] Rahner, Karl: Experiment Mensch, S. 67.

Möglichkeit der Pervertierung ist schon bei Pico della Mirandola in *De hominis dignitate* grundlegend angesprochen:

> „Weder haben wir dich himmlisch noch irdisch, weder sterblich noch unsterblich geschaffen, damit du dein eigener, in Ehre frei entscheidender, schöpferischer Bildhauer dich selbst zu der Gestalt ausformst, die du bevorzugst. Du kannst zum Niedrigeren, zum Tierischen entarten; du kannst aber auch zum Höheren, zum Göttlichen wiedergeboren werden, wenn deine Seele es beschließt. (...) welch hohes und bewundernswertes Glück des Menschen! Dem gegeben ist zu haben, was er wünscht, zu sein, was er will.“ [33]

Das von Pico angesprochene Glück ist gleichzeitig auch ein Zwang, wenn nicht gar ein Fluch. Vertreter einer totalitären Autopoiesis, die sich wie Jongens[34] in ihren Ausführungen gerne auf diesen Ausschnitt aus *De hominis dignitate* beziehen, müssen erklären, wie sie das *in Ehre* interpretieren. Ist damit nicht letztlich eine bleibende *In-Frage-Stellung* des Menschen angedeutet, *In-Frage-Stellung* im Horizont des „als Liebe sich zuschickenden Geheimnisse, das wir Gott nennen“ wie im Antlitz des Anderen?

Damit kommen wir noch einmal auf eine für unser Anliegen entscheidende Passage bei Lévinas zurück. Im Antlitz bin *ich* vom anderen Menschen „befallen, bevor er mir auffällt, als hätte ich ihn vernommen, bevor er spricht“[35]. Muss sich dieses Befallen- und Vernommen-sein auf ein menschliches Antlitz beziehen? Beruft denn nur ein menschliches Antlitz in die Verantwortung, welche sich konkretisiert in der Haltung der Gastfreundschaft? Und wenn sich Lévinas auf Dostojewski bezieht, auf eine *Verantwortung für alle und alles*, tritt dann nicht neben diese Haltung der Gastfreundschaft als Antwort auf die Berufung durch den anderen Menschen, eine solche als Antwort auf die Berufung durch das Andere in allen anderen Geschöpfen und Dingen? In *Von der Gastfreundschaft* beschreibt Jacques Derrida eine solche Öffnung der Haltung der Gastfreundschaft, der eine Berufung, ein Zu-kommen zugrunde liegt. Er tut diese in einer ausdrücklichen Nähe zum Denken Lévinas`. Derrida verwindet dabei das Antlitz in das sich Befallende des *Eigennamens*.[36] Ein Eigenname ist nicht ein Wort wie andere in einer Sprache. Ein Name wie *Peter* ist ein Eigenname, der sich nicht einfach in *Pierre* ins Französische übersetzen lässt. Auch wenn

---

[33] Pico della Mirandola, Giovanni: De hominis dignitate. Über die Würde des Menschen, S. 7.
[34] Jongens, Marc: Der Mensch ist sein eigenes Experiment, S. 31.
[35] Lévinas, Emmanuel: Jenseits des Seins oder anders als Sein geschieht, S. 198.
[36] Vgl. Derrida, Jacques: Von der Gastfreundschaft, S. 98.

sich Derrida hier auf einen Namen vornehmlich eines Menschen, und damit wiederum auf ein Antlitz bezieht, so erweitert er diesen Horizont des Zukommens bezüglich der Konsequenzen für die Gastfreundschaft.

> „Diese (die Gastfreundschaft – Anm. E.M.) setzt (..) voraus: den Ruf oder das In-Erinnerung-rufen des Eigennamens in seiner reinen Möglichkeit (...) zu dir, zu dir selbst sage *ich* „komm", „ja", „tritt ein", „wer auch immer du bist und was auch immer dein Name, deine Sprache, dein Geschlecht, deine Gattung ist, ob du ein Mensch, ein Tier oder göttlich bist...".[37]

Gastfreundschaft bleibt damit, zuerst, ein *menschliches* Merkmal, aber das Eigentümliche dieser menschlichen Gastfreundschaft ist, dass diese nicht nur einem anderen der selben Gattung gewährt wird, sondern auch Tieren, Pflanzen, ja sogar Gott. Und in dem In-Erinnerung-rufen als ein In-Erinnerung-berufen-sein wird Gastfreundschaft auch den Toten gewährt, die auch aus dem Tod auf uns zukommen. Derrida *treibt* in seinen Beschreibungen das Denken der Gastfreundschaft *auf die Spitze*. Doch es hält sich an dem *Eigennamen*. Etwas muss erkennbar bleiben, eine Adresse des Absenders, von der eine Botschaft ausgeht? Doch kann dies nicht eine e-mail Adresse sein? Wenn Derrida einen Eigennamen einem Tier, einem Toten oder einer Pflanze zuspricht, warum sollte dieser dann nicht auch einem Mischwesen aus Mensch und Maschine, einem geklonten Menschen zuzuschreiben sein. Und warum letztlich nicht auch der Laborratte mit dem gentechnisch implantierten menschlichen Ohr? Sicherlich würde Lévinas dem nicht zustimmen, befinden sich in seiner Sammlung von *Eigennamen* doch Menschen, darunter auch Jacques Derrida.[38] Und sicherlich droht in der Wendung und Verwindung Derridas eine Pervertierung, in der das Denken Lévinas` sich selbst zum Verschwinden unähnlich wird. Doch es öffnet sich in dieser Verwindung aus dem ursprünglichen ***Zwischenmenschlichen*** des *Von Angesicht zu Ange*sicht der leibhaftigen Begegnung, in der Regel des *face to face*, anderen Absendern, von denen *ich* in ihrer Botschaft befallen und in die Haltung der Gastfreundschaft berufen bin, und anderen ***Zwischen*** als des face to face, also eben auch des interface des Internets. Die Transformierung des Antlitzes in ein *Sich-Zuschicken* eines Eigennamens mit der Berufung in eine Verantwortung

---

[37] Ebenda.

[38] Siehe hierzu die Meditationen Lévinas` in *Eigennamen*. Doch weist er selbst dabei auf eine Öffnung hin zum Leuchten des Antlitzes in Dichtung, Literatur und besonders in der Heiligen Schrift!

der Gastfreundschaft bewahrt jedoch eine individuelle, eventuell sogar *persönliche* Note. Eine solche Bewahrung unterscheidet sich grundsätzlich von der Anonymität und Indifferenz einer Hörer- und Hüterschaft eines anonymen Seins der Information als *Es-gibt*. Am Beispiel Jongens bezüglich des Tötens von Embryonen zwecks Gewinnung embryonaler Stammzellen wäre zu veranschaulichen, dass aufgrund der Gastfreundschaft für den Embryo dessen „informierende und informative Eigenschaft" sekundär ist.

Der hier vorgenommene Entwurf einer Verwindung des Zwischenmenschlichen in den Beschreibungen Lévinas` in den Rahmen einer Biotechnologie- und Informationsgesellschaft weist viele Brüche auf und wirft sicherlich mehr Fragen auf als er beantwortet. Eine sei abschließend benannt: Was bleibt von der Rätselhaftigkeit des Anderen im Zusammenhang der Problematik der Rätselhaftigkeit welches *Menschen*? Doch in der Über- und vielleicht Hintertreibung der Gastfreundschaft im Ansatze Derridas wird ein zentrales Anliegen von Lévinas bewahrt: die Barmherzigkeit der unerotischen Liebe, der Diakonie, die sich in jeglicher Gastfreundschaft kundtut.

Literatur

A. Monographien

Derrida, Jacques.: Von der Gastfreundschaft, Wien 2001.
Hausmanninger, Thomas; Capurro, Rafael (Hrsg.): Netzethik. Grundlegungsfragen der Internetethik, München 2002.
Lévinas, Emmanuel: Die Zeit und der Andere, Hamburg 1989.
Ders.: Totalität und Unendlichkeit. Versuch über die Exteriorität, Feiburg i.Br. 1987.
Ders.: Eigennamen, München 1988.
Ders.: Jenseits des Seins oder anders als Sein geschieht, München 1992.
Ders.: Die Spur des Anderen. Untersuchungen zur Phänomenologie und Sozialphilosophie, Freiburg i.Br 1993.
Ders.: Zwischen uns. Versuch über das Denken an den Anderen, München/Wien 1995.
Mühreł, Eric: Zum Problem der Anerkennung und Verantwortung bei Emmanuel Lévinas, Essen 1997.
Pico della Mirandola, Giovanni: De hominis dignitate. Über die Würde des Menschen, lateinisch-deutsch, Hamburg 1990.
Rombach, Hinrich (Hrsg.): Die Frage nach dem Menschen. Aufriß einer philosophischen Anthropologie, München 1966.
Sloterdijk, Peter: Regeln für den Menschenpark. Ein Antwortschreiben zu Heideggers Brief über den Humanismus, Frankfurt a.M. 1999.
Weizsäcker, Carl Friedrich v.: Die Einheit der Natur, München 1979.
Wittgenstein, Ludwig: Philosophische Untersuchungen, Frankfurt a.M. 2001

B. Einzelbeiträge, Zeitschriften und Zeitschriftenaufsätze

Capurro, Rafael: Informationsbegriffe und ihre Bedeutungsnetze, in: Ethik und Sozialwissenschaften, Nr. 1/2001, S. 14-17.

Ders.: Ich bin ein Weltbürger aus Sinope. Vernetzung als Lebenskunst, in: Bittner, Peter et al (Hrsg.): Mensch – Informatisierung – Gesellschaft, Münster 1999, S. 1-19.

Ders.: Operari sequitur esse. Zur existenzial-ontologischen Begründung der Netzethik, in: Hausmanninger, Thomas; Capurro, Rafael (Hrsg.): Netzethik. Grundlegungsfragen der Internetethik, München 2002, S. 61-77.

Ders.: Theorie der Botschaft, in: Luger, Kurt (Hrsg.) Transdisziplinäre Kommunikation, Wien 2003, i.Dr..

du, die Zeitschrift für Kultur, Doppelheft Nr. 718, Juli 2001, *Die Schöpfung. Sieben Szenen.*

Dussel, Enrique: Herrschaft – Befreiung. Ein veränderter theologischer Diskurs, in: Concilium 10 (1974), S. 396-407.

Hausmanninger, Thomas; Capurro, Rafael: Ethik in der Globalität. Ein Dialog, in: Hausmanninger, Thomas; Capurro, Rafael (Hrsg.): Netzethik. Grundlegungsfragen der Internetethik, München 2002, S. 13-36.

Jongens, Marc: Der Mensch ist sein eigenes Experiment, in: DIE ZEIT, Nr. 33 vom 9. August 2001, S. 31.

Rahner Karl: Experiment Mensch. Theologisches über die Selbstmanipulation des Menschen, in: Rombach, Hinrich (Hrsg.): Die Frage nach dem Menschen. Aufriß einer philosophischen Anthropologie, München 1966, S. 45-69.

ZIF. Zentrum für interdisziplinäre Forschung der Universität Bielefeld – Mitteilungen I/2003.

Susanne Dungs

Menschenbilder im Cyberspace.
Die Maschinen werden uns davon überzeugen, dass sie Menschen sind – oder wie gemischt braucht uns die Zukunft?

(1) Einleitendes: Zwischen Mensch und Maschine

Informatisierung und Technisierung bezeichnen Prozesse, die aus unserem Leben nicht mehr wegzudenken sind. Viele Dienstleitungen können über Computer ausgeführt werden (Telebanking, Teleshopping), computergesteuerte Roboter verrichten menschliche Arbeit, Jugendliche verbringen ihre Freizeit mit Computerspielen, Schule und Universität vermitteln Bildung virtuell, in Chipkärtchen sind Daten *über* uns und *in* uns gespeichert usf. Der Daten- und Informationstransfer hat sich weltumspannend ausgebreitet. Die Informationstechnologien erweisen sich dabei nicht nur als ein Mittel, um vertraute Handlungsroutinen zu ergänzen, sondern wirken als soziale Phänomene in den Alltag hinein. Technik ist zu einem „aktiven Partner" geworden, mit dessen Hilfe Beruf und Freizeit organisiert und umorganisiert werden können. Sie ist zu einem „Leit-Medium" geworden, das unser Selbst- und Weltverhältnis verändert. Vertraute Gegensätze wie Mensch-Maschine, Kultur-Technik, Natur-Kultur werden durch die Auswirkungen der Informationstechnologien brüchig.

Seit der Antike fußt das abendländische Selbstverständnis auf dem Gegensatz von Kultur und Natur. Eine besondere Ausgestaltung findet die Kultur-Natur-Dichotomie in der Neuzeit durch den Rationalismus und den daraus resultierenden Leib-Seele-Dualismus von Descartes, der *res cogitans* und *res extensa* voneinander schied. Bis in die Moderne hinein wird die Welt über die Dichotomie von Kultur und Natur begriffen. Auf dieser Trennung beruht sowohl die Objektivierung der Natur als einem passiven, vom Menschen unabhängigen Objekt, als auch die Selbstkonstruktion des Menschen. Der Mensch setzt sich als handlungsfähiges, autonomes und universales Gattungssubjekt der Natur entgegen. „Natur wird als das Andere der Kultur konzipiert, als der zu ihr im Gegensatz stehende Ursprung."[1] Bis in unsere Tage hinein ist unsere westliche Kultur durch einen tiefen Gegensatz geprägt, der auf einer Abwertung des Materiellen

[1] Donna Haraway: Die Neuerfindung der Natur, S. 9.

und Höherbewertung des Geistigen basiert und sich in einer Reihe von Dualismen wiederfindet, die sich an die Kultur-Natur-Dichotomie anschließen, wie Leib-Seele, Körper-Geist, Mann-Frau, Subjekt-Objekt usf.

Mit dem Übergang von der Moderne zur 'Postmoderne' wird davon gesprochen, dass diese kategorialen Gegensätze implodieren. Die säuberliche Trennung von Natur und künstlichem Artefakt, von Leben und Information, Biologie und Gesellschaft erweist sich aus der Perspektive der 'Postmoderne' als Illusion. Mit den diversen Möglichkeiten neuer Technologien findet eine Verschiebung des traditionellen Natur- und Subjektbegriffs statt. Wir befinden uns mitten in einem Transformationsprozess, da wir als Menschen den Entwicklungen nicht mehr *unberührt* gegenüberstehen. Die Gestaltungsmöglichkeiten der Technologien, die bisher die wissenschaftliche Aneignung der äußeren Natur (Wälder, Rohstoffe, Flüsse usf.) betrafen, sind uns Menschen auf den Leib gerückt. Die Grenzen zwischen Gemachtem und Natürlichem verschwimmen auch in uns selbst.[2] Es steht zur Disposition, was am Menschen noch als „gegeben" angesehen werden kann.[3] Manche betrachten dies als einen Paradigmenwechsel, in dessen Rahmen fundamentale Orientierungen unserer Kultur bis zur Unkenntlichkeit verzerrt würden:

> „Es wird verfügbar, was einst als unverfügbar galt. Grenzziehungen, die bis dato in der abendländischen Geschichte als fest verankert betrachtet wurden, verlaufen – und zwar in einem zweifachen Sinne. Sie nehmen entweder einen anderen Verlauf oder ihr Verlauf wird unkenntlich. Grenzen werden unkenntlich, weil Kriterien für Grenzziehungen sukzessive verloren gehen. Dieses doppelte Verlaufen ist zu einem wesentlichen Merkmal der westlichen Kultur geworden. Und diese Entwicklung schlägt sich insbesondere im menschlichen Körper nieder und wird am menschlichen Körper allererst sichtbar."[4]

Technische Geräte machen sich im menschlichen Körper breit. Gentechniker pflanzen z.B. einem Kaninchen Hautzellen eines siebenjährigen Jungen ein, um aus den geklonten Zellen menschliche embryonale Stammzellen zu gewinnen. Oder Technik dringt im Zuge der Miniaturisierung als Chip bis unter die Haut vor:

---

[2] Vgl. Jürgen Habermas: Die Zukunft der menschlichen Natur, S. 44.

[3] Vgl. Gernot Böhme: Über die Natur des Menschen, S. 48.

[4] Annette Barkhaus, Anne Fleig: Körperdimensionen oder die unmögliche Rede vom Unverfügbaren, S. 9.

> „Waren es zunächst noch Plomben, Prothesen, künstliche Gelenke, so steigt mit der extremen Miniaturisierung der Technik in Zukunft die Wahrscheinlichkeit, nicht nur den Lebensrhythmus per Herzschrittmacher, sondern auch neuronale Prozesse per Mikrochip zu stimulieren. Der Körper des Menschen erhält eine gleichsam technische Infrastruktur.“[5]

Auch die Grenze zwischen Leben und Tod scheint in Bewegung, da es in naher Zukunft möglich sein soll, alle Teile des menschlichen Körpers im Labor zu produzieren. Wie der Mensch zu sein hat, könnte zu einer Frage abenteuerlustiger Forscher werden, die auf der Suche nach dem perfekten Menschen sind:

> „*In the long run*, so verspricht uns die Medizin, wird sich jede Krankheit heilen lassen. Das Ende von Krebs und Herzinfarkt sei nur eine Frage der Zeit und der in die medizinische Forschung investierten Mittel. Der Tod erscheint in dieser Perspektive ausschließlich als technisches Problem. Wir sterben nicht mehr am Tod, sondern an je besonderen im Prinzip heilbaren Krankheiten. Gegen die Krankheiten wird eine umfassende Medizinalisierung des Lebens aufgeboten: Diäten, Fitnessprogramme, regelmäßige Vorsorgeuntersuchungen, medizinische Selbstbeobachtung.“[6]

Ray Kurzweil steigert diese Visionen noch, indem er ihnen einen Evolutionsgedanken unterstellt:

> Alles wird „zu einem Teil der Computerindustrie: Telekommunikation, Biotechnologie, Miniaturisierung, Lebenserwartung – all dies wächst exponentiell und setzt deflationäre Kräfte frei. (...) Therapeutisches Klonen wird es uns erlauben, unseren Körper zu verjüngen, ihn fast unendlich funktionsfähig zu halten. Daran bin ich persönlich interessiert. Ich empfinde auch den fernen Tod (...) nicht als wünschenswert. (...) Wir werden darum Software und Hardware trennen müssen. Das bedeutet nicht, dass das Leben unserer Dateien ewig währte. Sie leben so lange, wie sie für jemanden von Bedeutung sind.“[7]

Weil der Mensch den verschiedensten Implosionen nicht mehr unberührt gegenübersteht, sondern in den Schmelztiegel seiner Experimente und Datentransfers geraten ist, stoßen wir auf die Frage, was eigentlich das 'Menschliche' am Menschen ausmacht und wodurch er sich von der Maschine unterscheidet:

> „Die fortschreitende Entzifferung des menschlichen Körpers, die Aussicht auf die genetische Formel jedes Individuums konfrontiert uns auf eine dringliche Art mit der radikalen Frage, ‚was wir sind‘: bin ich das, der Code, der sich auf eine einzelne CD drucken lässt?“[8]

---

[5] Gerhard Gamm: Anthropomorphia inversa, S. 290.
[6] Andreas Hetzel: Zygmunt Bauman, S. 306f.
[7] Ray Kurzweil: Die Maschinen werden uns davon überzeugen, dass sie Menschen sind.
[8] Slavoj Zizek: Die Brisanz des christlichen Erbes, S. 10.

Im Verhältnis zu den Informationstechnologien[9] zeichnen sich zwei Positionen ab, die Ray Kurzweil und Bill Joy 2001 miteinander ausgefochten haben. Aus der Sicht der *Netzverfechter* erschließt der Cyberspace noch nie da gewesene Möglichkeiten, sich selbst und seine Umgebung umzugestalten.[10] Mit dem Ineinanderfallen von Mensch und Maschine, Leben und Information, Simulation und Wirklichkeit deute sich der Beginn eines neuen posthumanen Zeitalters an. Den neuen Medien wird darüber hinaus eine enorme Kraft für die Gesamtrestrukturierung menschlicher und gesellschaftlicher Verhältnisse zugesprochen.[11]

Die *Netzskeptiker* hingegen betrachten die Digitalisierung und Vervielfältigung aller Lebensbezüge kritisch. Nichtauthentizität und Abstraktion von Wahrnehmung schritten unaufhörlich voran. Die neuen Medien hätten einen kaum aufzuhaltenden Wirklichkeitsverlust, eine Enthumanisierung und schließlich einen gesellschaftlichen Werteverfall zur Folge.

Im folgenden werden vier verschiedene Menschenbilder dargestellt, die im Zusammenhang mit dem Cyberspace entstanden sind. Sie lassen sich den *Netzskeptikern* und *-verfechtern* zuordnen.

(2) Menschenbilder im Cyberspace

Die vier Menschenbilder lauten: 2.1 Der Mensch als Cyborg (Donna Haraway), 2.2 Der Mensch als Hybrid (Bruno Latour), 2.3 Der digital vervielfältigte Mensch (Sherry Turkle), 2.4 Der zweifelnde Mensch (Slavoj Zizek).

2.1 Der Mensch als Cyborg (Donna Haraway)

Donna Haraway, nordamerikanische Wissenschaftshistorikerin, Primatenforscherin und Feministin, hat 1984 ihr Aufsehen erregendes *Manifest für Cyborgs* geschrieben. Darin formuliert sie, dass die Grenzen des Menschen auf einen Seite zur Maschine und auf der anderen Seite zum Tier fließend geworden sind:

> „Im späten 20. Jahrhundert, in unserer Zeit, einer mythischen Zeit, haben wir alle uns in Chimären, theoretisierte und fabrizierte Hybride aus Maschine und Organismus verwan-

---

[9] Die Biotechnologien können dazu gerechnet werden, weil sie Leben in Information übersetzen

[10] Vgl. Jörg Herrmann, Andreas Mertin: Virtuelle Religion, S. 3.

[11] Vgl. Marie-Luise Angerer: body options, S. 41.

delt, kurz, wir sind Cyborgs. Cyborgs sind unsere Ontologie. Sie definieren unsere Politik. (...) In der Tradition >westlicher< Wissenschaft und Politik, der Tradition des rassistischen und patriarchalen Kapitalismus, des Fortschritts und der Aneignung der Natur als Mittel für die Hervorbringung von Kultur, in der Tradition der Hervorbringung des Selbst durch die Reflexion im Anderen, hat sich die Beziehung von Organismus und Maschine immer als Grenzkrieg dargestellt. Die umkämpften Territorien in diesem Grenzkrieg sind Produktion, Reproduktion und Imagination. Dieses Essay ist ein Plädoyer dafür, die Verwischung dieser Grenzen zu genießen und Verantwortung bei ihrer Konstruktion zu übernehmen. Es ist zugleich ein Versuch, zu einer sozialistisch-feministischen Kultur und Theorie in postmoderner, nichtnaturalistischer Weise beizutragen. Es steht in der utopischen Tradition, die sich eine Welt ohne Gender vorstellt, die vielleicht eine Welt ohne Schöpfung, aber möglicherweise auch eine Welt ohne Ende ist. Die Inkarnation des Cyborg vollzieht sich außerhalb der Heilsgeschichte."[12]

Ausgehend von dieser Diagnose, dass Vermischungen nicht mehr zu leugnen sind, fragt Haraway, ob insbesondere für Frauen Befreiungsmöglichkeiten mit einer Cyborg-Existenz verbunden sind, da sie Vermischungen von Mensch und Maschine auch die Gegenüberstellungen Mann-Frau brüchig werden ließen.

Haraway springt mitten in die Vermischungen hinein. Sie entwickelt das Menschenbild der Cyborg, das ihrer Ansicht nach nicht mehr die problematischen Auswirkungen abendländischer Kultur und ihrer „großen Erzählungen" (Lyotard) reproduziert. Sie siedelt die Cyborg außerhalb der Heils- und Ursprungsgeschichte an und wendet sich mit ihrem universellen Eintreten für Brüche und Differenzen auch gegen ökologisch und feministische Vorstellungen eines „Zurück zur Natur". Nicht nur Gott sei tot, sondern auch die Muttergöttin. Kein Objekt, kein Körper, kein Raum sei mehr unberührbar. Alles sei entnaturalisiert und vermischt, Unterschiede zwischen Selbst und Anderem seien nicht mehr erkennbar. Jede Komponente könne mit einer anderen verschaltet werden, wenn ein passender Code vorhanden ist. Innerhalb unseres formalisierten Wissens bestehe keine ontologische Unterscheidung mehr zwischen Maschinen und Organismen.[13] In diesem Jenseits aller Errungenschaften des traditionellen Subjektbegriffs sieht Haraway Chancen für eine befreiende Politik:

„Cyborg-Politik bedeutet, zugleich für eine Sprache und gegen die perfekte Kommunikation zu kämpfen, gegen das zentrale Dogma des Phallogozentrismus, den einen Code, der jede Bedeutung perfekt überträgt. Daher besteht die Cyborg-Politik auf dem Rauschen und auf der Verschmutzung und bejubelt die illegitime Verschmelzung von Tier und Maschine. Solche Verbindungen machen den Mann und die Frau problematisch, sie untergraben die Struktur des Begehrens, die imaginierte Macht, die Sprache und Gender hervorge-

[12] Donna Haraway: Die Neuerfindung der Natur, S. 35.
[13] Vgl. Donna Haraway: Die Neuerfindung der Natur, S. 67.

> bracht hat und unterlaufen damit die Strukturen und die Reproduktionsweisen westlicher Identität, Natur und Kultur, Spiegel und Auge, Knecht und Herr, Körper und Geist.“[14]

Die Cyborg ist eine Figur der Alterität. Mittels Verschmelzung unterläuft sie die althergebrachten Strukturen der Einheits-Identität. Sie tut dies als ein Oberflächenwesen, das seine Tiefe nicht mehr inthronisiert. Haraway betont, dass sie ohne Psychoanalyse auskommen möchte. Die Cyborg hat keine Psyche, keine Seele, ihr Begehren ist leer. Wenn Haraway von Alterität spricht, meint sie ein becoming-other im Deleuzschen Sinn. Alterität entsteht durch die Verschaltungen mit anderen Komponenten und Organismen. Sie materialisiert sich ohne Einschreibung in einen psychischen Apparat.[15]

An Haraway hat sich mit dem „Cyberfeminismus“ eine ganze Richtung feministischer Forschung angeschlossen (Sherry Turkle, Sandie Stone, Sadie Plant, VNS Matrix, Rosi Briadotti usf.). Durch das Changement zwischen Subjekt- und Objektpositionen eröffne der Cyberspace ein Jenseits von »class, race and gender«, wodurch die patriarchale Gesellschaft restrukturiert werde. Ziel dieses Feminismus ist es, die festgefügte Verbindung von Männlichkeit und Technik zu unterlaufen, um im „Post-gender-Raum“ des Netzes Befreiungsräume für Frauen zu erschließen.[16]

2.2 Der Mensch als Hybrid (Bruno Latour)

Auch bei Bruno Latour, Professor für Soziologie in Paris, sind die Hybriden Zwischenwesen aus Kultur und Natur, Subjekt und Objekt, menschlichen und nicht-menschlichem Leben. Als Prototypen solcher Mischwesen nennt Latour den Staat von Thomas Hobbes und die Luftpumpe von Robert Boyle. Zunächst scheint man diese Typen eindeutig in der Kultur-Natur-Dichotomie unterbringen zu können. Hobbes hat Hilfsmittel erarbeitet, um über Macht zu sprechen: Repräsentation, Souverän, Vertrag, Eigentum, Bürger. Boyle hat ein Repertoire entwickelt, um über Natur zu sprechen: Experiment, Tatsache, Beweis. Hobbes ist für Politik zuständig, Boyle für die Wissenschaft. Darüber hinaus haben diese beiden Männer aber folgendes *erfunden*: Boyle einen politischen Diskurs, aus

---

[14] Donna Haraway: Die Neuerfindung der Natur, S. 65.
[15] Vgl. Marie-Luise Angerer: body options, S. 149ff.
[16] Vgl. Marie-Luise Angerer: Feministische Positionen in Kunst- und Medientheorien, S. 455.

dem Politik ausgeschlossen werden soll, und Hobbes eine wissenschaftliche Politik, die von der Experimentalwissenschaft freigehalten werden kann.

Dieses Denken des Ausschlusses stellt nach Latour ein Konstrukt dar, denn beide, Boyle und Hobbes, haben über eine Wissenschaft *und* eine politische Theorie verfügt. Indem sie von diesem Reinheitskonstrukt ausgegangen sind, haben sie unsere moderne Welt *ausgebrütet*: eine Welt, in der die Repräsentation der Dinge durch die Vermittlung des Labors für immer von der Repräsentation der Bürger durch die Vermittlung des Gesellschaftsvertrags geschieden ist. Durch die konstruierte Trennung ließ sich keine direkte Verbindung mehr herstellen zwischen der Repräsentation der nicht-menschlichen Wesen und der Repräsentation der Menschen, zwischen der Künstlichkeit der Fakten und der Künstlichkeit des politischen Körpers.[17]

Latour zeigt, dass das Vorgehen von Boyle und Hobbes somit einerseits von Praktiken der »Reinigung« gekennzeichnet ist, die die Zonen von menschlichen und nicht-menschlichen Wesen ontologisch voneinander trennen. Andererseits – und das ist die Pointe seines Buches *Wir sind nie modern gewesen* – bildeten sowohl der Staatsvertrag als auch die Luftpumpe durch die Praktiken der »Übersetzung« immer schon Mischwesen aus Kultur und Natur, Subjekt und Objekt. Ihre Existenz als Hybride sei aber verleugnet worden, indem eine zweite Dichotomie zwischen den beiden Praktiken »Reinigung« und »Übersetzung« eingezogen worden sei:

Nicht-menschliche Wesen Natur: »**Luftpumpe**«	Menschliche Wesen Kultur: »**Staatsvertrag**«	Ensemble/Praktik
Labor-Natur: Experiment, Tatsache, Beweis, Fachkollegen	Macht: Repräsentation, Souverän, Vertrag, Eigentum, Bürger	**Reinigungsarbeit** (Kritik) schafft zwei getrennte ontologische Zonen
politischer Diskurs, aus dem Politik ausgeschlossen wird	wissenschaftliche Politik, aus der die Experimentalwissenschaft ausgeschlossen wird	
Boyle und Hobbes haben über eine Wissenschaft *und* eine politische Theorie verfügt. Die »Luftpumpe« und der »Staatsvertrag« stellten immer schon Hybride dar, deren Existenz als Mischwesen aber verleugnet wurde.		**Übersetzungsarbeit** (Netze) schafft Mischungen aus Kultur und Natur: Hybride

Latour geht mit dieser Beschreibung der Moderne als zweier zueinander gehörender, sich wechselseitig stabilisierender Ensembles von »Reinigung« und »Ü-

[17] Vgl. Bruno Latour: Wir sind nie modern gewesen, S. 40f.

bersetzung«, deren Zusammengehörigkeit durch die zwei Dichotomien verdeckt wurde, davon aus, dass wir „noch nie modern gewesen“ sind. Die Moderne habe von Anfang an Mischwesen produziert. Mischwesen entstehen so gesehen nicht erst mit dem Übergang zur Postmoderne am Ende des 20. Jahrhunderts, wie Haraway schreibt, sondern sie sind elementarer, aber ausgeblendeter Bestandteil der neuzeitlichen Gesellschaft. Die strikte Trennung zwischen den beiden Ensembles »Reinigung« und »Übersetzung«, zwischen menschlichen und nichtmenschlichen Wesen habe umso mehr zur Produktion von Hybriden geführt.

Latours Strategie ist nun, dafür zu plädieren, die hybriden „Quasi-Objekte“ anzuerkennen und ihnen ihr Zuhause in der Moderne zurückzugeben. Anders als Haraway spricht er sich nicht für ihre zahllose Vermehrung aus, da er mit ihnen nicht die Vorstellung einer befreienden Existenz verbindet. Latours erklärtes Ziel ist es, die Hybriden einzudämmen. Dies sei aber nur möglich, wenn man ihre Existenz nicht leugne, das Experimentieren mit ihnen zulasse und sie im „Parlament der Dinge“ zum Gegenstand eines erweiterten Demokratiebegriffs erhebe[18]:

> „Das Menschliche lässt sich ja nicht erfassen und retten, wenn man ihm nicht jene andere Hälfte seiner selbst zurückgibt: den Anteil der Dinge.“[19]

2.3 Der digital vervielfältigte Mensch (Sherry Turkle)

Eine dritte Vertreterin, die die mit den neuen Technologien verbundene Verabschiedung des traditionellen Subjektbegriffs begrüßt und für Mischwesen eintritt, ist Sherry Turkle, Psychologin und Professorin für Wissenschaftstechnologie am MIT. Sie geht davon aus, dass der Cyberspace uns Zugang zur Domäne multipler sexueller und sozialer Identitäten schafft: Jeder kann im Cyberspace mit seiner/ihrer Identität spielen. Der Cyberspace befreie uns damit aus der Umklammerung durch das patriarchalische Gesetz und verwirkliche sozusagen im Alltag die »Dekonstruktion« alter metaphysischer Dichotomien. Das Ende des cartesianischen Cogito kündige sich an. Die postmoderne Idee einer dezentrierten Subjektivität erfahre eine empirische Umsetzung. Insbesondere in den

---

[18] Vgl. Bruno Latour: Wir sind nie modern gewesen, S. 188f.
[19] Bruno Latour: Wir sind nie modern gewesen, Buchrückseite.

MUDs (Multiple User Domains) und dem MPD (Multiple Personality Disorder) fände diese Idee Gestalt[20]:

> "MUDs bedeuten für die Selbsterfahrung Unterschiedlichkeit, Vielfältigkeit, Heterogenität und Zersplitterung. Solche Identitätserlebnisse stehen im Widerspruch zur lateinischen Wurzel des Wortes - *idem* heißt »dasselbe«. Allerdings wird dieser Widerspruch auch in zunehmendem Maße kennzeichnend für unsere Lebensbedingungen außerhalb der virtuellen Welt. So werden MUDs zu Modellen, die die Erfassung des postmodernen Selbst erleichtern. Tatsächlich finden alle MUD-Handlungen in einem durch und durch postmodernen Kontext statt. In den verschiedenen Räumen eines MUD können sich Parallelerzählungen entfalten. Dort koexistieren und interagieren die Kulturen von Tolkien, Gibson und Madonna. Da die MUDs von ihren Spielern geschaffen werden, sind insgesamt Tausende beteiligt, die an ganz verschiedenen Orten leben. Manchmal sind Hunderte gleichzeitig eingeloggt. Der solitäre Autor wird abgelöst und auf viele verteilt. Traditionelle Identitätsvorstellungen waren an einen Authentizitätsbegriff geknüpft, der von diesen virtuellen Erfahrungen zunehmend außer Kraft gesetzt wird. Wenn jeder Mitspieler viele Figuren erschaffen und sich an vielen Spielen beteiligen kann, wird das Selbst nicht nur dezentriert, sondern auch grenzenlos vervielfältigt."[21]

Alle Inhalte postmoderner Subjektkritik werden nach Turkle durch das „Netz" realisierbar. Wie Haraway ist sie der Ansicht, dass die empirische Umsetzung von Dezentrierung auf einer veränderten Beziehung zwischen Mensch und Maschine beruht:

> „MUDs sind also nicht nur Orte, an denen das Selbst eine multiple Identität entfaltet und durch die Sprache erschaffen wird, sondern auch Sphären, in denen Menschen und Maschinen in eine neue Beziehung zueinander eintreten, gar miteinander verwechselt werden können. So werden MUDs zu evokativen Objekten für Reflexion über menschliche Identität und (...) über eine Reihe von Ideen, die heute unter dem Etikett «Postmoderne» firmieren. Diese Ideen kann man nur schwer mit einfachen Worten definieren, doch sie lassen sich mit Attributen wie «dezentriert», «fließend», «nichtlinear» und «opak» umreißen. Sie stehen im Gegensatz zur klassischen Moderne, der klassischen Weltanschauung, die das

---

[20] MUDs (Multiple User Domains oder auch Multiple User Dungeons) sind komplexe Abenteuer- und Phantasy-Spiele, in denen die Spieler vorgegebene Rollen übernehmen, z.B. Zauberer, Hexen, Monster, Helden. Hier handelt es sich noch nicht um die Konstruktion einer virtuellen Identität im eigentlichen Sinne. Dagegen erlauben die MOOs (objektorientierte MUDs) die Neuschöpfung von Figuren und die Gestaltung der virtuellen Umgebung (Räume, Städte, Plätze), in denen die Begegnung mit den Mitspielern stattfindet, sowie das Entwickeln eigener sozialer Regeln, z.B. die »Netiquette« (vgl. Johanna Dorer: Das Internet und die Genealogie des Kommunikationsdispositivs, S. 301). MPD (Multiple Personality Disorder) bezeichnet dagegen den "pathologischen" Fall, dass viele Personen in einem Einzelkörper sich befinden, ohne dass es eine klare Hierarchie zwischen den einzelnen Personen gibt und einer dieser Personen noch die Kontrolle hat. Die Einheit des Subjekts ist dann nicht mehr garantiert.

[21] Vgl. Sherry Turkle: Leben im Netz, S. 298f.

abendländische Denken seit der Aufklärung bestimmt hat. (...) Durch MUDs können wir jene abstrakten postmodernen Ideen konkret erfahren."[22]

Bis hierher wurden drei symmetrische Menschenbilder vorgestellt. Haraway und Turkle können der Seite der *Netzverfechter* zugeordnet werden. Sie sind der Auffassung, dass die Vermischungen von Mensch und Maschine positiv zu bewerten sind. Sie führten zu einer Restrukturierung der traditionellen Gesellschaftsform, die Andere/s ausgegrenzt und unterworfen habe. Durch unsere veränderte Beziehung zu Maschinen rückten Differenz, Alterität und Fragmentarität in den Mittelpunkt menschlicher Existenz. Der abendländische Einheits-Subjektbegriff und die mit ihm verbundenen dualistisch verfassten Kategorien würden gestürzt.

Die dritte genannte Position ist die von Bruno Latour. Er leitet vom Anerkennen der Hybride eine veränderte Beziehung zwischen Menschen und Dingen ab. Hybride sind seiner Ansicht nach nichts Neues und Subversives, sondern immanenter Bestandteil des neuzeitlichen Selbst- und Weltverhältnisses. Indem den Hybriden ihr Zuhause in der Moderne zurückgegeben werde, könne ihre Vermehrung eingedämmt werden. Latour geht es um eine Aufklärung über die widersprüchliche Struktur der Moderne.

Die folgende vierte Position kann der Seite der *Netzskeptiker* zugeordnet werden.

2.4 Der zweifelnde Mensch (Slavoj Zizek)

Der slowenische Philosoph und Psychoanalytiker Slavoj Zizek betrachtet die wahllosen Vermischungen von Mensch und Maschine und die damit verbundene Vervielfältigung von Identitäten skeptisch. Er macht auf die Probleme aufmerksam, die mit dem Auflösen von Grenzen zwischen Selbst und Anderem, Realität und Virtualität usf. verbunden sind. Damit nimmt er konservative Haltung zum Cyberspace ein, so wie sie Charlie gegenüber dem Tonfilm an den Tag legte. Chaplin hatte eine außergewöhnliche Angst vor der traumatischen Wucht der Stimme und betrachtete sie als einen Eindringling in die Wahrnehmung des Stummfilm-Kinos.[23]

---

[22] Sherry Turkle: Leben im Netz, S. 22.

[23] Vgl. Slavoj Zizek: Die Pest der Phantasmen, S. 90f.

Zizek setzt sich mit den dekonstruktivistischen Positionen von Turkle und Haraway auseinander. Insbesondere Turkles Visionen bezeichnet er als eine „Ideologie ästhetischer Selbstschöpfung". Er kritisiert die Sichtweise, dass der Cyberspace uns von den letzten biologischen Fesseln befreie und unsere Fähigkeit steigere, „unser Selbst eigenständig zu entwerfen und uns im Strom sich wandelnder Identitäten treiben zu lassen"[24]. Damit macht er auf eine Einstellung völliger Selbst-Instrumentalisierung aufmerksam:

> „Die typische Form psychischer Ökonomie, die heute als immer vorherrschender erscheint, die sogenannte narzisstische Persönlichkeit, [ist] bereits eine perverse Struktur (..). Die väterliche Autorität ist heute also nicht mehr der Feind. Die Idee der Explosion multipler Perversionen beschreibt (..) nur etwas, was perfekt in die heutige spätkapitalistische Ordnung passt."[25]

Zizek interessiert, wie die Welt der Explosion multipler Perversionen und narzisstischer Vergnügungen jederzeit im Schatten der Katastrophe steht. Seiner Ansicht nach wird die gefeierte postmoderne Beliebigkeit und das Verwischen von Grenzen durch den globalen Kapitalismus selbst hervorgebracht. Er kann kein subversives Potential darin sehen, die eigene Person permanent neu zu erfinden und mit anderem zu vermischen. So sehe nur der für jeden Job und Ort flexible Zeitgenosse aus. Diese Lebensweise gefährde unsere Aufgeschlossenheit für Andersheit: „Die Idee, dass die andere Person letzten Endes ein tiefes Rätsel ist."[26]

Zizek teilt nicht den Gedanken, dass der Cyberspace das Ende der kartesianischen Subjektivität bedeutet. Der Schritt in Richtung Subversion sei vielmehr der, den hysterischen Zweifel Descartes' neu einzuführen. Durch den Cyberspace könnten wir erfahren, was kartesianische Subjektivität eigentlich meint. Es zeigt sich nämlich, dass alle Eigenschaften, die man im Cyberspace von sich zeigt, manipuliert sein können und nicht das Subjekt repräsentieren, das sich hinter den Masken befindet:

> „Erst, wenn alle positiven persönlichen Inhalte wegfallen, bleibt das kartesianische Subjekt übrig. Also erst im Cyberspace kommen wir dem näher, was kartesianische Subjektivität eigentlich bedeutet. Sie erinnern sich, wie Descartes die Prozedur des universalen Zweifels ausarbeitet: Man zweifelt daran, dass überhaupt irgendetwas existiert, um beim

[24] Slavoj Zizek: Liebe deinen Nächsten, S. 231.
[25] Hysterie und Cyberspace, S. 5.
[26] Slavoj Zizek: Im Streitraum.

> 'ego cogito' anzukommen. (...) Nur wenn man diesen universalen Zweifel durchlebt, kann man das erreichen, was Descartes mit ‚cogito ergo sum' meint."[27]

Descartes schreibt über die Vorstellungsbilder, die er sich von sich selber macht, die offensichtlich nichts mit dem »Ich« gemein haben:

> "Könnte es vielleicht sein, dass eben die Momente, die ich gleich **nichts** setzte, weil ich sie nicht kenne, in der Wahrheit, in der Sache doch mit diesem mir bekannten Ich zusammenfallen? Ich weiß es nicht und streite nicht mehr darüber; nur was mir bekannt ist, kann ich beurteilen. Ich weiß, dass ich bin, und ich frage mich, was dieser Ich sei, den ich kenne.
> Ganz sicher ist die Kenntnis dieses so genau erfassten Sachverhaltes nicht abhängig von Dingen, deren Existenz mir noch nicht bekannt ist, mithin von nichts, was ich mir durch meine Einbildungskraft ausdenke. Gerade dieser Ausdruck »ich denke mir aus« macht mich auf meinen Irrtum aufmerksam; denn ich würde mir in der Tat etwas ausdenken, wenn ich mir irgendein Vorstellungsbild von mir machte. Bildlich vorstellen heißt lediglich, die Gestalt oder das Bild eines körperlichen Gegenstands betrachten. Ich weiß aber bereits ganz gewiss, dass ich bin, und weiß gleichzeitig, dass möglicherweise alle jene Vorstellungsbilder und überhaupt alles, was sich auf die Natur des Körpers bezieht, bloße Traumbilder sind. Demnach scheint es ebenso töricht zu sagen: »Ich will bildlich vorstellen, um genauer zu erkennen, wer ich sei«, als wenn ich sagte: »Ich bin zwar schon erwacht und sehe auch bereits etwas Wirkliches; ich sehe es aber noch nicht deutlich genug und will absichtlich noch einmal einschlafen, damit es mir die Träume wahrer und evidenter vorführen.«"[28]

Mit seiner Referenz auf Descartes verdeutlicht Zizek, dass es um Subjektivität nicht so einfach bestellt ist, wie es die postmodernen Cyberspace-Versionen von Haraway bis Turkle nahe legen. Alle Vorstellungsbilder, die man sich von sich macht, alle Masken, die man sich in den VR überstülpt, können das Ich nicht umgreifen. Selbst bei größter medialer Selbststilisierung ist das Subjekt nicht dramatisierbar, so dass der Turklesche Punkt, sich über MUDs auf viele zu verteilen und sich damit zu dezentrieren, nicht erreichbar ist. Zizek hält es für entscheidend, an dieser Stelle die Unterscheidung zwischen Selbst (Person) und Subjekt einzuführen. Das lacansche 'dezentrierte Subjekt' ist nicht einfach eine Vielzahl guter alter Selbste. Das 'gespaltene' Subjekt bei Lacan ($) meint *nicht* einfach *mehr* Selbste in demselben Individuum, wie in den MUDs:

> „Die 'Dezentrierung' bei Lacan ist die Dezentrierung des $ (die Leere des Subjekts) unter Berücksichtigung seines Inhalts ('Selbst', das Bündel imaginärer und/oder symbolischer Identifikationen); die 'Spaltung' ist die Spaltung zwischen $ und der phantasmatischen

---

[27] Hysterie und Cyberspace, S. 2.
[28] Rene Descartes: Meditationen über die Erste Philosophie, S. 79, 85.

'Maske', als dem 'Zeug des Ich'. *Das Subjekt ist folglich gespalten, auch wenn es nur ü-ber ein 'einheitliches' Selbst verfügt*, da diese Spaltung genau jene zwischen $ und Selbst ist ... In topologischen Worten: die Teilung des Subjekts ist keine zwischen einem und ei-nem anderen Selbst, zwischen zwei Inhalten, sondern die *Spaltung zwischen Etwas und Nichts*, zwischen der Idee der Identifikation und der Leere."[29]

Der Cyberspace führt uns nach Zizek über die Phantasien, die in den MUDs, den Chats oder Filmen wie *Matrix* in Szene gesetzt werden, näher an die Struktur unserer Subjektivität heran. Das Ich erfahre sich selbst als 'unmögliches' Gegenüber. Diese Exzentrizität, sich Selbst unaufhörlich zu verfehlen und nicht sagen zu können, wer jener Ich ist, der notwendigerweise ist, werde über den Cyberspace erstmals (traumatisch) erfahrbar.[30] Das Ich mache in radikalisierter Form die Erfahrung des cartesianischen Zweifels. Die dem Subjekt zugrundeliegende Spaltung zwischen Etwas und Nichts trete zutage. Kein Etwas, keine I-dentität, die in den VR angenommen wird ist, in der Lage ist, die Kluft zu diesem Nichts zu überbrücken. Indem alle Selbst- und Fremdzuschreibungen wegfallen, bleibt nichts anderes als das negative „Sich-Beziehen-auf-sich-selbst, welches das Selbst hervorbringt und ihm gleichzeitig verwehrt, je ganz bei sich anzukommen."[31] Über die selbstbezügliche Negativität macht Zizek deutlich, dass die Struktur der Subjektivität per se phantasmatisch ist. Immer schöpfen wir aus einem Bündel verschiedener Selbste, mit denen wir in der Öffentlichkeit auftreten (im Verein, im Beruf usf.), die unserem Selbst aber nie entsprechen. Indem der Cyberspace diese phantasmatische Struktur in Szene setze, ermögliche er es, in Distanz zu unseren Phantasien zu treten, sie auf spielerische Art zu behandeln: die Phantasien zu durchqueren.[32]

Nicht immer wird dieses bildende Potential des Cyberspace, das Zizek mit einer psychoanalytischen Behandlung vergleicht, gesehen. Oftmals dienen die im Cyberspace in Szene gesetzten Phantasmen dazu, das mit menschlicher Subjektivität verbundene Trauma zu verdecken und die Kluft zwischen Etwas und Nichts zu schließen: „die zugrunde liegende Phantasie ans Licht zu bringen".[33]

---

[29] Slavoj Zizek: Die Pest der Phantasmen, S. 108.
[30] Zizek verweist darauf, dass diese Erfahrung sich in der vorkantischen Zeit nicht als traumatisch erwies, weil sich das Subjekt ohnehin als ein Objekt in der Welt wahrnahm (vgl. Slavoj Zizek: Cyberspace, S. 114).
[31] Andreas Hetzel: Mit Lacan im Cyberspace, S. 19.
[32] Vgl. Slavoj Zizek: Cyberspace, S. 104ff.
[33] Slavoj Zizek: Die Pest der Phantasmen, S. 138.

Im Cyberspace sind nach Zizek gegenwärtig zwei Mythen am Werk, die es zu durchqueren gelte: *Erstens* der Mythos von einer Rückkehr zum konkreten, sinnlichen Denken einer prämodernen Lebenswelt, sozusagen der Versuch, unmittelbaren Zugang zur Realität zu erhalten. *Zweitens* sei in ihm „eine Bewegung von der modernistischen Kultur der Berechnung zur postmodernistischen Kultur der Simulation“ festzustellen.[34] Beide Mythen wirken ineinander. Sie basieren beide auf dem Fehler, dass die anvisierte Rückkehr zu einer prämodernen Lebenswelt das digitale Universum auf der anderen Seite des Bildschirms zur Voraussetzung hat.[35] Der Cyberspace hat eine industrielle Rückseite digitaler Verschaltungen, was von den *Netzverfechtern* mittels der Rede von vielfältigen neuen Identitäten und einer neuen Sinnlichkeit im Netz aber ausgeblendet wird.

(3) Schluss

Die vier dargestellten Menschenbilder bewerten den Cyberspace unterschiedlich. Zizek ist der Ansicht, dass die Kultur der Simulation darauf zielt, die dem Subjekt zugrunde Phantasie an Licht zu bringen. Durch diesen Versuch sei unsere Aufgeschlossenheit für die Andersheit des Anderen Menschen gefährdet, die Idee, dass die andere Person letzten Endes ein tiefes Rätsel ist. Die drei anderen Positionen dagegen plädieren für die Mischwesen aus Mensch und Maschine. Besonders Haraway und Turkle sind der Auffassung, dass die Informationstechnologien zu einer Dezentrierung des abendländischen Einheitssubjekts führen. Die Vermischung mit der Maschine hätten eine Dekonstruktion alter metaphysischer Kategorien zur Folge, so dass Alterität und Differenz ins Zentrum des Subjekts rückten. Eine solche Dezentrierung unterlaufe sowohl den Modus der reflexiven Hervorbringung des Selbst im Anderen als auch alle Strategien der Naturalisierung von Selbst und Anderem. Indem aber sowohl Reflexion (Psyche, Seele) als auch Natur (Leiblichkeit, Schöpfung, Begehren) für diese Anthropologien irrelevant werden, steht ihnen möglicherweise nicht mehr die Wahrnehmungsvielfalt *offen*, von der aus die *mich* in Beschlag nehmende Andersheit des anderen Menschen und der Schöpfung von einer durch Technik ins Selbstverhältnis einbrechenden Alterität unterschieden werden kann. Dadurch könnte verdrängt werden, dass sich die Verhältnisse für den Menschen nicht über eine

[34] Slavoj Zizek: Die Pest der Phantasmen, S. 91.
[35] Vgl. Slavoj Zizek: Die Pest der Phantasmen, S. 92f.

Cyberspace-Existenz *im Virtuellen* verändern lassen, sondern durch den fortbestehenden Rationalitätsanspruch der Life-science-Technologien auf der *realen* Rückseite des Bildschirms derzeit rasant verschoben werden.

Literatur

Angerer, Marie-Luise: body options. körper.spuren.medien.bilder. Wien [2]2001.

Angerer, Marie-Luise: Feministische Positionen in Kunst- und Medientheorien In: Sigrid Schade; Georg Christoph Tholen (Hg.): Konfigurationen. Zwischen Kunst und Medien. München 1999, S. 455-466.

Barkhaus, Annette, Fleig, Anne: Körperdimensionen oder die unmögliche Rede vom Unverfügbaren. In: Annette Barkhaus; Anne Fleig (Hg.): Grenzverläufe. Der Körper als Schnittstelle. München 2002, S. 9-23.

Böhme, Gernot: Über die Natur des Menschen. In: Günter Seubold (Hg.): Die Zukunft des Menschen. Philosophische Ausblicke. Bonn 1999, S. 41-57.

Böhme, Hartmut; Böhme, Gernot: Das Andere der Vernunft. Zur Entwicklung von Rationalitätsstrukturen am Beispiel Kants. Frankfurt/M. 1985.

Descartes, René: Meditationen de Prima Philosophia. Meditationen über die erste Philosophie. Stuttgart 1994.

Dorer, Johanna: Das Internet und die Genealogie des Kommunikationsdispositivs: Ein medientheoretischer Ansatz nach Foucault. In: Andreas Hepp; Rainer Winter (Hg.): Kultur - Medien - Macht. Cultural Studies und Medienanalyse. Opladen/Wiesbaden [2]1999, S. 295-305.

Gamm, Gerhard: Anthropomorphia inversa. Die Mediatisierung von Mensch und Technik. In: Nicht Nichts. Studien zu einer Semantik des Unbestimmten. Frankfurt/M. 2000, S. 288-307.

Habermas, Jürgen: Die Zukunft der menschlichen Natur. Auf dem Weg zu einer liberalen Eugenik? Frankfurt/M. 2001.

Haraway, Donna: Die Neuerfindung der Natur. Primaten, Cyborgs und Frauen. Frankfurt/M. 1995.

Herrmann, Jörg; Mertin, Andreas: Virtuelle Religion. Die Herausforderung der neuen Medien für Theologie und Kirche. Online-Dokument vom 30.04.02, zuerst veröffentlicht in: Barbara Heller (Hg.): Kulturtheologie heute? Hofgeismar 1997, S. 117-124.

Hetzel, Andreas: Mit Lacan im Cyberspace. Slavoj Zizeks Kritik des Technisch-Phantasmatischen. In: Jörn Glasenapp (Hg.): Cyberfiktionen. Neue Beiträge. München 2002, S. 7-30.

Hetzel, Andreas: Zygmunt Bauman: Moderne und Ambivalenz (1991). Ansichten der Postmoderne (1992). In: Gerhard Gamm; Andreas Hetzel; Markus Lilienthal: Hauptwerke der Sozialphilosophie. Stuttgart 2001, S. 290-307.

Horkheimer, Max; Adorno, Theodor W.: Dialektik der Aufklärung. Gesammelte Werke Bd. 5. Hg. v. Gunzelin Schmid Noerr. Frankfurt/M. 1987.

Hysterie und Cyberspace. Ulrich Gutmeier und Chris Flor im Gespräch mit Slavoj Zizek. Online-Dokument vom 7. Oktober 1998. (http://midihy.mur.at/projekte/channle/hysterie.shtml.)

Kurzweil, Ray: Die Maschinen werden uns davon überzeugen, dass sie Menschen sind. In: FAZ vom 5. Juli 2000.

Latour, Bruno: Wir sind nie modern gewesen. Versuch einer symmetrischen Anthropologie. Frankfurt/M. 1998.

Turkle, Sherry: Leben im Netz. Identität in Zeiten des Internet. Reinbek bei Hamburg 1998.

Zizek, Slavoj: Cyberspace: Von der Möglichkeit, die Phantasmen zu durchqueren. In: Sigrid Schade; Georg Christoph Tholen (Hg.): Konfigurationen. Zwischen Kunst und Medien. München 1999, S. 104-121.

Zizek, Slavoj: Die Brisanz des christlichen Erbes. In: Information Philosophie. 1(2001), S. 7-17.

Zizek, Slavoj: Die Pest der Phantasmen. Die Effizienz des Phantasmatischen in den neuen Medien. Wien [2]1999.

Zizek, Slavoj: Im Streitraum. Der Philosoph Slavoj Zizek will Ehe und Christentum stärken, um den Kapitalismus zu bekämpfen. In: Süddeutsche Zeitung vom 14. November 2000.

Zizek, Slavoj: Liebe deinen Nächsten? Nein, danke! Die Sackgasse des Sozialen in der Postmoderne. Berlin 1999.

Markus Hundeck

Kompensation narzisstischer Kränkungen. Anthropotechnik und die Frage nach dem Menschen

„O brave new world, that has such people innt.“
William Shakespeare, Der Sturm

Zu Beginn: Altlasten der Aufklärung?

"*Seit je hat die Aufklärung im umfassendsten Sinn fortschreitenden Denkens das Ziel verfolgt, von den Menschen die Furcht zu nehmen und sie als Herren einzusetzen. Aber die vollends aufgeklärte Erde strahlt im Zeichen triumphalen Unheils. Das Programm der Aufklärung war die Entzauberung der Welt.*"[1] Schon Horkheimer und Adorno hatten unter dem Eindruck von Auschwitz von der Januskӧpfigkeit (d.i. die Dialektik) der Aufklärung gesprochen und damit auf ihren totalitären Glanz hingewiesen, die den Menschen zu neuen Strategien der Kompensation treibt. Diese Strategien formulieren sich nun im ungeheuren Bedeutungswachstum und in den gestiegenen Erklärungsmöglichkeiten der Lebenswissenschaften. Allerdings offenbart sich hier eine anthropologische Defizienz, die auch und gerade als Auswuchs aufklärerischer Ambitionen gewertet werden kann.[2] Denn der Anspruch der Aufklärung, den Menschen aus seiner selbstverschuldeten Unmündigkeit herauszuholen, desavouiert zugleich die Aufklärung als einen ambivalenten Prozess, der bereits gewonnene Immunitäten i.S. der Aufklärung und ihrer Ziele in Frage stellt oder gar unterminiert. Aufklärung fungiert dekonstruktiv mit der Absage einigender (Welt-) Erklärungsmodelle[3] von Welt und Mensch, was in der Konsequenz die Kontexte menschlichen Lebens immer mehr auf Einzelheiten und die Isolierung von Problemen redu-

---

[1] M. HORKHEIMER/Th. W. ADORNO, Dialektik der Aufklärung. Viele verschiedene Auflagen, Frankfurt 1969, 7.

[2] Der ungeheure Drang, die Ableitbarkeit des Menschen sicherzustellen, zeigt etwa die Humanethologie, die evolutionäre Erkenntnistheorie oder die Soziobiologie, womit eine dreifache Kränkung des Menschen bezeichnet werden kann. Kränkung auch deshalb, weil damit die Definierbarkeit des Menschen in weitere Ferne rückt. Vgl. hierzu Gerhard VOLLMER, Die vierte bis siebte Kränkung des Menschen – Gehirn, Evolution und Menschenbild, in: Philosophia naturalis 29 (1992), 118ff.

[3] Hierzu Hans BLUMENBERG, Weltbilder und Weltmodelle, in: Nachrichten der Giessener Hochschulgesellschaft 30 (1961) 67-75; Markus HUNDECK, Welt und Zeit. Hans Blumenbergs Philosophie zwischen Schöpfungs- und Erlösungslehre (=BDS 32), Würzburg 2000, 135-141.

ziert.[4] Jede Reduzierung und Isolierung von Lebensfeldern schlechthin provoziert einen Funktionsüberschuss, der alle Substantialisierung hinter sich gelassen hat.[5] Das Ende einer Substantialisierung des Weltzusammenhangs bedeutet für den Menschen aber nicht nur eine Steigerung seiner eigenen subjektiven Möglichkeiten[6], sondern erfordert einen neuen immerwährenden Sinnzuspruch. Einen Sinn (d.i. ein Sinn des Lebens), den der Mensch nicht mehr von einer göttlichen Ordnung oder einem metaphysischen Prinzip empfängt, den er nun durch Kreativität, durch Arbeit und technischen Fortschritt sich selber schaffen muss.[7] Die von den "Aufklärern" postulierte Verabschiedung der selbstverschuldeten Unmündigkeit gelingt erst dann, wenn der Mensch die Sinnzusammenhänge seines Daseins als für ihn *genügend* begreift und erfährt. Jeder Fortschritt wird daher nur begreifbar aus dem Handeln des Menschen und seinem darin für ihn liegenden Sinn. Aufklärung ist immer auch Integrationsprozess des Geschaffenen in den gestalteten und erfahrbaren Sinnzusammenhang. Jede Nichtintegration neuer Stufen des Fortschritts in den geschaffenen Sinnhorizont kommt daher immer einer Kränkung des subjektiven Selbstverständnisses gleich. So ist die Aufklärung im Blick etwa auf die Biotechnologie, die Neurobiologie und die Gentechnik mehr Kränkung des Menschen als Chance zur Mündigkeit, weil die Selbstbestimmung des Menschen im Ganzen und der Welt, geschweige denn seine Salvierung bzw. Legitimation unmöglich geworden ist. Bleibt es bei dieser Kränkung, weil es bei der Undefinierbarkeit des Menschen bleibt, wird durch den fortschreitenden technischen Komplexierungsgrad eine Antwort auf die Frage, was der Mensch sei, immer schwieriger. Und das schließlich, was dem Menschen zukommt und was für den Menschen zu tun ist, wird damit einer eindeutigen Maßgabe entzogen.

Wenn wir nicht wissen und sagen können, was der Mensch ist, können wir z.B. auch nur unvollkommen von seinen Rechten sprechen. Dies trifft wohl

---

[4] Hierzu Dietmar MIETH, Was wollen wir können? Ethik im Zeitalter der Biotechnik, Freiburg/Br. 2002, 439.

[5] Wie es das Kennzeichen der Neuzeit ist, dass der Substanzbegriff durch den Funktionsbegriff abgelöst wird. Dies hat Ernst Cassirer in seinem immer noch grundlegenden Buch Substanzbegriff und Funktionsbegriff beschrieben. Vgl. Ernst CASSIRER, Substanzbegriff und Funktionsbegriff. Untersuchungen über die Grundfragen der Erkenntniskritik, Darmstadt [5]1980.

[6] Der Weltzusammenhang wird als Funktionszusammenhang gedacht und somit gibt es keine Hierarchie der Seienden, sondern nur noch ein Netz von auf sich verweisenden Funktionen.

[7] Hierzu Volker GERHARDT, Art. Sinn des Lebens, in: Joachim RITTER/Karlfried GRÜNDER (Hg.), Historisches Wörterbuch (=HWP) Bd. 9, Darmstadt 1995, 815-824, hier 815.

genau das formulierte Paradigma Dietmar Mieths, dass die Menschenrechte noch nie so hoch gewertet wurden wie heute und in praktischer Hinsicht noch nie so sehr missachtet worden sind.[8] Dass Menschenrechte formuliert werden, setzt aber voraus, dass wir das, was der Mensch ist und auch in Zukunft sein soll, bereits wissen oder gewusst haben, also mindestens ein Verständnis davon haben. Denn die Rede von Anthropotechniken macht eine Verschiebung menschlicher Selbstdefinition klar, die Hans Blumenberg als die auftretende Differenz von Mensch und seiner Kulturwelt in der Technisierung der Lebenswelt bezeichnet hat.[9] Diese Verschiebung aber impliziert zugleich die Unumkehrbarkeit einer Prothetik des Menschen und die Unmöglichkeit einer generellen hermeneutischen Übereinkunft, was der Mensch sei, sowie eine grundsätzliches (d.i. menschheitsumgreifendes) Begreifen technischer Vorgänge überhaupt. Von diesem Problemkonnex soll im folgenden die Rede sein, denn die Frage nach dem Menschen hängt mit dem Unbehagen des Subjektes zusammen, dass dieses angesichts (wie absurd dieses Wort im Kontext der Anthropotechniken ist!) einer sich beinahe exponentiell entwickelnden Robotik als Kränkung erfährt, einer Kränkung durch Maschinen. Ergibt sich angesichts anthropotechnischer, robotischer und prothetischer Horizonte überhaupt noch eine sinnvolle anthropologische Umschreibung? Und führt nicht die stolze Absicht einer Überwindung der Endlichkeit des Menschen direkt in einen immer mehr sich steigernden autistischen Materialismus hinein? Zeigt sich dann die protegierte Künstlichkeit als letzter und entscheidendster Narzissmus des in die Jahre gekommenen neuzeitlichen Subjektes? Ist also das ganze Unternehmen anthropotechnischer Verbesserungsstrategien ein Abgesang auf den Menschen als ein Wesen, das nur im Gegenüber, in einer Sozialität (als Gegenseitigkeit) meinte, sich selbst verstehen zu können?

Die Frage nach dem Menschen und die Kränkung durch Maschinen

Die neuen Anthropotechniken machen uns in eklatanter Weise bewusst, dass jede vermeintliche Kränkung zuerst ihren Sinn darin hat, dass das Selbstverständnis des Menschen unklar und möglicherweise sogar theoretisch an der Rea-

---

[8] Vgl. Dietmar MIETH, Was wollen wir können?, 444.

[9] Vgl. Hans BLUMENBERG, Lebenswelt und Technisierung unter Aspekten der Phänomenologie, in: DERS., Wirklichkeiten, in denen wir leben, Stuttgart 1981, 7-54.

lität vorbei gebildet ist.[10] Wobei zu fragen ist, ob die Insistenz auf einem anthropologischen Selbstverständnis nicht schon die Unmöglichkeit einer Verständigung inhäriert. Denn die Frage nach dem Menschen beinhaltet zugleich die Option, dass wir nach dem Wesen des Menschen überhaupt noch hinreichend fragen können. „*Was sich heute an der Situation der Philosophie und an ihren unterschiedlichen Entwürfen gegenüber der Vergangenheit geändert hat, ist, dass wir nicht mehr auf den Glauben an ein bleibendes Wesen des Menschen rekurrieren können, sondern wissentlich und willentlich selbst die Verantwortung dafür übernehmen müssen – oder dürfen –, was Menschsein in Zukunft heißen kann.*“[11] Hieße das, dass es kein bleibendes Wesen des Menschen mehr gibt, kein Merkmal, das ein kleinstes gemeinsames Vielfaches sein könnte, also gleichsam ein letzter Punkt der Bestimmbarkeit? Diese Negativierung anthropologischer Bestimmbarkeit begründet den Boden der Anthropotechniken, die plurale Zuweisung von Bedeutungen ebenso wie deren entsprechende Rechtfertigung. Hier ein anthropologisches Bilderverbot zu vermuten, verkennt die Intention der Anthropotechniken, denn das Bilderverbot plädiert ja gerade für ein einigendes Wesen des Menschen, indem es dieses als Geheimnis[12] bezeichnet. „*Der Mensch ist nicht definierbar. Es gibt so etwas wie eine Anthropologisierung des Bilderverbots: Du sollst dir vom Menschen kein Bild machen. Denn wenn du dir vom Menschen ein Bild machst, machst du ihn verfügbar.*“[13]

War es ein vorherrschender Grundzug der menschlichen Selbstumgrenzung in der abendländischen Geistesgeschichte, den Menschen zu *dem* Menschen zu machen, ihn aus der Vielzahl der ihn bezeichnenden Bezüge herauszulösen, hatte dass eine für die Subjektivität des Menschen zweifache Konsequenz: Eine zunehmend sich vergrößernde Weltlosigkeit des Menschen[14], d.h. die Erfahrung wird vorherrschend, dass die sich selbst bewusstwerdende Subjektivität und die

---

[10] Vgl. Ute GUZZONI, Das Lachen der thrakischen Magd. Die Philosophie und die Frage nach dem Menschen, in: Günter SEUBOLD (Hrsg.) Die Zukunft des Menschen. Philosophische Ausblicke, Bonn 1999, 77-97, hier 94.

[11] Ute GUZZONI, Das Lachen der thrakischen Magd, a.a.O. 80.

[12] Vgl. Karl RAHNER, Zur Theologie der Menschwerdung, in: DERS., Schriften zur Theologie Bd. IV, Freiburg/Br. u.a. 1967, 137-155.

[13] MIETH, Was wollen wir können?, a.a.O. 442.

[14] Hierzu besonders Walter SCHULZ, Der gebrochene Weltbezug. Aufsätze zur Geschichte der Philosophie und zur Analyse der Gegenwart, Stuttgart 1994; Peter SLOTERDIJK, Weltfremdheit, Frankfurt/M. 1993.

sich durch ihr Selbstverhältnis[15] definierende Subjektivität immer mehr ihren eigenen Ursprungsort und ein verankertes Wirklichkeitsbewusstsein aus den Augen verliert. Diese Erfahrung, in mehr als einer Welt zu leben (Hans Blumenberg) begründet zugleich die Ambivalenz menschlicher Handlungen, denn in ihnen spiegeln sich die Erfahrungen von der Mächtigkeit wie Ohnmächtigkeit der Subjektivität wider. Wobei die Ausdeutung der Mächtigkeit der Subjektivität, das technische und kulturelle Vermögen des homo s@piens[16] im Kontext der Weltlosigkeit zugleich immer auch eine Kompensationsstrategie der endlichen Möglichkeiten des Subjektes bedeuten. Zugleich antworten die in der Kultur, der Technik und der Gesellschaft (institutionell) vorfindlichen Ausgleichsbestrebungen auf eine Kränkung, die in den weltlichen Auslegungen des Subjektes selbst begründet liegen. Peter Sloterdijk sieht im Prozess der Aufklärung den Beginn einer Reihe von Kränkungen, die durch die Weltlosigkeit initiiert, als Nachteilserfahrungen vom Menschen verwunden bzw. integriert werden müssen. Sloterdijk formuliert die bisher letzte Phase der abendländischen Geistesgeschichte als eine Geschichte von Kränkungen neu. Dass gerade hier die Maschinen dem Subjekt jene eigene Mächtigkeit unterminieren ist dann jenes Paradox, das die technische Epoche durchwebt.

Sloterdijk geht hierbei biologisch vom physischen Leben des Individuums aus, das gleichbedeutend sei mit der Erfolgsphase seines Immunsystems.[17] Doch in Erweiterung dieses Prinzips der Immunität lässt sich dies auch auf psychodynamische und mentale Felder übertragen. Die Sorge um sich selbst liegt also, ob biologisch ob psychologisch, dem Immunitätsstreben des Individuums zugrunde, d.h. der Narzissmus kann daher zuerst als eine erfolgreiche und geglückte kognitive Integration des Menschen in sich selbst, in sein moralisches Kollektiv und seine Kultur verstanden werden (Vgl. 338). Alles das also, was die Statik

---

[15] Auch wenn Heideggers Verständnis des Menschen (d.i. das Dasein) in seiner ontisch-ontologischen Vorrangigkeit kein genuin neuzeitliches Verständnis ist, so trifft es doch auf die Verhaltung menschlicher Subjektivität zu. Heidegger bestimmt diese ontisch-ontologische Vorrangigkeit des menschlichen Daseins als Selbstverhältnis und Selbstverständnis. Vgl. Martin HEIDEGGER, Sein und Zeit, Tübingen [16]1986, 12.

[16] Vgl. Ray KURZWEIL, Homo s@piens. Leben im 21. Jahrhundert. Was bleibt vom Menschen? Aus dem Englischen von Helmut Dierlamm, Enrico Heinemann, Ute Mihr, Thomas Pfeifer, Reiner Pfleiderer, München 2000.

[17] Vgl. Peter SLOTERDIJK, Kränkung durch Maschinen. Zur Epochenbedeutung der neuesten Medizintechnologie, in: DERS., Nicht gerettet. Versuche nach Heidegger, Frankfurt/M. 2001, 338-366. Im folgenden, wenn nichts anderes erwähnt, wird der Aufsatz im Text direkt zitiert und in Klammern nachstehend die jeweilige Seite vermerkt.

des Immunsystems gefährdet, durchlägt oder perforiert kommt einer Kränkung des eigenen Selbst gleich, ist ein pathogener Angriff auf das Hochgefühlsschild des Individuums (Vgl. 339). Gleichwohl hat der Mensch die Fähigkeit zur Kompensation und dies mit intelligenten Mitteln, d.h. er kann die Nachteilserfahrungen durch Bewusstwerdung, durch lebensgeschichtliche und psychische Integration verwinden[18]. Verwindung heißt aber eine latente Förderung des Narzissmus und eine vertiefte Stärkung der Immunität. Dieser Prozess von sich selbst erkennender und damit sich selbststeigernder Nachteilserfahrung und deren Transformation in Immunität des Subjektes bedeutet für Sloterdijk eine Schaffung der Kultur des Übergangs (vgl. 365). Ein Übergang bezeichnet zugleich das Ermöglichen von Kultur, ist immer auch eine Insistenz auf den Maßgaben der Humanität. Da jedoch, wo die Kränkung und die Benachteiligung größer sind als die jeweilige Balance und die ins Subjekt zu integrierenden Kräfte, dort wird jede Erweiterung des Weltbildes zur bedrohenden Anfrage an das eigene subjektive Selbstverständnis.

Freuds fingiertes Modell zunehmender Benachteiligung des menschlichen Selbstgefühls durch wachsende Einsicht, eine Art Dreistadientheorie[19] des menschlichen Fortschritts (vgl. 341), das Freud in Kopernikus, Darwin und eben ihm selbst und der Psychoanalyse gesteckt sieht, dient Sloterdijk dazu, die Anthropotechniken und ihre Konsequenzen als weitere Kränkungen aufzuzeigen und zu etablieren. Kränkungen legen generell den Schluss nahe, das Subjekt (das Ich) sei seiner selbst nicht mächtig. Mit zunehmender Subjektivierung erweitert sich der Prozess der Kränkung, ja wir müssten beinahe sagen, mit zunehmender Ver-subjektivierung, denn eine von aussen gesteuerte Gestaltung des Subjektes impliziert deren tendentielle Ohnmächtigkeit (und d.i. eine Kränkung). So kann Sloterdijk im Anschluss an Gerhard Vollmer[20] den Horizont moderner Anthropotechniken als einen Befund zunehmender Kränkungen verstehen und deuten. Die Technik selber ist als vom Menschen Hervorgebrachtes

---

[18] Sloterdijks Begrifflichkeit lehnt sich stark (es ist ein Buch über und in Anlehnung an Heidegger) an Heideggers Begriff der Verwindung an, den dieser bekanntlich im Zusammenhang und in der Auseinandersetzung mit der Metaphysik verwendet hatte. Vgl. Martin HEIDEGGER, Überwindung der Metaphysik, in: DERS., Vorträge und Aufsätze, Pfullingen 1954, 71-99.

[19] Eine Anspielung auf Auguste Comte ist von Sloterdijk beabsichtigt, geht es bei Comte doch um die positiv rekonstruierbare Wissenschaftlichkeit. Sloterdijks Ansinnen ist vielmehr, weil die menschliche Psyche sich einer generellen Positivität entzieht, hier eine Offenheit zu interpretieren, die eine Teleologie der Kränkungen unmöglich macht.

[20] Vgl. Gerhard VOLLMER, Die vierte bis siebte Kränkung des Menschen – Gehirn, Evolution und Menschenbild, 118ff.

gerade der Grund neuer und fortwährender Undurchschaubarkeit, und so Anlass neuer und sich schneller auftürmender Kränkungen des Menschen. Vollmer analysiert im Anschluss an Freud vier weitere Kränkungen des Menschen, die der Humanethologie, der Evolutionären Erkenntnistheorie, der Soziobiologie und die Computerkränkung.[21] Für Sloterdijk ist damit aber eine Teleologie der Kränkungen noch nicht erfüllt, sondern es zeichnet sich möglicherweise eine achte (d.i. die ökologische) und eine neunte (d.i. die neurobiologische) Kränkung ab, die in einer gravierenden Weise, die Kreativität und Individualität des Menschen umformt (Vgl. 345). Sloterdijk geht sogar so weit zu sagen, dass sich ein Megatrend ablesen lasse, in dem sich das *„szientistische Motiv unter seiner dreifachen Erscheinung als Naturalismus, Mechanismus und Konstruktivismus in plötzlichen Schüben über einer konstanten Strömung nachhaltig"* (345) durchsetze. Zudem mache die Liste der Kränkung deutlich, dass es bei jeder Kränkungswelle zu einer klaren Asymmetrie zwischen Aktiv und Passiv komme. Die Produzenten der Kränkung könnten den narzisstischen Nachteil durch Einsicht, Publikationsrecht usw. ausgleichen, diejenigen aber, die am Fuß der Aufklärungspyramide stünden, seien mit den nazissmuszerstörenden Informationen allein gelassen. Das aber hat zur Folge, dass die reinen Rezipienten von Informationen in einer durch technische und robotische Fertigkeiten geprägten Wirklichkeit mit dem eigenen Selbstbild (d.i. das eigene Selbstverständnis) nicht mehr zurechtkommen. Zudem gibt es kein (noch nicht einmal ein dynamisch wachsendes) Selbstverständnis mehr, das diesen Nachteil anthropologisch-hermeneutischer Grunddaten sicherstellen könnte.

Narzisstische Kränkungen sind sozusagen die Folgeschatten einer aufklärerischen Dekonstruktion, die zur Unwirtlichkeit der Welt (ökologische Kränkung) und zur Weltlosigkeit des Menschen führt. Der Mensch wird zum Zigeuner in den Weiten der Welt.[22] Mit dieser Loslösung von der Welt fehlt dem Mensch jener Grund, auf dem er sich, in welcher Weise auch immer, definieren kann.

[21] Das Worin dieser Kränkungen und ihre Plausibilität stehen hier nicht zur Debatte, obwohl an ihnen noch einmal die geistesgeschichtliche Entwicklung ablesbar wird und auch ist. M.E. wird hier eine Asymmetrie deutlich, bei zunehmender aktiver Weltgestaltung und Kulturschaffung des Menschen wird dieser sich seiner selbst immer rätselhafter.

[22] Bereits Anfang der 70ger Jahre des 20. Jahrhunderts hatte Jacques Monod dem Menschen ein Zigeunertum in den Weiten des Universums konstatiert. Vgl. Jacques MONOD, Zufall und Notwendigkeit. Philosophische Fragen der modernen Biologie. Aus dem Französischen von Friedrich Griese, München 1970.

Die Kränkung durch Maschinen: Weltlosigkeit und subjektive Verhältnislosigkeit

Hat sich mit der aufklärerischen Dekonstruktion und in der technischen Durchdringung der Wirklichkeit der Selbststand des Menschen immer mehr verunsichert und ist das Selbstverständnis und das Selbstverhältnis des Menschen zunehmend verunklart, dann wird jede weitere Anfrage an den Menschen zu einer eklatanten Kränkung, die nicht mehr oder nur noch unzureichend ausgeglichen und kompensiert werden kann. Dabei ist das Technische selber nicht das Kränkende, so wie Heideggers Kritik am Wesen der Technik suggeriert[23], sondern die Verhältnislosigkeit des Menschen zu sich selbst und die Fremdheit zu seiner Welt. Das Technische formuliert den Horizont, vor dem sich die vierte Frage Kants als gestellte auftut. Gerade hiermit aber tut sich jede anthropologische Vergewisserung schwer, denn eine Anthropologie geht unleitbar von einer konstanten Ätiologie aus und muss diese Konstanz immer wieder als Prinzip jeder Frage legitimieren.[24]

– Was aber ist mit dem Phänomen, dass der Mensch durch Maschinen gekränkt werden kann, also durch eine kulturelle Leistung, die er selbst hervorgebracht hat? Wurde der Mensch im 20. Jahrhundert seit Arnold Gehlen[25], Adolf Portmann[26] und F.J.J. Buytendijk als Kulturwesen bezeichnet, dass seine Mängel durch kulturelles Schaffen ausgleicht, dann kommt hier in der Kränkungstheorie, die Sloterdijk im Anschluss an Freud ausführt, einerseits die traditionelle Lehre der Anthropologie zum Vorschein, denn selbst jede technische Weiterentwicklung und jede technische Vervollkommnung des Menschen bedeutet nur

---

[23] Vgl. Martin HEIDEGGER, Die Technik und die Kehre, ...; DERS., Das Gestell,... – Sloterdijks Analysen basieren natürlich auf Heideggers Interpretationen zum Wesen der Technik, machen aber ihre Kritik und ihre Absage nicht mit, sondern begreifen das Phänomen der Technik als anthropologische Herausforderung und als zu integrierendes Moment in eine zukünftige menschliche Selbstdefinition.

[24] Von daher wäre zu fragen, will eine Kränkung des menschlichen Selbstverständnisses vermieden werden, ob nicht die Frage nach dem Logos des Menschen grundsätzlich *phänomenologisch* umgangen werden soll. Sie ist damit nicht aufgehoben oder als nicht bestimmbar fallengelassen, sondern durch ein phänomenologisches Verfahren würde nur zuerst die Vorfindlichkeit des Menschen in einer technisch sich immer schneller verändernden Welt beschrieben und für Argumente fruchtbar gemacht.

[25] Vgl. Arnold GEHLEN, Der Mensch. Seine Natur und seine Stellung in der Welt, Wiesbaden [13]1984.

[26] Vgl. Adolf PORTMANN, Zoologie und das neue Bild vom Menschen, Reinbek bei Hamburg 1956; DERS., Der Mensch – ein Mängelwesen?, in: Was ist das – der Mensch? Beiträge zu einer modernen Anthropologie, München 1968, 43-54.

eine Reaktion auf eine Disposition, auf einen Mangel. Andererseits, und dies scheint mir hinter Sloterdijks Analysen zu stecken, geht es um eine Integration des Technischen ins Selbstverständnis des Menschen, also um eine Entdämonisierung des Technischen.[27]

Maschinen scheinen nicht als kulurelles Hilfsmittel problematisch zu sein, sondern wegen ihrer Undurchschaubarkeit für diejenigen, die sie nicht konstruiert haben. Zudem sind sie irreversibeles Symbol der technischen Epoche für die totale und endgültige Dekonstruktion der Metaphysik. Werden damit aber nicht die Maschinen mythisch überhöht, um die Endlichkeit des Menschen nicht eingestehen zu müssen? Denn in der Tat ist die Robotik nicht nur Umgehungsstrategie der menschlichen Endlichkeit, Zerbrechlichkeit und der zeitlichen Frist, die ein Leben dauert, sondern eine Art positivistischer Zukunftsblick mit metaphysischem Einschlag. Denn die Robotik wird in ihrer zunehmenden Komplexität und ihren wachsenden Möglichkeiten selber zum Metaphysiksurrogat und zwar so, dass sie dort Lücken füllt, wo Sinn verlorengegangen ist. Sinn wird nicht mehr vorgegeben als das Geheimnisvolle und Lebensspendende, weil er bereits aller das Geheimnis selbst auszeichnenden Dinge entkleidet ist.[28] Damit wird die Robotik zum generellen Kränkungsfaktor, weil das menschliche Selbstverständnis mit seinem deformierten und reduzierten Sinnhaushalt dem neuen Sinn-Gestell[29] nichts entgegensetzen kann.

Antagonismus von Mensch und Maschine

Es scheint so, als sei die Maschine als Hilfsmittel zum Gegenüber des Menschen geworden. Sloterdijk begreift die neuzeitlich initiierten Kränkungen als fortschreitende Objektivierungen (Vgl. 352). Beginnend vom Menschenkörper, der durch die aufkommende Anatomie im 16. Jahrhundert immer mehr zum Ge-

[27] Von daher darf auch Sloterdijks berühmte Elmauer Rede in dieser Hinsicht gelesen und interpretiert werden. Vgl. Peter SLOTERDIJK, Regeln für den Menschenpark. Ein Antwortschreiben zu Heideggers Brief über den Humanismus, Frankfurt/M. 1999.

[28] Vgl. Karl RAHNER, Über das Geheimnis in der katholischen Theologie, in: DERS., Schriften zur Theologie Bd. IV, Einsiedeln u.a. 1967, 51-99. Geheimnis ist für Rahner demnach nicht das, was wir vor anderen geheimhalten, sondern Geheimnis ist zuerst das vom menschlichen Geist gänzlich Undurchdringbare, dasjenige, das wesenhaft Geheimnis ist und bleibt.

[29] In diesem Sinne kann Heideggers Technikkritik weiterhelfen, sind doch hier die Folgen der technischen Konstruktion ausgedrückt. Vgl. Martin HEIDEGGER, Einblicke in das, was ist, in: DERS., GA Bd. 79 Bremer und Freiburger Vorträge 1949. Hg. von Petra Jaeger, Frankfurt/M. 1994, 24-45, hier 33.

genstand der Forschung wird und schließlich bei La Mettrie in der Lehre von den Menschenmaschinen[30] auf den Begriff gebracht und damit zur Gleichung von Mensch und Maschine etabliert wird. Mit dem Naturalismus und Freuds Psychoanalyse komme man, so Sloterdijk, unweigerlich zu der Erkenntnis, dass alle Kränkungen des Menschen der Sache nach maschinentheoretische Kränkungen seien (Vgl. 353). Dabei werden mit der Gleichung von Mensch und Maschine die Stellen des anthropologischen Stolzes besonders berührt, die die ganze neuere Diskussion in der Biomedizin, der Biotechnologie und der Robotik ausdrücklich machen.

Erstens wird das Komplexitätsbewusstsein des Menschen angefragt. *„Auch der schlichteste Mensch weiß oder ahnt von sich selbst, dass er unendlich viel komplizierter gebaut sein muss als jedes Werkzeug und jede Maschine, die er benutzt.*" (353) Denn alle z.Zt. bekannten Maschinen gründen auf gegennatürlichen Geometrien und extremen Reduktionen, so dass für den Menschen die Maschinengleichung immer schon eine Beleidigung seiner Würde als überkomplexer, indeterminierter und insofern rätselhafter Realität sein musste.

Zweitens stößt das Zweckbewusstsein die Gleichung von Mensch und Maschine an, denn der Mensch empfindet sich aufgrund seiner Würde stets mehr als nur ein Mittel zum Zweck (selbst ein Sklave empfindet sich nicht als ein Hilfsmittel). Und drittens versteht sich der Mensch in seinem leib-seelischen Zusammenhang als ganzer Leib[31] und damit nicht als Feld prothetischer Ingenieurskunst. Aber, so der Horizont neuerer Kybernetik, wie sie u.a. Ray Kurzweil[32] u.a. beschrieben haben, verringern sich die Möglichkeiten, durch die Gleichung Mensch und Maschine gekränkt zu werden. *„Avancierte kybernetische Maschinen haben heute von organismischer Komplexität keinen so großen Abstand mehr wie die Uhrwerke des 17. Jahrhunderts; smarte Computer simulieren Anzeichen von Spontaneität, Eigensinn, sogar ästhetischer Verspieltheit; die Prothetik hat ein technisches Niveau erreicht, das der Aussicht, sich mit Organ-Ersatzteilen anfreunden zu müssen, viel von ihrem Schrecken genommen hat; die Holzbein- und Eisenklauenzeit ist ferne Vergangenheit.*" (354) Kommt es zu einer Konvergenz zwischen dem Humanen und den Maschinen kommt,

---

[30] Julien Offray de LA METTRIE (1709-1751) übertrug die cartesische Lehre von den Tiermaschinen auf den Menschen und leugnete die Willensfreiheit.

[31] Leib meint hier die leib-seelische konkret gewachsene geschichtliche Existenz des Menschen. Die vielfach gewordene Biographie des Menschen bildet seinen Leib. Damit ist eine deutliche Differenz zu dem gegeben, was Körper als biophysikalischer Komplex ist.

[32] Vgl. Ray KURZWEIL, Homo s@piens, a.a.O. 163ff. 212ff.

dann ist die Frage nach einer Kränkungsabsicht der Maschinen gegenüber dem Menschen obsolet geworden. Konvergenz bedeutet immer eine Konvergenz, die zugelassen sein wollte, und hier wohl nur vom Menschen ermöglicht werden konnte. Doch für Sloterdijk scheint der Befund einer maschinentheoretischen Kränkung des Menschen zuzutreffen, nur muss die Frage erlaubt sein, was diese Kränkung initiiert bzw. vorgegeben hat. So hatte Francis Bacons Paradigma „Wissen ist Macht" die Einsicht bestätigt, dass Maschinenwissen Macht bedeutet und Operationswissen Souveränität erzeugt, was zu den typischen Versuchen der Neuzeit führt, aus mechanistischem Wissen Macht zu gewinnen. Dieser gewollte Machtgewinn ist zugleich geformter Freiheitswille, und zwar ein Freiheitswille gegen die Metaphysik und die metaphysische Gefangenschaft, in der sich die Menschen als Geschöpfe Gottes empfinden. (Vgl. 355) Eigenartigerweise spricht Sloterdijk vom Befreiungswillen des Menschen gegenüber dem Schöpfergott im Präsens, beinahe so, als wäre dies immer noch die Motivation des nach-neuzeitlichen Menschen.[33] Ist es immer noch der Habitus, sich selbst zu erschaffen als das perfekte Wesen, das kein Leid und keinen Fehl kennt und damit auch keiner Erlösung bedarf? Ist der maschinentheoretische Anspruch, der sich in der Biotechnologie und der prothetischen Kybernetik zeigt, nicht am Ende der Metaphysik jener autopoietische Drang des Menschen, sich selbst zu erfinden?[34] Es scheint beinahe so, als treibe die Auskunft über seine Herkunft den Menschen zu erfinderischen und technischen Höchstleistungen, zumal ein metaphysisches Erklärungsmodell nicht mehr akzeptiert wird. Aber ist Sloterdijks Interpretation zuzustimmen, dass Schöpfung letztlich auf eine, – hinsichtlich der menschlichen Selbstbestimmung –, rein passive Stellung des Menschen hinausläuft und nun die neuzeitliche, die moderne und postmoderne sich als aktive und damit freiheitliche kennzeichnet? Selbst die Neuzeit etwa im Sinne Blumenbergs als einen Akt humaner Selbstbehauptung zu verstehen[35], bedeutet nicht

---

[33] Ist der Gottesgedanke immer noch ein Ärgernis, ein Stachel im Fleisch der Anthropotechniken? Wenn sie sich nicht oder noch nicht von ihren neuzeitlichen Impulsen verabschiedet hat, dann hat Sloterdijk mit seiner Beobachtung Recht. Es könnte sogar im Anschluss an Hans Blumenberg von der vorletzten oder nochmaligen Legitimation der Neuzeit gesprochen werden.

[34] Hierzu die Rede von Jürgen Habermas bei der Verleihung des Friedenspreises des Deutschen Buchhandels in Frankfurt im Oktober 2001. Vgl. Jürgen HABERMAS, Glauben und Wissen, in: FAZ vom 15. Oktober 2001.

[35] Vgl. hierzu Hans BLUMENBERG, Die Legitimität der Neuzeit. 2. erweiterte und überarbeitete Auflage, Frankfurt/M. 1988; DERS., Selbsterhaltung und Beharrung. Zur Konstitution neu-

von vorneherein das Aufspannen eines grenzenlosen Horizontes der Autonomie. Sloterdijk bringt hier, ähnlich wie Blumenberg[36], Nikolaus von Kues als Gewährsmann ins Spiel und signifiziert mit der Unruhe des spätmittelalterlichen Menschen zugleich den Grund für die schöpferische Kraft des menschlichen Intellekts. Cusanus hatte den Menschen schöpfungstheologisch als *homo creator*[37] interpretiert, ihn als den Schöpfer seiner Welt bezeichnet,[38] aber damit die Herkunft des Schöpferischen im Menschen als von Gott kommend nicht aufgegeben. So werden neuzeitlich aus den verdankten kreatorischen Möglichkeiten, die der Cusaner dem menschlichen Geist zugeschrieben hatte, die Grundlagen der Selbstverständigung des Menschen, die sich im Affektkern als Ich-kann und Es-geht äußert und die sich bis in die Moderne beinahe exponentiell steigern. Die hier geäußerte Kompetenz birgt zugleich den Haken in sich, das mit jeder Kompetenzerweiterung sich eine Asymmetrie zwischen denen ergibt, die können und tausend, zehntausend und später Millionen, die nicht können (Vgl. 357). Die sich öffnende Schere zwischen Kreativen und Rezipienten ist der eine große Grund, der die Genese der menschlichen Kränkungen erklären hilft. Gleichwohl erklärt er nur die selbstverursachte Seite im Umgang mit den kreatorischen Fähigkeiten. Der zentrale (und wohl auch theologischste) Grund ist der der Erfahrung der Endlichkeit des Menschen, denn er provoziert das ungeheure Anliegen der Neuzeit und der Aufklärung nach Überwindung aller endlichen Strukturen und spiegelt sich in der Moderne, als der Epoche der Künstlichkeit schlechthin.[39]

---

zeitlicher Rationalität, in: Hans EBELING (Hg.), Subjektivität und Selbsterhaltung. Beiträge zur Diagnose der Moderne, Frankfurt/M. 1996, 144-207.

[36] Blumenberg nennt Cusanus eine Figur der Epochenschwelle, einen Geist, der mittelalterlich ambitioniert doch Schneisen für ein neuzeitliches Denken geschlagen hat. Vgl. Hans BLUMENBERG, Die Legitimität der Neuzeit, a.a.O. 558-637; DERS., Nikolaus von Cues. Die Kunst der Vermutung. Auswahl aus den Schriften. Besorgt und eingeleitet von Hans Blumenberg, Bremen 1957, 7-69; HUNDECK, Welt und Zeit, a.a.O. 180-213.

[37] Hierzu HUNDECK, Welt und Zeit, a.a.O. 192ff.

[38] Vgl. Mariano ALVAREZ-GOMEZ, Der Mensch als Schöpfer seiner Welt, in: Mitteilungen und Forschungsbeiträge der Cusanus-Gesellschaft 13, Mainz 1978, 160-167.

[39] Sloterdijk zeigt dies überzeugend an der modernen Medizin, die weder der Gnade noch der Natur bedürfe und selbstverständlich und selbstbewusst in dem Raum agiere, in dem es zu ener selbstverständlichen Überschneidung von Mensch und Maschine gekommen ist (Vgl. 359).

Künstlichkeit versus die Endlichkeit des Menschen

Das Thema der Anthropotechniken als Grundsatzfrage der modernen Anthropologie ist eigentlich ein fortwährender Antagonismus zwischen der Künstlichkeit, in der sich die Kreatürlichkeit des Menschen, seine Schöpferkraft und sein subjektiver Kulturwille ausdrückt, und der Endlichkeit des Menschen, die als Zumutung für jede kreatorische Position erfahren werden muss. Wobei Künstlichkeit eben als das Artifizielle vom Gestaltungswillen des Subjektes ausgeht und gerade weil es immer den Schein des Realen (des Natürlichen) trägt, ist es prothetisch. Denn Prothetik definiert sich als die Natur des Menschen verbesserndes Surrogat, will implizit mehr sein als das Natürliche sein kann.[40] Prothetik dringt auf Haltbarkeit, will immun machen gegen den Verschleiß, die selbstverständliche körperliche Erosion, die in der Endlichkeit begründet liegt und z.B. mit dem Alterungsprozess einsetzt. Von daher gibt es eine der Prothetik inhärente Wertung des Endlichen. Das Endliche ist, weil es begrenzt, verletzlich, todesbedroht ist, eben auch das Mindere, dasjenige, was nicht durch sich selbst bestimmt ist.[41] Diese Endlichkeit aber steht in Widerspruch zum Anspruch der Neuzeit und im besonderen der Aufklärung, die mit dem Anspruch aufgetreten war, den Menschen und sein Vermögen aus seiner Unmündigkeit zu befreien und aus sich selbst erklären zu wollen. Wird das Endliche aber in einer Abhängigkeit gedacht, so nur analog zum Unendlichen.[42] Geht jedoch die metaphysische Deutung einer neuen Definition des Menschen ab, so muss die Bedeutung des Attributes der Endlichkeit des Menschen anders begründet und der positive Wert dessen herausgestellt werden. Oder hat der Stellenwert der Künstlichkeit als konstitutiver Ausdruck der Selbstmächtigkeit des Subjektes hat den Platz des Geschöpfseins eingenommen und damit eine andere, subjektzentriertere Sicht der Dinge vorgegeben? Dabei scheint die Künstlichkeit, wie schon bei La

---

[40] Sloterdijk votiert im Grunde im Anschluss an La Mettrie für einen wertungsfreien Umgang mit der Prothetik, also einer neutralen Betrachtungsweise der vom Menschen erwirkten Künstlichkeit. Damit kommt er seinem eigenen Ansinnen nach, erst einmal das Phänomen als solches wahrzunehmen und auf seine Intention zu befragen. Vgl. Peter SLOTERDIJK, Kränkung durch Maschinen, a.a.O. 360. "Bewohnen wir nicht einen globalen Prothesenpark?"

[41] Vgl. R. ROMBERG, Art. Endlich, in: Joachim RITTER/Karlfried GRÜNDER (Hg.), HWP Bd. 2, Darmstadt 1972, 481-487; Thomas Mahlmann, Art. Endlich II., in: ebd., 487-489.

[42] Die theologische Deutung des Endlichen kann immer nur gedacht werden in Analogie zum Unendlichen, daher ist das Endliche ein festes Attribut des Kreatürlichen. Vgl. Thomas VON AQUIN, Summa Theologiae III, 7,11. "Omne creatum est finitum".

Mettrie[43], eine Erweiterungsformel der menschlichen Existenz zu sein, ein radikaler Materialismus[44], der nicht nur die Metaphysik, sondern auch jede soziale Veranlagung des Menschen übergangen hat. Die Endlichkeit hat also ihre Verbindung zu einem Unendlichen eingebüßt und damit ihren Sinnhorizont. M.E. wird mit jeder Negierung des Endlichen auch das Angewiesensein des Menschen auf den Anderen, den Nächsten und Fernsten (Nietzsche) zum Problemfall der Abhängigkeit.[45]

Der Anspruch der Neuzeit (und der Aufklärung) den Menschen aus sich selbst erklären und begründen zu wollen schaltet den anderen Menschen als Gegenüber und als Garant für eine Wesenskonstitution des Menschen aus. In noch radikalerer Weise könnte gesagt werden, dass ein autopoietischer Drang des Menschen eine institutionelle Verankerung des Menschen nachrangig macht. Institutionen bedeuten ja eine Entlastung vom Absoluten[46], aber sie sind zugleich Inseln der Gegenseitigkeit[47] und damit einer subjektivistischen Verstrebung gegenläufig.

Übergänge schaffen oder die Kompensierung der Endlichkeit

Die Motive und die Legitimationen der Anthropotechniken, die aus dem subjektiven Selbsterklärungsdrang des Menschen entspringen, verdichten sich mit zunehmender Weiterentwicklung und erreichen einen immer höheren Grad des Selbstverständlichen. Die zunehmende anthropotechnische Integration in alle

---

[43] Vgl. Julien Offroy de LA METTRIE, Der Mensch als Maschine. Übersetzt von Bernd A. Laska, Nürnberg 1985.

[44] La Mettrie behauptet in seiner 1745 erschienen Schrift „Naturgeschichte der Seele" den Geist als eine Funktion der Materie und bestreitet das Eigenleben der Seele und in seinem Werk „Der Mensch als Maschine" betrachtet er den Menschen rein physiologisch als sich selbststeuernde „lebende" Maschine.

[45] Ontologisch-metaphysisch bezeichnet Endlichkeit immer die Begrenztheit und die Endlichkeit eines Dinges und der Wirklichkeit insgesamt, sofern diese als abhängig von einem höchsten Sein und als durch dieses verursacht gefasst wird. Das endliche Wesen ist daher kontingent in dem Sinne, dass es nur am Sein teilhat, sich aber nicht aus sich selbst besitzt. Vgl. Thomas VON AQUIN, Das Sein und das Wesen. Dt.-Lat.. Übersetzt und erläutert von Rudolf Allers, Darmstadt 1991, 43-59 (Kap. 5 und vor allem 6).

[46] Hier sei besonders an die Institutionenlehre Arnold Gehlens erinnert, der in den Institutionen sozusagen eine anthropologische Abfederung gesehen hat, um die "Weltoffenheit" des Menschen erträglich zu machen. Vgl. Arnold GEHLEN, Urmensch und Spätkultur. Philosophische Ergebnisse und Aussagen, Wiesbaden [5]1986, 42ff.; ebenso Hans BLUMENBERG, Höhlenausgänge, Frankfurt/M. 1989, 793-818; HUNDECK, Welt und Zeit, a.a.O. 80-92.

[47] Vgl. GEHLEN, Urmensch und Spätkultur, a.a.O. 45-49.

menschlichen Lebensbereiche führt nicht nur zu einer Anpassung des Menschen[48] an die Vorgaben der technischen und künstlichen Weltgestaltung und Weltverbesserung, die die Prothetik ja sein will, sondern verstärkt den Narzissmus und vernachlässigt die soziale Dimension des Menschseins. Und wieder stellt sich die vermeintlich unbeantwortbare Frage nach dem Menschen, nun allerdings aus der Perspektive der Subjektkonstitution. Ist der Mensch Subjekt[49], so ist er es aufgrund eines Gegenüber, d.h. eines anderen Menschen, der das Menschsein als Menschsein erkennbar werden lässt. Ohne jetzt hier weiter auf die dialogischen Konturen des Menschseins bzw. der Subjektkonstitution einzugehen, die in der Tat der eigentliche Angelpunkt der Auseinandersetzung mit den Anthropotechniken sind, so kennen die prothetischen Erweiterungswissenschaften nicht zuerst die Situation von Angesicht zu Angesicht, in der die Verantwortung für den Anderen und seine Welt zugleich als Freiheit für die eigene erfahren wird.[50] Der gekränkte Narzissmus hemmt in seiner Selbstbewegung und der fortdauernden Selbstbetrachtung den Blick für den Anderen. Auch wenn die Naturwissenschaft ihre objektive Seite und den Fortschritt im Sinne aller betont, so ist das Ziel der Forschung doch subjektivistisch geleitet. Selbstbetrachtung und das Streben nach der Macht haben seit Francis Bacon die Neuzeit ausgezeichnet (Vgl. 354f.), d.h. Maschinenbaukompetenz wird zum Signum der Macht wie der Selbstmächtigkeit des Subjektes. Selbstbetrachtung als der Charakter des Narziss, der in sein Spiegelbild verliebt ist, ist also der Naturbetrachtung inhärent. Darf angenommen werden, dass die moderne Technik in ihrem

---

[48] Hierzu Dietmar MIETH, Was wollen wir können?, a.a.O. 440.

[49] Eine Festschreibung, wie sich das Subjekt konstitutiert, ist in Zeiten, da der Tod des Subjektes verkündet wurde und die Dezentrierung des Subjektes diskutiert und neu verstanden werden will, beinahe ein aussichtsloses Unterfangen. Auch die neuen Versuche in der Theologie einer erstphilosophischen Begründung des Subjektes im Anschluss an Fichte (Hansjürgen Verweyen u.a.) bilden da keine Ausnahme.

[50] Für den französischen Philosophen Emmanuel Lévinas weist sich die neuzeitliche Philosophie dadurch aus, dass sie im Theorem der Selbstbehauptung als Charakteristikum das aller gegen alle hat, Selbstbehauptung Chiffre ist für den Kampf um den Platz an der Sonne. Lévinas stellt dem eine auf der Phänomenologie basierende dialogische Philosophie entgegen, die das Subjekt gerade in der Verantwortung für den anderen Menschen, der mir begegnet und in dessen Antlitz ich die Begrenzung meiner eigenen Selbstmächtigkeit begreife. Vgl. Emmanuel LÉVINAS, Totalität und Unendlichkeit. Versuch über die Exteriorität. Übersetzt von Wolfgang Nikolaus Krewani, Frankfurt/M. 1987, 26f. u.ö.; dazu auch Markus HUNDECK, „Conatus essendi" und „inkarniertes Subjekt". Ein inszenierter Dialog zwischen Baruch de Spinoza und Emmanuel Lévinas, in: Josef WOHLMUTH (Hg.), Emmanuel Lévinas – eine Herausforderung für die christliche Theologie, Paderborn 1998, 121-141.

ungeheuren konstruktivistischen Elan den Blick für den anderen Menschen verloren hat?

In den neuen Großräumen der Informationstechnologie, des Internets und der Medienwirklichkeit etwa spielt der Raum des Zwischenmenschlichen, des von Angesicht zu Angesicht, keine wirkliche Rolle mehr. Ausflüge im Cyberspace bedeuten zuerst den Kick für den Einzelnen, Chatrooms haben sich bei aller Faszination in der bleibenden Anonymität eingerichtet. Die Welten des Cyberspace ermöglichen dem Einzelnen, und nur ihm, die fantastische und luxuriöse Erweiterung der Wirklichkeit, was einem Ausstieg aus der konkreten Realität gleichkommt. Die Anthropotechniken und die Prothetik sind daher ins Werk gesetzte, wirklichkeitsstiftende Vermeidungsarsenale sozialer Räume.

Und mit jedem neuerlichen Fortschrittsschub setzt auch eine narzisstische Kränkung ein, die kompensiert werden muss. Die in der Kränkung erfahrene Endlichkeit, die zugleich durch neuerliche Fortschrittsbemühungen überwunden werden soll, wird immer mehr zu einer untilgbaren Wunde, die nicht nur ihren Schatten in der Weltlosigkeit hat, sondern ebenso in einer wachsenden Beziehungs- und Sozialunfähigkeit. Wie aber kann die Endlichkeit kompensiert werden, wenn die Wege der Anthropotechnik aus dem Kränkungskreislauf nicht herausführen? Ausgleich der Endlichkeit kann nur so gelingen, dass es ein wirklichkeitsstiftendes Moment des Einzelnen im Gesamt derjenigen gibt, die in der Welt des Einzelnen und darüber hinaus leben.

Solidarität in Situationen der Gebrechlichkeit und der „Lebensbehinderung“ persönlicher Lebenssituationen als ein Netz von vielen Subjekten zu erfahren, weist auf das prophetische Element der Endlichkeit hin,[51] das vielleicht nichts anderes als das Prophetische des Humanums selbst zum Ausdruck bringt. Ist Solidarität mit dem Anderen und für den Anderen nicht die Kunst (keineswegs die Künstlichkeit), in der durch technischen Fortschritt narzisstisch konturierten Welt Übergänge zu schaffen? Übergänge, die dem Kreislauf von Kränkung und Kompensation durch neue Technologien dadurch entgehen, dass sie die Begrenzungen und Endlichkeiten des menschlichen Lebens als Chance und nicht als Makel verstehen. Chance insofern, als Kompensierung der Endlichkeit nicht eine Ausweitung, eine Verlängerung der Endlichkeit bedeuten muss, vielmehr die Verdichtung der Endlichkeit, d.h. die qualitative Steigerung bedeuten

---

[51] Vgl. MIETH, Was wollen wir können?, a.a.O. 436ff.; DERS., Die Diktatur der Gene. Biotechnik zwischen Machbarkeit und Menschenwürde, Freiburg/Br. 2001, 99-102.

kann. Sie würde im Für-den-Anderen-sein eben auch ihre Sinnzusprechung erhalten, die so nicht permanent, d.h. nur unter ungewissem Zugriff auf die Zukunft, vom Einzelnen geleistet werden muss. Das Soziale zu initiieren bedeutet Sinnstiftung und kann sich als Motor einer Gesellschaft erweisen, die nur noch meint, mit den Zylindern des Fortschritts[52] fahren zu können. Dabei Übergänge humaner Weltgestaltung und gesellschaftlicher Neuorientierung zu beschreiten heißt dann vielleicht, den Menschen als den anderen Menschen in den Blick zu nehmen. Der Blick ins Angesicht des anderen Menschen, der über den Menschen das sagt, was er ist: Die Wirklichkeit, die wird, in dem sie mir begegnet.

Literatur

ALVAREZ-GOMEZ, M.: Der Mensch als Schöpfer seiner Welt, in: Mitteilungen und Forschungsbeiträge der Cusanus-Gesellschaft 13, Mainz 1978, 160-167.

BLUMENBERG, H.: Die Legitimität der Neuzeit. 2. erweiterte und überarbeitete Auflage, Frankfurt/M. 1988.

BLUMENBERG, H.: Höhlenausgänge, Frankfurt/M. 1989, 793-818.

BLUMENBERG, H.: Lebenswelt und Technisierung unter Aspekten der Phänomenologie, in: DERS., Wirklichkeiten, in denen wir leben, Stuttgart 1981, 7-54.

BLUMENBERG, H.: Selbsterhaltung und Beharrung. Zur Konstitution neuzeitlicher Rationalität, in: Hans EBELING (Hg.), Subjektivität und Selbsterhaltung. Beiträge zur Diagnose der Moderne, Frankfurt/M. 1996, 144-207.

BLUMENBERG, H.: Weltbilder und Weltmodelle, in: Nachrichten der Giessener Hochschulgesellschaft 30 (1961) 67-75.

CASSIRER, E.: Substanzbegriff und Funktionsbegriff. Untersuchungen über die Grundfragen der Erkenntniskritik, Darmstadt ^{5}1980.

CUES, N. v.. Die Kunst der Vermutung. Auswahl aus den Schriften. Besorgt und eingeleitet von Hans Blumenberg, Bremen 1957, 7-69.

GEHLEN, A.: Der Mensch. Seine Natur und seine Stellung in der Welt, Wiesbaden ^{13}1984.

GERHARDT, V.: Art. Sinn des Lebens, in: Joachim RITTER/Karlfried GRÜNDER (Hg.), Historisches Wörterbuch (=HWP) Bd. 9, Darmstadt 1995, 815-824.

GUZZONI, U.: Das Lachen der thrakischen Magd. Die Philosophie und die Frage nach dem Menschen, in: Günter SEUBOLD (Hrsg.) Die Zukunft des Menschen. Philosophische Ausblicke, Bonn 1999, 77-97.

HABERMAS, J.: Glauben und Wissen, in: FAZ vom 15. Oktober 2001.

HEIDEGGER, M.: Einblicke in das, was ist, in: DERS., GA Bd. 79 Bremer und Freiburger Vorträge 1949. Hg. von Petra Jaeger, Frankfurt/M. 1994, 24-45.

HEIDEGGER, M.: Sein und Zeit, Tübingen ^{16}1986.

HEIDEGGER, M.: Überwindung der Metaphysik, in: DERS., Vorträge und Aufsätze, Pfullingen 1954, 71-99.

HORKHEIMER, M.; ADORNO, Th. W.: Dialektik der Aufklärung. Frankfurt 1969.

---

[52] Zum Thema Fortschritt als Motor der Gesellschaft siehe MIETH, Was wollen wir können?, a.a.O. 436.

HUNDECK, M.: „Conatus essendi“ und „inkarniertes Subjekt“. Ein inszenierter Dialog zwischen Baruch de Spinoza und Emmanuel Lévinas, in: Josef WOHLMUTH (Hg.), Emmanuel Lévinas – eine Herausforderung für die christliche Theologie, Paderborn 1998, 121-141.

HUNDECK, M.: Welt und Zeit. Hans Blumenbergs Philosophie zwischen Schöpfungs- und Erlösungslehre (=BDS 32), Würzburg 2000, 135-141.

KURZWEIL, R.: Homo s@piens. Leben im 21. Jahrhundert. Was bleibt vom Menschen? Aus dem Englischen von Helmut Dierlamm, Enrico Heinemann, Ute Mihr, Thomas Pfeifer, Reiner Pfleiderer, München 2000.

LA METTRIE, J. O. de: Der Mensch als Maschine. Übersetzt von Bernd A. Laska, Nürnberg 1985.

LÉVINAS, E.: Totalität und Unendlichkeit. Versuch über die Exteriorität. Übersetzt von Wolfgang Nikolaus Krewani, Frankfurt/M. 1987.

MIETH, D.: Was wollen wir können? Ethik im Zeitalter der Biotechnik, Freiburg/Br. 2002.

MONOD, J.: Zufall und Notwendigkeit. Philosophische Fragen der modernen Biologie. Aus dem Französischen von Friedrich Griese, München 1970.

PORTMANN, A.: Der Mensch – ein Mängelwesen?, in: Was ist das – der Mensch? Beiträge zu einer modernen Anthropologie, München 1968, 43-54.

PORTMANN, A.: Zoologie und das neue Bild vom Menschen, Reinbek bei Hamburg 1956;

RAHNER, K.: Über das Geheimnis in der katholischen Theologie, in: DERS., Schriften zur Theologie Bd. IV, Einsiedeln u.a. 1967, 51-99.

RAHNER, K.: Zur Theologie der Menschwerdung, in: DERS., Schriften zur Theologie Bd. IV, Freiburg/Br. u.a. 1967, 137-155.

ROMBERG, R.: Art. Endlich, in: Joachim RITTER/Karlfried GRÜNDER (Hg.), HWP Bd. 2, Darmstadt 1972, 481-487; Thomas Mahlmann, Art. Endlich II., in: ebd., 487-489.

SCHULZ, W.: Der gebrochene Weltbezug. Aufsätze zur Geschichte der Philosophie und zur Analyse der Gegenwart, Stuttgart 1994.

SLOTERDIJK, P.: Kränkung durch Maschinen. Zur Epochenbedeutung der neuesten Medizintechnologie, in: DERS., Nicht gerettet. Versuche nach Heidegger, Frankfurt/M. 2001, 338-366.

SLOTERDIJK, P.: Regeln für den Menschenpark. Ein Antwortschreiben zu Heideggers Brief über den Humanismus, Frankfurt/M. 1999.

SLOTERDIJK, P.: Weltfremdheit, Frankfurt/M. 1993.

VOLLMER, G.: Die vierte bis siebte Kränkung des Menschen – Gehirn, Evolution und Menschenbild, in: Philosophia naturalis 29 (1992).

VON AQUIN, Th.: Summa Theologiae III, 7,11. "Omne creatum est finitum".

VON AQUIN, Th.: Das Sein und das Wesen. Dt.-Lat.. Übersetzt und erläutert von Rudolf Allers, Darmstadt 1991, 43-59.

Ästhetisches

Birgit Käufer

Alte Medien – zweifelhafte Körper – und die Utopie von der digitalen Revolution

Über die Zukunftsvisionen des Körpers wird viel diskutiert. Nicht nur die Experimente, einen Menschen zu klonen, sondern auch die neuen Medien verheißen einen Körper der Zukunft. Die Meinungen dazu bewegen sich zwischen den Polen eines euphorischen Positivismus und eines apokalyptischen Menschheitspessimismus.[1] Doch steht uns der „Future Body" tatsächlich kurz bevor, ist er vielleicht schon gegenwärtig? Oder ist die Vorstellung, einen Körper zu produzieren, nicht vielmehr seit jeher Teil unsere Kulturgeschichte?[2] Und können wir einen vermeintlich zukünftigen Körper nicht nur dann ausmachen, wenn er uns in Bildern begegnet, die traditionelle Phantasmen und Wahrnehmungsmuster spiegeln?[3]

So sehen wir uns auch im Internet vor allem mit altbekannten Symbolen konfrontiert: wir kommunizieren über Text und Bild. Auch der Avatar im Netz als Alter Ego des Users und der Userin ist eine künstliche Repräsentation, die jedoch vornehmlich auf traditionelle Zeichen zurückgreift. Während manche Theoretiker/innen gerade in den MUDs des Cyberspace Potentiale sehen, dass sich das in der Postmoderne anvisierte „dezentrierte" Subjekt realisiere und ein fließender Wechsel von Identität und Geschlecht möglich sei[4], ist vielmehr das Gegenteil zu beobachten. Obwohl sich die User/innen über ihre Stellvertreter/innen im Netz eine andere „Identität" wählen können, geben die digitalen Chimären

---

[1] Vgl. zu den verschiedenen Positionen den Aufsatz von Susanne Dungs in diesem Band.

[2] Vgl. dazu die Ausführungen Klaus Völkers, der eine Kulturgeschichte der künstlichen Menschen vorstellt: Angefangen bei den ersten Automaten, die bereits in der Antike gebaut wurde und die im 18. Jahrhundert ihre Hochblüte erreichten, über Homunculi, Golmes etc. Völker, Klaus 1971.

[3] So wurde auf der Tagung „Future - Bodies" (Kunsthochschule für Medien Köln vom 29.-30.6.2001) eine Verschiebung der Fragestellungn von dem „Körper der Zukunft" auf den „Körper, der wir gewesen sein werden" betont. Vgl. dazu auch den gleichnamigen Tagungsband: hrsg. von Marie Luise Angerer, Kathrin Peters, Zoé Sofoulis 2003.

[4] Unter anderem vertreten Sherry Turkle und Sandy Stone diesen Standpunkt. Vgl. hierzu der Aufsatz von Susanne Dungs in diesem Band.

dennoch vor, homogene und anthropomorphe Gestalt zu sein. Auch stereotype Geschlechtervorstellungen scheinen sich hier weiter fortzusetzen und sich nicht per se in ein frei flottierendes Spiel der Signifikanten zu verwandeln, mit dem automatisch eine Aufkündigung dualistischer Strukturen wie Subjekt/Objekt, männlich/weiblich etc. einhergeht. Also bestimmt derzeit die Wiedererkennung und nicht eine Neuproduktion die digitale Revolution. Mit den digitalen Medien geht daher nicht notwendig eine Veränderung der Wahrnehmung einher. Hingegen ist die Wahrnehmung immer schon medialisiert.[5] Den bilderzeugenden Kommunikationsträgern kommt dabei eine zentrale Funktion zu, insofern der Sehsinn Wahrnehmung und damit Vorstellungen von Körperlichkeit prägt. Körper und Medium sind untrennbares Korrelat. In die unterschiedlichen Medien gehen dabei stets auch die historischen Codierungen unserer Realitätswahrnehmung ein. Seit der Renaissance erkennen wir einen zentralperspektivisch konstruierten Raum als Mimesis der Wirklichkeit und begreifen einen dreidimensional wiedergegebenen Körper als authentische Repräsentation menschlicher Physis. Auch die ersten fotografischen Bilder wurden aufgrund dieser Sehtradition als mimetisches Abbild der Realität verstanden.[6] Darüber hinaus zeichnen sich fotografische Darstellung, neben ihrem mimetischen und symbolischen Gehalt, durch ihre indexikalische Struktur aus.[7] Der Index verleiht fotografischen Bildern ihre „Wirklichkeitsmacht“, womit sie sich grundlegend von anderen Formen der Repräsentation wie Malerei, Zeichnung etc. unterscheiden. Angesichts fotografischer Bilder glauben wir auf etwas tatsächlich Dagewesenes zu schauen, insofern bestätigen und produzieren Fotografien erst unsere Vorstellungen von „Wirklichkeit“ und „Identität“. Damit wohnt ihnen zugleich die Möglichkeit inne, traditionelle Auffassungen zu verschieben. Insbesondere dann, wenn die präsentierten fotografischen Szenerien Verunsicherungen bereithalten, die unseren medialen wie kulturellen Wahrnehmungsnormen widersprechen. Dieser vermeintlich authentische Blick auf Realität, den wir mit dem Medium Fotografie verbinden, hat sich seinerseits als Wahrnehmungsnorm etabliert und setzt sich bis heute fort. Auch am Computer generierte (Körper)Bilder können nur dann unsere Vorstellung von Wirklichkeit bestätigen sowie irritieren, wenn sie wie ein fotografisches Bild erscheinen. Rein am Computer generierte

---

[5] Vgl. Irmela Schneider 2000, hier S. 35.
[6] Philippe Dubois 1998, hier S. 30.
[7] Die indexikalische Struktur fotografischer Bilder wird in diesem Text an späterer Stelle eingehend behandelt.

Bilder sind bis heute noch nicht täuschend echt genug. Wir erkennen sie direkt als künstliche Repräsentationen, die damit nicht das Changement zwischen „Realität" und Fiktion hervorrufen können, über das traditionelle Werte erst zur Disposition gestellt werden. Allein jene Computerbilder, die auf fotografische bzw. filmische Darstellungen zurückgehen, halten dieses subversive Potential bereit. Angesichts virtueller Welten verliert das fotografische Bild somit nicht seine Glaubhaftigkeit, vielmehr benötigt das digitale (Körper)Bild geradezu diese „ältere" Codierung der Realitätshaftung, die Fotografie und Film zugrunde liegt, um auch die im Computer veränderten (Körper)Bilder als „authentisch" und „wirklich" erscheinen zu lassen. Die „alten" analogen Medien werden damit zum Dispositiv der sogenannten „neuen" digitalen Medien. Ebenso wie auch die traditionellen geschlechtlich codierten (Körper)Bilder den „Future Bodies" zugrunde liegen. Beide bedeutungsstiftenden Strukturen – der mediale sowie der Körper- und Geschlechtercode – werden so zum „optischen und diskursiven Unbewussten", das unsere heutigen Körperproduktionen maßgeblich mitprägt.[8]

In der folgenden Untersuchung wird daher der Fokus nicht auf die Vision eines zukünftigen Körpers gelenkt, sondern in einer historischen Betrachtung werden die Wahrnehmungsmuster fotografischer Bilder analysiert. In Anlehnung an Rosalind Krauss geht es mir daher im Folgenden nicht um eine Theorie der Fotografie, sondern um die Fotografie als theoretisches Dispositiv: „Wie beeinflusst die Tatsache, dass es sich um eine Fotografie und nicht um ein Gemälde handelt, die Bedeutung des Bildes? [...] Was ist, kurz gesagt, die besondere ‚Gabe' der Fotografie?".[9] Im weiteren werden die strukturellen Analogien des Mediums Fotografie und den diskursiven Bedingungen der Körper-, Identitäts- und Geschlechterproduktion betrachtet. Fotografie und Körperdarstellungen können als kongeniale Verbindung gelten, die das Potential beinhalten, Körper, Subjekt und Geschlecht als Effekt performativer Prozesse (Butler) auszuweisen.

---

[8] Vgl. Sykora 2000, hier S. 122. Vgl. dazu auch Birgit Käufer, Alexandra Karentzos, Katharina Sykora 2002, hier S. 10

[9] Rosalind Krauss 1998, hier S. 14 - 16.

Rezitationen

Ausgangspunkt der folgenden Überlegungen bildet die Annahme, dass jede Form der Bedeutung aus einem Akt der Verdopplung, einem Prozess performativer Wiederholungen hervorgeht. Hiermit berufe ich mich auf Derrida und seine kritische Neuformulierung der Sprechakttheorie von Searl und Austin: „In der Sprechakttheorie ist eine performative Äußerung diejenige diskursive Praxis, die das vollzieht und produziert, was sie benennt."[10] Laut Derrida liegt hierbei die Macht jedoch nicht in einem ursprungsgebenden Willen, der etwa bei der performativen Äußerung „Es werde Licht!" sein Dasein erhält, vielmehr ist der vermeintliche Ursprung immer schon abgeleitet. Jede Benennung ist ihrerseits schon die Wiederholung einer codierten Äußerung, ist ihrerseits schon als Zitat identifizierbar.[11] Derridas Begriff der Wiederholbarkeit impliziert somit, dass jede Handlung selbst eine Rezitation einer vorhergehenden Kette von Handlungen ist, die in der gegenwärtigen Handlung enthalten sind und jeder gegenwärtigen Handlung andauernd ihre Gegenwärtigkeit entziehen.[12] Letztlich wird erst über das verdoppelnde Zitat, über die Spur, eine Unterscheidung zwischen vermeintlichem Original einerseits und Wiederholung andererseits möglich. Demnach ist *„die Spur (...) die Differenz* [Hervorhebung im Text], in welcher die Erscheinung und die Bedeutung ihren Anfang nehmen."[13]

An diese Überlegungen anknüpfend wird auch der vermeintlich natürliche Körper sowie das mit sich selbst identische Subjekt, das immer zugleich in seiner geschlechtlichen Markierung wahrgenommen wird, als Ergebnis einer permanenten Rezitation kultureller Codierungen verstanden. Judith Butler stellt insbesondere die Strukturen der Geschlechterdiskurse heraus: sie versteht dabei „‚Natur' [als] das Produkt eines zeitlichen Prozesses, der mit einer Wiederholung von Normen operiert. In dieser rituellen Praxis erlangt das biologische Geschlecht einen Effekt der Naturalisierung."[14] Die prozessuale Duplizierung von Geschlechter- und Körpernormen geht mit einer gleichzeitigen In- und Exklusionsbewegung einher. Mit der Bestätigung der gängigen Normen werden zugleich die den Normen widersprechenden Elemente ausgeschlossen. Grenzen werden

[10] Judtih Butler äußert sich zur Theorie Jacques Derridas: Judith Butler 1997, hier S. 36 und 37, siehe dort auch Anmerkung 11.
[11] Vgl. ebenda, S. 36.
[12] Vgl. ebenda, S. 32 Anmerkung 9.
[13] Jaques Derrida 1998, S. 114.
[14] Judith Butler 1997, S. 31.

zeitweise manifest und binäre Kategorien – wie männlich/weiblich, Subjekt/Objekt – vorübergehend materialisiert. Butler versteht den Begriff der Materie daher nicht als fixen Ort oder Oberfläche, sondern als einen „Prozess der Materialisierung, der im Laufe der Zeit stabil wird, so dass sich die Wirkung von Begrenzung, Festigkeit und Oberfläche herstellt, die wir Materie nennen."[15] Somit ist Materialität nicht allein linguistischer Effekt[16], vielmehr ist der Körper selbst „von Gewicht".[17] Im performativen Prozess ist jedoch immer zugleich ein Potential der Instabilität und Verschiebung enthalten: Butler führt aus, dass die Notwendigkeit, die Norm permanent zu repetieren, zeigt, dass „die Materialisierung nie ganz vollendet ist, dass die Körper sich nie völlig den Normen fügen [...]".[18] Denn mit der Wiederholung der Norm materialisiert sich zugleich die Differenz zwischen vorhergehendem Code und seiner Verdopplung, mit der sich das binäre System formiert und vermeintlich verbindliche Wertesysteme erst hervorgebracht werden. Im selben Moment wird der Abstand zwischen der gesellschaftlichen Norm und ihrer performativen Wiederholung über die herrschenden Konventionen wieder geschlossen. Das gesellschaftliche Handeln erfüllt die Norm, ebenso wie die Norm dem gesellschaftlichen Handeln entspricht. Es entsteht ein Changement zwischen „Vorher" und Nachher, das prinzipiell das Potential bereithält, normative Setzungen, wie etwa die soziale Kategorie des Geschlechts, als Produkt bedeutungsstiftender Prozesse auszuweisen. Im Akt der Rezitation bestätigt sich das binäre System der Differenz und scheitert im selben Moment. Grenzen, die scheinbar eindeutige Polarisierungen hervorbringen, geraten in Bewegung. Dies wird zum Motor einer unentwegten Sinnstiftung. In diesem Sinne sind Körper und Geschlecht nicht mehr fixe und passive Konstanten, sondern potentiell veränderbar. Von ihnen geht gleichsam eine eigene Aktivität in einer sinnstiftenden Praxis aus: Butler spricht vom „doing gender", und Haraway bezeichnet den Körper als generativ, er selbst wird zum Bedeutungsproduzenten.

---

[15] Ebenda, S. 32.
[16] Ebenda, S. 56, siehe dort auch Anmerkung 18.
[17] Butler betont, dass die Materialität der Körper nicht allein auf eine Reihe von Signifikanten zurückzuführen sei. Eine solche Behauptung übersieht die Materialität der Signifikanten selbst. Denn es besteht eine Unablösbarkeit von Materialität und Signifikation. „Kann Sprache einfach auf Materialität referieren, oder ist die Sprache gerade auch die Bedingung, unter der Materialität auftritt?" Vgl. Judith Butler 1997, S. 56 ff.
[18] Ebenda, S. 21.

In struktureller Entsprechung zu den performativen Prozessen der Bedeutungs- und Körpergenerierung geht auch das fotografische Bild aus einem Akt der Verdopplung hervor, es dupliziert „vorfotografische Szenerien“. Die Strukturprinzipien der Wiederholung und Grenzziehung sind daher auch dem fotografischen Akt[19] immanent.

Für eine malerische oder zeichnerische Darstellung ist die Präsenz des zu Porträtierenden nicht zwingend, für eine fotografische Aufnahme jedoch ist sie notwendig. Licht, das vom zu fotografierenden Objekt reflektiert wird, fällt durch die Kameralinse und trifft auf den fotografischen Film. Die Fotografie ist die chemische und optische Spur des Porträtierten, durch die eine unmittelbare Berührung zwischen Referent und Bild entsteht. Philippe Dubois und Rosalind Krauss bezeichnen dies als den Index der Fotografie.[20] Barthes, der sich für das Prinzip des Indexes aus der Warte der Betrachter/innen interessiert, fragt: „Was weiß mein Körper von der Fotografie?“[21] Die Rezipient/innen erkennen ihre referentielle, körperliche Verbindung zum „Vorfotografischen“. Diese Allianz von Betrachter/innen und Bild fasst Barthes im Begriff des punctums. Index bzw. punctum verbürgen die vermeintliche Wahrhaftigkeit der fotografischen Darstellung. Diese indexikalische Verbindung kann jedoch nur über eine mimetische und symbolische Überformung wahrgenommen werden; erst der in dieser Form erkannte Index verleiht den Codierungen ihre vorgebliche Authentizität.[22] Die Verbindung zwischen dem Referenten und seinem Abbild impliziert jedoch gleichzeitig einen räumlichen, wie einen zeitlichen Abstand zwischen Fotografiertem und Fotografie. Denn mit dem Druck auf den Auslöser wird aus Zeit und Raum ein Ausschnitt herausgelöst und im fotografischen Bild festgesetzt, der Referent wird „mortifiziert“. Er ist damit über sein fotografisches Abbild in der Gegenwart präsent, die tatsächliche Präsenz des Referenten liegt jedoch in der

[19] Herta Wolf erläutert in ihrem Vorwort zu Philippe Dubois Buch „Der Fotografische Akt“, dass ein Foto nicht nur als Bild begriffen werden kann, sondern als Resultat eines Aktes. Die Essenz der Fotografie liegt darin ein Akt zu sein. „[..] die Performanz [bezeichnet] den tatsächlichen Gebrauch der Sprache [...] entsprechend bezeichnet der Bild-Akt bei Philippe Dubois nicht nur die Geste des Auslösens und den [...] Schnitt in Raum und Zeit, sondern ebenfalls den Akt der Rezeption. Auch der Bild-Akt ist ein performativer Akt, [...], dessen Performanz sich darüber hinaus in die Fotografien selbst einschreibt.“ Herta Wolf: *Vorwort.* In: Philippe Dubois 1998, S. 7 - 14, hier S. 9 und 12.

[20] Philippe Dubois 1998, S. 49 - 57. Vgl. ebenso Rosalind Krauss 1998, S. 14 ff.

[21] Roland Barthes 1985, S. 17.

[22] Wie Dubois erläutert ist „Das Foto [...] in erster Linie ein Index. Erst in zweiter Linie kann es ähnlich werden (Ikon) und einen Sinn erhalten (Symbol)“. Dubois 1998, S. 57.

Vergangenheit. Barthes bezeichnet dies als „[...] neue Kategorie des Raum-Zeit Verhältnisses: Räumliche Präsenz bei zeitlicher Vergangenheit, eine unlogische Verbindung des Hier und Jetzt mit dem Da und Damals".[23]

In struktureller Analogie zum performativen Prozess der Körperproduktion wird auch im fotografischen Akt erst mit dem Duplikat eine Differenzierung zwischen „vorgängigem Ursprung" einerseits und (fotografischer) Kopie andererseits möglich. Die „Realität" erfährt ihre vermeintliche Beglaubigung als „vorfotografisches Original" dadurch, dass sie als Repräsentation, als Spur im Bild erscheint.[24] Somit ist dem indexikalischen Prinzip, ebenso wie dem Prozess der Wiederholung normativer Setzungen ein simultanes Verhältnis von Verbindung und Differenz inhärent, mit dem jeweils die Bewegung einer permanenten Umkehrbarkeit einhergeht. Die fotografische Betrachtung wird damit zur paradoxen Erfahrung, denn über Index und Mimesis hebt sich die Fotografie als Medium auf. Einen fotografierten Gegenstand nimmt man als den Gegenstand selbst wahr, gleichzeitig erkennt man, dass man nur ein fotografisches Abbild des Gegenstandes betrachtet. Eine unaufhörliche Bewegung zwischen beiden Eindrücken beginnt. Die Grenze zwischen „Wirklichkeit" und Repräsentation wird permeabel. Über die fotografische Membran, die Transparenz verspricht und gleichzeitig eine unüberwindbare Hürde darstellt, gelingt und scheitert die Verbindung zum „Vorfotografischen" im selben Moment. Dies fordert die Betrachter/innen auf, den Überbrückungsversuch immer wieder aufs Neue zu starten.[25] Die sich kreuzenden Zeit- und Raumebenen, die wir darüber hinaus mit der fotografischen Betrachtung wahrnehmen, fordern damit gleichsam eine Animation heraus, die Barthes ebenfalls im Begriff des punctum fixiert, „[...] jener wechselseitigen Beweisführung, dass das Fotografierte real da gewesen ist (vor dem Abzug) durch die Instanz, die es real da (auf dem Abzug) sieht"[26]. Über ihre ambivalente Struktur lädt die Fotografie somit zu einer Interaktion ein. Auch Barthes beschreibt den Verlebendigungsgestus, den das fotografische Bild heraufbeschwört, als interaktive Beziehung: Das punctum „[...] macht, dass ich ein bestimmtes Photo animiere und dass es mich animiert".[27] Über die Betrach-

---

[23] Roland Barthes 1964/ 1983, hier S. 144.

[24] Vgl. dazu Katharina Sykoras Ausführungen zu Rosalind Krauss' „Theorie der Abstände". Katharina Sykora II, S. 160.

[25] Vgl. dazu auch die Ausführungen Katharina Sykora zur Theorie Roland Barthes. Sykora II, S. 66.

[26] Ebenda.

[27] Roland Barthes 1985, S. 68

tung des fotografischen Bildes, das zugleich aktiv wie passiv ist, geraten auch die Betrachter/innen in das Spektakel hinein, die vermeintliche Eindeutigkeit ihres Subjektstatus steht damit zur Disposition. So beschreibt auch Donna Haraway die Interaktion selbst als performativen Prozess, in den die Aktivität der „Subjekte“ sowie der Objekte gleichermaßen eingeht. Hieraus resultiert eine Handlungsfähigkeit, die nicht von einem intentionalen Subjekt ausgeht, sondern aus dem interaktiven Prozess der Bedeutungsgenerierung selbst entsteht. Dabei materialisieren sich die Grenzen beider Seiten in einer gegenseitigen Abhängigkeit und halten sich wechselseitig in Bewegung.[28]

In der fotografischen Rezeption vollziehen die Betrachter/innen das Prinzip des Abstandes und der Nähe performativ nach; das „Vorfotografische“ erweist sich dabei als Effekt des Systems der Differenz. Darüber hinaus registrieren wir, dass unsere Wahrnehmung selbst als performativer Prozess der Bedeutungsproduktion funktioniert: in beharrlicher Wiederholung suchen wir Realität und finden nur das Supplement. Wir selbst performieren ein changierendes Bild zwischen „Realität“ und Fiktion, zwischen Vergangenheit und Gegenwart. In diesem Sinne geht bereits mit der Realisation des indexikalischen Vermögens der Fotografie eine Bedeutungsstiftung einher, die binäres Denken aufzukündigen droht. Das fotografische Bild, das als physikalische und chemische Spur eines „Originals“ entsteht, verfügt daher wie kein anderes Medium über das Potential, seine Struktur als Spur zur Schau zu stellen. In der Folge werden die mit der fotografischen Darstellung transportierten Inhalte wie „Wirklichkeit“, „Identität“, „Körper“ und „Geschlecht“ bestätigt sowie gleichzeitig in Zweifel gezogen und damit als Produkte performativer Prozesse ausgewiesen. Dabei birgt jedoch, wie Katharina Sykora konstatiert, die einfache Überblendung von Medium und Ikonographie die Gefahr einer tautologischen Falle. Erst die „Randunschärfe” bei der Überblendung von medialem und ikonographischem System verläßt den Bereich der Tautologie und ermöglicht sinnstiftende Handlungen.[29] Der Ort der Grenze zwischen „Vorher“ und Nachher (sei es im Prozess der Körperproduktion oder im fotografischen Akt) wird dann zum Ort der Entgrenzung, zum Ort eines permanenten Umschlags, an dem sich der „modus of agency“ offenbart.

---

[28] Vgl. zur Theorie Donna Haraways: Carmen Hammer, Immanuel Stieß 1995, hier S. 20.
[29] Katharina Sykora (II), S. 62.

To be *and* not to be

Traditionell dient das Selbstporträt dazu, sich als homogene Identität zu produzieren. Das Künstlerselbstbildnis stellt dabei eine prononcierte Form der Selbstproduktion dar, mit der es gilt, den eigenen Pygmalionstatus unter Beweis zu stellen. Im Gegenzug scheint es daher geeignet, um den Produktionsbedingungen des „Ich" nachzugehen. Handelt es sich darüber hinaus um ein fotografisches Selbstbildnis, dann kann die Verbindung von Medium und Identitätsfabrikation besonders anschaulich werden. Denn über die ambivalente Struktur fotografischer Bilder wird Identität produziert und in Frage gestellt zugleich. Die performativen Generierungsbedingungen von Bedeutung im allgemeinen und des Künstlers im besonderen stellen sich dar.

Irit Rogoff skizziert die traditionelle Verbindung von Männlichkeit und Kultur. Heterosexuelle Männlichkeit versteht sich als Norm, die Identität verbürgt und dem männlichen Charakter des öffentlichen Selbst entspricht.[30] Diese Norm wird aufrechterhalten, indem „Männlichkeit" das große Unausgesprochene bleibt. Die eigene Konstruktion wird nicht in Frage gestellt, ex negativo bestimmt die männliche Autorität ihre zentrale Position in der Kultur.[31] Obwohl Figuren wie der Künstler von der bürgerlichen Gesellschaft eigentlich ausgeschlossen sind, gilt dennoch das Künstlerselbstbildnis, in dem sich Kraft, Vision und Männlichkeit vereinen, als Standard, um dem Künstler Zugang zum öffentlichen Diskurs zu verschaffen.[32] Oft spielen diese Selbstporträts auf bereits zum Mythos erhobene Vorbilder an. Dies funktioniert jedoch nicht im Sinne einer Hommage, vielmehr steht das Zitat immer im Bezug zum zeitgenössischen Diskurs, um sich selbst in die patriarchalische Kultur einzuschreiben.[33] Wie Michel Tournier erläutert, will der Künstler vor allem Gott gleichen, dies gelingt ihm nirgendwo besser als im Selbstbildnis, „ [ ] denn das porträtierte Objekt verschmilzt hier mit dem porträtierten Subjekt."[34] Anhand einer fotografischen Selbstinszenierung Hans Bellmers (Abb. 1) gerät dieser Bestätigungsgestus von Männlichkeit und Autorschaft jedoch ins Zwielicht. Denn mit der von Tournier

---

[30] Vgl. Irit Rogoff 1989, hier S. 21. Am Übergang vom 18. zum 19. Jahrhundert erfolgt eine Dissoziation von Erwebs- und Familienleben und damit eine Aufspaltung in öffentliche und private Bereiche. Das „Weibliche" wird der privaten und das „Männliche" der öffentlichen Sphäre zugeschrieben. Vgl. Sigrid Schade, Silke Wenk 1995, hier S. 376.

[31] Vgl. Irit Rogoff 1989, S. 21.

[32] Vgl. ebenda, S. 24.

[33] Vgl. ebenda, S. 23.

[34] Zitiert nach Katharina Sykora I, hier S. 123.

beschriebenen Vereinigung zweier sich eigentlich ausschließender Positionen, repräsentiert das Künstlerselbstbildnis eine regelrecht paradoxe Kombination.[35] Stellt sich diese im Medium Fotografie dar, dann kann es verstörende Folgen für den Autorstatus haben. Mit dem Selbstporträt Bellmers wird dies explizit; die Bedingungen der Eigenproduktion „Künstler" treten offen zu Tage. Der selbstreflexive Verweis auf den fotografischen Akt, der die gleichzeitige Konstruktion sowie Dekonstruktion der Künstleridentität besonders anschaulich macht, ist dabei zentrales Element.

Abb. 1: Hans Bellmer, Selbstporträt, Schwarzweißfotografie, 1944.

[35] Während dem Künstler traditionell die Subjektposition zugeschrieben wird, gehört als Pendant das weibliche Modell bzw. das von Künstler geschaffene Objekt dazu. „Weiblichkeit" zeichnet sich demnach durch ihren Status als Bild aus. Stellt sich eine Künstlerin selbst im Bild dar, dann kommt es auch hier zu einer paradoxen Relation, allerdings mit umgekehrten Vorzeichen: Die Künstlerin ist „Frau als Bild" und Autorin zugleich. Vgl. dazu Silvia Eiblmayr 1993.

In einem Fensterrahmen im dreiviertel Profil präsentiert sich Hans Bellmer. Die Glasscheibe ist zerbrochen. Das Kinn Bellmers berührt die scharfen Kanten der verbliebenen Glasscherben. Unterhalb seines linken Ohres und Kieferknochens scheint die Glasscheibe in das Fleisch zu schneiden. Durch diese Inszenierung präsentiert sich der Kopf als vom Körper abgetrenntes Element. Ein fotografisches Selbstbildnis par exellence, das den auktorialen Akt seiner Entstehung und die buchstäblich einschneidenden Folgen für den Fotografen reflektiert. Bellmer ist Autor und Objekt der Darstellung zugleich. Diese Symbiose kann nur um den Preis der eigenen „Kastration" gelingen: Mit dem Druck auf den Auslöser wird der fotografische Schnitt durch Zeit und Raum evident. Das „Ich" erfährt seine bestätigende Verdopplung und spaltet sich im selben Moment. Die Glasscheibe fungiert hier als Pendant zur fotografischen Membran, die das changierende Verhältnis von gleichzeitiger Verbindung und Abtrennung installiert. Diese permeable Grenze läuft hier bezeichnender Weise durch den Körper Pygmalions selbst. Das oszillierende Verhältnis von „ursprünglicher Identität" und seiner Repräsentation beginnt. Auch Barthes konstatiert, dass mit der fotografischen Verdopplung des „Ich" eine Identitätsspaltung unabwendbar ist. „Die Fotografie ist das Auftreten meiner selbst als eines anderen: eine durchtriebene Dissoziation des Bewusstseins von Identität."[36] Die fotografische Wiedergabe, die immer schon die Präsenz bei gleichzeitiger Absenz des Referenten verbürgt, stellt daher speziell im fotografischen Selbstporträt eine potentielle Bedrohung für den Autorstatus dar: Simultan bestätigt und eliminiert sich das „Ich" im fotografischen Abzug. Diese ambivalente Bewegung wird darüber hinaus mit dem Schattendouble des Bellmerschen Profils, das sich auf der Glasscheibe abzeichnet, explizit. Der Schatten, der wie die Fotografie als indexikalische Spur des „Ich" funktioniert, spiegelt die paradoxe fotografische Struktur: Der Schatten bestätigt Bellmers Erscheinung ein weiteres Mal, zugleich entfaltet sich zwischen beiden Instanzen erneut die unheimliche Beziehung von gleichzeitiger Nähe und Differenz. Darüber hinaus werden nur Teile des Bellmerschen Gesichts über den Schatten dupliziert. Diese Schattensegmente zeichnen sich zudem nicht auf der ganzen Glasscheibe, sondern nur auf einer Scherbe ab. Auch damit sind das fotografische Verfahren sowie die Prozesse der Subjektentstehung reflektiert. Denn die Wiederholung kann das „ursprüngliche Ganze" nicht einholen, die Kopie bleibt immer Fragment. Anstelle des homogenen „Subjekts" präsentiert

[36] Roland Barthes 1985, S. 21.

sich die aus einer Verdopplung hervorgegangene und in verschiedene Facetten aufgespaltene „Künstleridentität".

Das fotografische Prinzip des Cuts wird hier nicht nur mit dem Motiv der Glasscheiben zitiert. Darüber hinaus präsentiert sich Bellmer in einem Fensterrahmen, der Bereiche ein- wie ausgrenzt im selben Moment und damit gleichermaßen auf den fotografischen Kader rekurriert.[37] Nicht zuletzt funktioniert der fotografische Akt damit in struktureller Analogie zu den Mechanismen der Subjektproduktion. Denn der Automatismus von Ein- und Ausschluss liegt jeder Bedeutungsproduktion zu Grunde und ist damit auch für die Subjektgenerierung konstitutiv. Wie Butler erläutert, entsteht der Effekt des Innen erst durch die Bezeichnung des Körpers als eingezäuntes Gebiet.[38] Ex negativo ergibt sich damit die Instanz des Außen zur gleichen Zeit. Bellmers Kopf, der im Rahmen des Fensters erscheint und dabei zugleich etwas in den Raum vor dem Fenster hinein ragt, markiert eine Schwelle zwischen Innen und Außen (zwischen „innerbildlichem" und „außerbildlichem" Raum). Hiermit scheint Bellmers ambivalentes fotografisches „Sein" visualisiert, das zugleich auf die strukturellen Prinzipien des fotografischen Akts sowie der Künstlerselbstproduktion aufmerksam macht. Der Blick durch das geöffnete Fenster verspricht in der Renaissancemalerei die illusionäre Sicht auf „Wirklichkeit". Das Prinzip der finestra aperta scheint hier adaptiert. Das „Künstlersubjekt" präsentiert sich selbst in dem vielversprechenden Rahmen, der sich hier jedoch als produzierendes System von „Realität" und „Identität" zu erkennen gibt. Der Fotokader fasst die Szenerie abschließend zusammen. Erst mit der Fotohaut wird der pygmalionische Bestätigungsgestus besiegelt, mit dem sich der Künstler zugleich als wechselhaftes Wesen zwischen to be *and* not to be zu erkennen gibt.

Mit der Glasscheibe, die transparent ist und zur gleichen Zeit als Spiegel fungiert, werden die Produktionsprozesse des fotografischen Bildes sowie von „Wirklichkeit" und „Künstlerselbst" ebenfalls offensichtlich. Durch das Glas hindurch kann man den Hals Bellmers erahnen. Wie das fotografische Bild, so

[37] Rosalind Krauss stellt das Motiv des Rahmens als besonderes Merkmal der surrealistischen Fotografie heraus: Die Grenze des Rahmens als Pendant zum fotografischen Cut, versteht Krauss als Signifikant der Signifikation, denn erst über den Schnitt entsteht das Wechselspiel zwischen der „vorfotografischen" Welt und ihrem Abbild. Vgl. Rosalind Kraus 1998, S. 122.
[38] Vgl. Judith Butler 1991, S. 199.

verspricht die Glasscheibe den Blick auf „Realität“ und in diesem Fall auf das „Künstlersubjekt“. Gleichzeitig spiegeln sich Bäume auf dem Glas. Die vermeintlich klare Sicht auf Authentisches funktioniert hier im selben Moment als Spiegelfläche und gibt sich damit als Verdopplungsinstanz, als realität- und subjektproduzierendes Medium zu erkennen. Darüber hinaus werden über die Spiegelung, die durch den fotografischen Cut ins Off verbannten Elemente wieder ins Bild geholt. Die Bäume sind über die Spiegelung im Bild anwesend und abwesend zugleich. Das Off innerhalb der fotografischen Darstellung verweist damit ebenso auf den Chiasmus des Mediums Fotografie wie auf die Fabrikationsbedingungen des Künstlers. Nicht zuletzt sind auch die Betrachter/innen Teil des Off. Über die Widersprüchlichkeiten dieser Darstellung werden sie jedoch animiert, die Bildgrenze immer wieder zu überschreiten. Damit können sie nicht umhin, ihre eigene Wahrnehmung als performativen Prozess der Wirklichkeits- und Subjektproduktion zu registrieren. Somit erliegt nicht nur der Künstler der eigenen „Kastration“, auch die Betrachter/innen, die angesichts der irrisierenden Erscheinung Bellmers kein homogenes Spiegelbild finden, setzen ihren Subjektstatus aufs Spiel.

Die Brisanz des fotografischen Selbstporträts erfährt eine weitere Steigerung, wenn Bellmer zusammen mit seinem Kunstgeschöpf der Puppe im fotografischen Bild erscheint. Zwar zeigt sich Bellmer nur wenige Male mit seinem Puppenmodell, dies reicht jedoch aus, um seinen Autorstatus nachhaltig zu sabotieren. (Abb. 2)[39]

Auch die Puppe geht aus einem Akt der Verdopplung hervor und funktioniert daher in struktureller Analogie zur Fotografie und zu den performativen Prozessen der Bedeutungsproduktion. Als unser Doppelgänger kann die Puppe verblüffend echt und lebendig erscheinen und damit ein ebenso wechselhaftes System der gleichzeitigen Nähe und Differenz installieren, das den Glauben an „ursprüngliche Natürlichkeit“, „Identität“ und „Geschlecht“ ad absurdum führen kann. Die Ambivalenz der Kunstfigur wird besonders eindringlich, wenn sie sich im Medium der Fotografie präsentiert: Dort stellt sie sich als vermeintlich

---

[39] Bellmer zeigt sich hier zusammen mit der Konstruktion seiner ersten Puppe aus dem Jahr 1932/33. Diese besteht aus einem Holz-Metall-Skelett, das mit einer Haut aus Gips ummantelt ist. Die Puppe wird nicht als Objekt präsentiert, sie existiert nur im Medium der Fotografie. Vgl. dazu mein Dissertationsprojekt: Die Obession der Puppe im Brennpunkt des fotografischen Blickes (Hans Bellmer, Pierre Molinier und Cindy Sherman).

reale Physis zur Schau, die zum Greifen nah erscheint, um sich zugleich - durch die fotografische Membran - einem tatsächlichen Zugriff zu entziehen. Könnte man sich über eine Berührung der Künstlichkeit der Puppe versichern, so wird angesichts der fotografischen Grenze dieser Vergewisserungsgestus angeregt und verweigert zugleich.

Abb. 2: Hans Bellmer, Die Puppe, Schwarzweißfotografie, 1934.

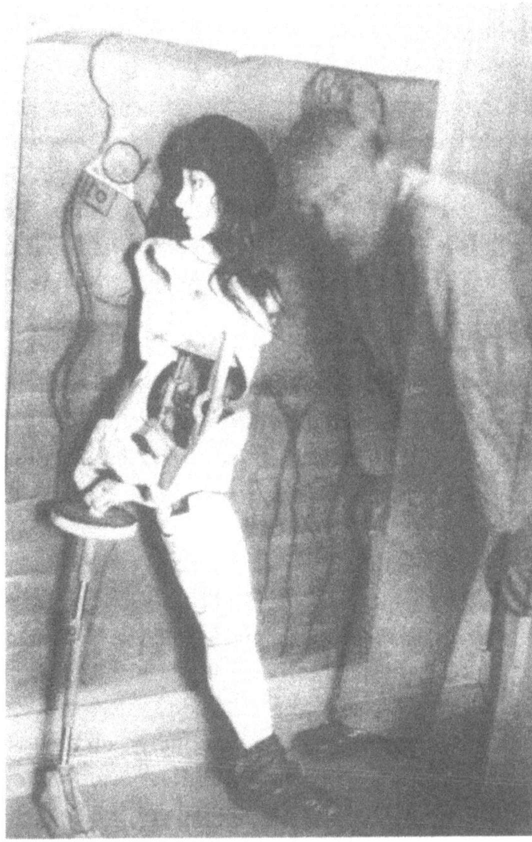

Über das mimetische Vermögen der Puppe hinaus, das eine Täuschung und gleichzeitige Enttäuschung evoziert, zeichnet sie sich durch ihre „indexikalische" Struktur aus. Mit einer Wachsmaske oder einer Moulage werden Abdrücke der menschlichen Physiognomie erstellt, die sich, ebenso wie das fotografische Porträt, als Spur einer Person erweisen. Die Puppe, die kulturhistorisch in dieser Tradition steht, ist daher gleichfalls „indexikalisches" Abziehbild.[40] In der Fotografie hat die Puppe damit ihr kongeniales Pendant gefunden, Index und Mimesis steigern sich zu einer vermeintlichen Wahrhaftigkeit, die die Puppe natürlich erscheinen lässt, um sie im selben Moment als künstlich zu entlarven. In einer Umkehrbewegung funktioniert die Puppe im fotografischen Bild als selbstreflexiver Verweis auf das darstellende Medium selbst. Darüber hinaus ist die Fotografie - das „lebendige Bild von etwas Totem"[41] - das ideale Medium zur „Animation" der künstlichen und leblosen Figur. Da die Bewegung, als Kennzeichen des Lebens, im fotografischen Kader gefriert, kann diese nicht mehr als Unterscheidungsmerkmal für Kunst oder „Natur", „Leben" oder „Tod" herangezogen werden. Dies wird zum Surplus für die Kunstfigur. Denn die Bewegung findet nun zwischen Rezipient/innen und Bild statt. Erst durch den „Sprung" über das punctum beginnen die Betrachter/innen das Vergangene zu vergegenwärtigen, das Vexierbild der morbidlebendigen Figur wird performiert.

Nicht nur eine „Frau aus bloßem Holz"[42] hervorzubringen ist das Ziel des wahren Künstlers, sondern erst über die Schöpfung einer oszillierenden Gestalt beweist sich sein Genie. So erläutert auch Monika Schmitz-Emans, dass der Schöpfer des Kunstmenschen auf das Unkontrollierbare hofft und dies zugleich seine Angst schürt[43]: Pygmalion bestätigt seine Autorposition über die Kreation der Kunstfigur und muss sie zugleich gefährdet sehen. Im fotografischen Bild sein eigenes Modell zu sein, kann für den Künstler bereits gefährlich sein, doch mit der Puppe vis á vis erfährt der sich selbstporträtierende Autor eine besonders nachhaltige Verunsicherung: „Natürlichkeit" und Künstlichkeit der beiden Protagonisten im Bild färben gegenseitig aufeinander ab. Puppenleben und Schöpfertod halten sich gegenseitig die Waage. Künstler und Modell können nicht unabhängig voneinander existieren, daher sind beide von der Konstruktion und Dekonstruktion gleichermaßen betroffen. Bellmers geisterhafte Erscheinung verbürgt seine unsichere Position. Sein Körper wird vom Bildrand, der zugleich auch Türrahmen ist, angeschnitten, so als könnte er jeden Moment aus dem Bild entschwinden. Die Scharniere der Tür markieren zugleich die Bildgrenze als

---

[40] Vgl. Katharina Sykora 1999, S. 18-19.
[41] Roland Barthes 1985, S.88 ff.
[42] Jean Paul: Eine bloße Frau aus Holz, (Erzählung, 1789).
[43] Vgl. Monika Schmitz-Emans 1995, hier S. 6.

flexibles Gelenk zwischen Bild- und Betrachter/innenraum. Nicht nur Bellmer als Puppenkonstrukteur, sondern die Betrachter/innen selbst werden beim Anblick von Künstler und Modell in ihrer Subjektposition irritiert: Während die Puppe zur Seite schaut, den Blick von ihrem Schöpfer wendet und ihre „Selbständigkeit" demonstriert, blicken Bellmers schwache Augen direkt in die Kamera und amalgieren mit dem Betrachter/innenblick. Puppe und Autor erscheinen in einem Status in between, damit können auch die Rezipient/innen keine Eindeutigkeit erlangen; ihr Verlebendigungsgestus zweiter Instanz[44] muss ebenso unentschieden bleiben.[45]

Während Bellmer sich nur in wenigen Fällen zusammen mit der Puppe präsentiert und allein den weiblichen Körper der Kunstfigur inszeniert, wird für Pierre Molinier die Puppe in obsessiver Manier zum unverzichtbaren Bestandteil seiner fotografischen Metamorphosen (Abb. 3).[46] Auch stehen sich Künstler und künstliches Modell nicht länger gegenüber, vielmehr wird Molinier selbst zur changierenden Gestalt der Künstler-Puppe. Ein langwieriger Prozess geht dieser Verwandlung voraus: In einem ersten Schritt wird der alternde Künstlerkörper durch Schminke und Maskerade zur puppenähnlichen, jugendlich androgynen Figur. Im Anschluss daran fotografiert Molinier seine neue Gestalt und Puppenfragmente, um sie in der Fotomontage zu vereinen. Im Medium der Kunst paart sich der Schöpfer mit seinem künstlichen Modell und „gebiert" ein komposites Geschöpf, welches eine nochmalige fotografische Fixierung erfährt. Ziel der Verwandlung Moliniers ist nicht die perfekte Nachahmung des weiblichen Phänotyps. Dagegen vollzieht der Künstler eine unendliche Travestie der Travestie, indem er sein „natürliches" Geschlecht retuschiert und mit Puppenkopf und künstlichen Brüsten als Zeichen des Weiblichen wie auch mit Penisplastiken als Zeichen des Männlichen überblendet. Aus Überlagerung und stetigem Wechsel der Geschlechter entsteht eine Gestalt, mit der polare Zuschreibungen wie männlich/weiblich, künstlich/natürlich, Subjekt/Objekt, Künstler/Modell kollabieren.

---

[44] Katharina Sykora führt aus, dass der einst lebendige Blick durch die Kamera seine Reaktivierung durch den lebendigen Blick der Betrachter/innen erfährt. Es kommt zu einer Verdichtung des Verlebendigungsgestus der beiden Schöpferfiguren über den Zeitschnitt hinweg. Vgl. Katharina Sykora II, S. 73.

[45] Vgl. dazu auch Birgit Käufer 2004.

[46] Molinier fertigt diese fotografischen Arbeiten in den 50er bis in die 70er Jahre. Vgl. dazu mein derzeitiges Disserationsprojekt, siehe Anmerkung 39. Vgl. auch Birgit Käufer 1999.

Abb. 3: Pierre Molinier: La Poupée, Schwarzweißfotografie 1965.

Während die Schnittstellen am Körper der Bellmerschen Puppe deutlich zu erkennen sind, kaschiert Molinier die Verbindungsstellen der heterogenen Körperglieder durch Retuschen und andere Kunstgriffe. Die abschließende Schicht ist auch hier die fotografische Haut, die die unbegrenzt wandelbare Chimäre des Künstlers als Puppe hervorbringt. Wir sehen uns mit scheinbar homogenen Körperbildern konfrontiert, die sich über das Medium Fotografie als tatsächlich Dagewesene ausweisen. Da der vermeintlich unversehrte und nicht der komposite

Körper zu sehen ist[47], wird der Beglaubigungsgestus besonders nachdrücklich. Im Gegenzug entfaltet sich der Zweifel an dem Dargestellten in gleicher Stärke. Angesichts einer Inszenierung, die unserer Seherfahrung widerspricht, stellen wir fotografische Wahrnehmungscodes, ebenso wie die normativen Vorstellungen in Bezug auf Körper und Geschlecht in Frage. Der Begriff der Suture (die Naht)[48] bezeichnet das Vermögen, Heterogenes zusammenzufügen, Brüche zu schließen sowie zu kaschieren und damit gleichzeitig auf die Bruchstellen und die Konstruktion aufmerksam zu machen. Moliniers Körperbilder, die keine Nähte aufweisen, etablieren gerade dadurch ihre Struktur als Suture und stellen die Fabrikationsprozesse von Identität zur Schau.[49]

Dieses Prinzip verschliffener Körpergrenzen nimmt bereits die Möglichkeiten digital bearbeiteter Fotografien zeitgenössischer Künstler und Künstlerinnen vorweg. Auch die digitale Fotografie beruht auf ihrer indexikalischen Verbindung zum „Vorfotografischen". Darüber hinaus bietet die digitale Bildbearbeitung die Möglichkeit, die Darstellung in ihre Pixel zu zerlegen und neu zu

---

[47] Wie Sykora betont, löst sich Molinier damit vom „>aufklärerischen< Anspruch der Moderne, die demonstrativ den kompositen Körper zu ihrer Ikone machte, um gegen die normative Ästhetik des ganzen und schönen Körpers zu protestieren. Moliniers retuschierte Montagen negieren beides: den Idealkörper antiker Provenienz und den kompositen Körper der klassischen Avantgarden." Katharina Sykora 2000, hier S. 121.

[48] Vgl. unter anderem zum Begriff der Suture: Kaja Silverman 1994.

[49] Die Übergänge und Schnittstellen zwischen den einzelnen Körperteilen überzeichnet Molinier häufig mit graphischen Strukturen. Auf der hier gewählten Abbildung sind die Scham und die Brüste in der Form markiert. Auch diese Überzeichnungen funktionieren im Sinne der Suture. Während bei den Körperbildern Pierre Moliniers das Prinzip der Suture indirekt wirkt, so wird mit den Arbeiten von Annegret Soltau, die sie seit der Mitte der siebziger Jahre gestaltet, die Naht offensiv zur Schau gestellt. Den fotografischen Aktaufnahmen - vor allem ihrer weiblichen Familienmitglieder - werden Schnitte zugefügt und einzelne Bildfragmente neu montiert. So entstehen unter anderem Frauengestalten mit mehren Brustpaaren, alte Frauenkörper mit straffen Brüsten und vice versa. Die Schnitte im fotografischen Körperabzug werden nicht kaschiert, sondern bieten sich als Risse dar, die zugleich mit Schnüren vernäht werden. Die Untrennbarkeit, bzw. das Zusammengenähtsein des weiblichen Körpers mit seinem Status als Bild wird hier offensichtlich. Viele dieser Arbeiten zeichnen sich darüber hinaus durch eine besondere Irritation aus: Im Gegensatz zu den mit Schnitten und Vernähungen versehenen Fotokörpern, erscheinen die rechteckige Form des fotografischen Kaders sowie der dargestellte Raum in dem sich die Körper präsentieren unversehrt und versprechen einen transparenten Blick auf Wirklichkeit. Unsere Wahrnehmung springt zwischen beiden Eindrücken hin und her, dabei erhält unsere Erwartungshaltung selbst einen Riß, mit dem sich in der Folge die Vorstellung vermeintlich natürlicher und homogener Geschlechtlichkeit als Effekt, als Flickwerk unserer Projektionen erweist. Den Hinweis auf die Arbeiten von Annegret Soltau verdanke ich Uwe Gerber.

formieren. Ein schier endloses Potential der Bildmanipulation bietet sich an. Schnittstellen, die zu kaschieren wären, gibt es in diesem Verfahren nicht mehr. Bilder können vollkommen neu zusammengesetzt sein, ohne dass wir die Beeinflussung bemerken. Doch damit wohnt auch diesen Bildern zugleich das Potential inne, dieser Widerspruchsfreiheit entgegen zu wirken und einen Zweifel zu evozieren, der traditionelle Normen verschieben kann. So präsentiert Inez van Lamsweerde Körperbilder, die zugleich vertraut und verstörend wirken: Aus Schaufensterpuppenkopf und „echtem" Modellkörper entsteht eine digitale Chimäre, deren Hautpartien zwischen geschlossenen Oberflächen an Scham und Brust sowie hyperrealistischen, feucht glänzenden Passagen an Händen und Füßen changieren (Abb. 4).

Abb. 4: Inez van Lamsweerde: Britt aus der Serie *Thank you Thighmaster*, digitale Fotografie, 1993.

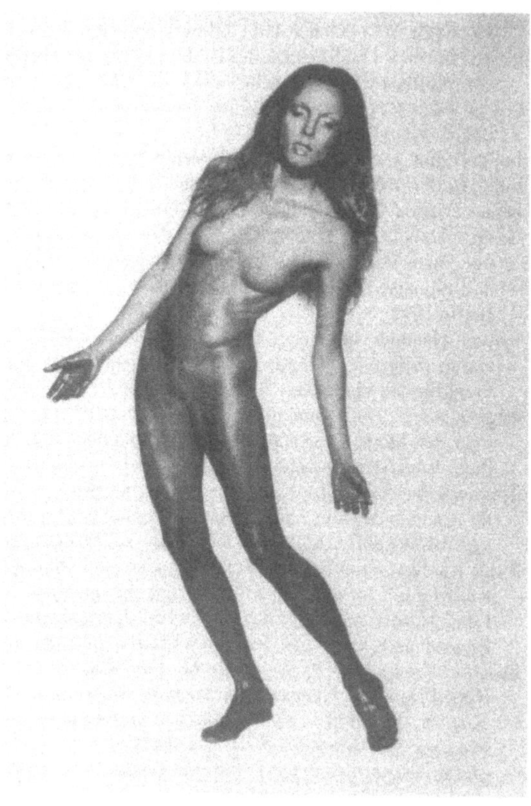

Die Irritation dieser Aufnahme beruht nach wie vor auf dem „Wirklichkeitsversprechen", das wir mit fotografischen Bilder verbinden. Der Vergleich zwischen „Vorher" und Nachher findet weiterhin zwischen vermeintlich „Vorfotografischem" und seinem Abbild statt. Über die Unversehrtheit des Dargestellten wird auch hier der Bruch mit der medialen und der diskursiven Norm deutlich. Nur über unser Wissen um digitale Manipulationsmöglichkeiten ergibt sich auch eine neue Differenz zwischen digital und analog, das uns fotografische wie „vorfotografische" Szenerien kritischer betrachten lässt. Der ausschlaggebende Zweifel jedoch, der Grenzen in Bewegung versetzen kann, kommt auch damit nicht aus der Zukunft, sondern ist strukturell ein alter Bekannter.

Literatur

Marie Luise Angerer, Kathrin Peters, Zoé Sofoulis (Hg.): Future - Bodies. Zur Visualisierung von Körpern in Science and Fiction, Wien, New York 2003.

Roland Barthes: Die Rhetorik des Bildes (1964). In: Theorie der Fotografie 1945-1983. Hrsg. von Wolfang Kemp, München 1983. Bd. III, S. 145 – 149.

Roland Barthes: Die helle Kammer. Bemerkungen zur Photographie. Übersetzt von Dietrich Leube. Frankfurt am Main, 1985.

Judith Butler: Das Unbehagen der Geschlechter. Frankfurt am Main, 1991.

Judith Butler: Körper von Gewicht, Frankfurt am Main, 1997.

Jaques Derrida: Grammatologie, Frankfurt am Main, 7. Aufl. 1998 (erste Aufl. 1983).

Philippe Dubois: Der Fotografische Akt. Versuch über ein theoretisches Dispositiv. Hrsg. und mit einem Vorwort von Herta Wolf. Amsterdam, Dresden 1998.

Silvia Eiblmayr: Die Frau als Bild. Der weibliche Körper in der Kunst des 20. Jahrhunderts. Berlin 1993.

Carmen Hammer, Immanuel Stieß: „Einleitung". In: Donna Haraway: Die Neuerfindung der Natur: Primaten, Cyborgs und Frauen. Hrsg. von Carmen Hammer und Immanuel Stieß. Frankfurt am Main, New York 1995, S. 9-31.

Birgit Käufer: „Die fotomontierte Künstler-Puppe". In: Puppen Körper Automaten. Phantasmen der Moderne. Katalog zur gleichnamigen Ausstellung der Kunstsammlung Nordrhein-Westfalen Düsseldorf, 24. Juli bis 01.November 1999, S. 462 - 463.

Birgit Käufer, Alexandra Karentzos, Katharina Sykora „Körperproduktionen. Zur Artifizialität der Geschlechter." In: Körperproduktionen. Zur Artifizialität der Geschlechter. Hrsg. von Birgit Käufer, Alexandra Karentzos. Katharina Sykora, Marburg 2002, S. 7 - 20.

Birgit Käufer: „True Bodies: Von der Suche nach dem wahren Körper und dem Finden der Kunstfigur." In: Querelles: Menschenkonstruktionen. Künstliche Menschen in Literatur, Film, Theater und Kunst des 19. Und 20. Jahrhunderts. Hrsg. von Gisela Febel und Cerstin Bauer-Funke, Göttingen, wird im I. Quartal 2004 erscheinen.

Rosalind Krauss: Das Photographische. Eine Theorie der Abstände. Mit einem Vorwort von Hubert Damisch. Übersetzt von Henning Schmidgen. München 1998.

Irit Rogoff: „Er selbst – Konfigurationen von Männlichkeit und Autorität in der Deutschen Moderne." In: Blick-Wechsel. Konstruktion von Männlichkeit und Weiblichkeit in Kunst und Kunstgeschichte. Hrsg. von Ines Lindner u.a., Berlin 1989, S. 21 – 40.

Sigrid Schade, Silke Wenk: „Inszenierungen des Sehens: Kunst, Geschichte und Geschlechterdifferenz." In: Genus. Zur Geschlechterdifferenz in den Kulturwissenschaften. Hrsg. von Hadumod Bußmann und Renate Hof, Stuttgart 1995, S. 340 - 407.

Kaja Silverman: „Das Subjekt des Semiotischen". In: Suture - Phantasmen der Vollkommenheit, Katalog zur gleichnamigen Ausstellung des Salzburger Kunstvereins, 20.04. - 29.05.1994, S. 40 – 47.

Monika Schmitz-Emans: Eine schöne Kunstfigur? Androiden, Puppen und Maschinen als Allegorien des literarischen Werkes. In: Arkadia. Zeitschrift für vergleichende Literaturwissenschaft. Hrsg. von Maria Moog-Grünewald, Jürgen Wertheimer, 1995, Bd. 30, S. 1 - 30.

Irmela Schneider: „Anthropologische Kränkungen – Zum Zusammenhang von Medialität und Körperlichkeit in den Mediendiskursen." In: Was vom Körper übrig bleibt. Körperlichkeit – Identität – Medien. Hrsg. von Barbara Becker und Irmela Schneider. Frankfurt am Main 2000.

Katharina Sykora: „Das Kleid des Geschlechts. Transvestismen im künstlerischen Selbstporträt". In: Das textile Medium als Phänomen der Grenze - Begrenzung - Entgrenzung, hrsg. von Heide Nixdorff (Hg.), Berlin 1999, S. 123 - 152. (Sykora I)

Katharina Sykora: Unheimliche Paarungen. Androidenfaszination und Geschlecht in der Fotografie, Köln 1999. (Sykora II)

Katharina Sykora: „Der Index ist die Nabelschnur. Über Foto-Doubles und digitale Chimären." In: Künstliche Menschen. Manische Maschinen. Kontrollierte Körper. Hrsg. von Rolf Aurich, Wolfgang Jacobsen und Gabriele Jatho. Berlin 2000, S.117-123.

Klaus Völker (Hg.): Künstliche Menschen. Dichtungen und Dokumente über Golems, Homunculi, lebende Statuen und Androiden, München 1971.

Abbildungsverzeichnis

Abb. 1: Hans Bellmer, Selbstporträt, Schwarzweißfotografie, 1944. (Hier entnommen aus: Sue Taylor: The Anatomy of Anxitiety, MIT Press, Cambridge, Massachusetts, London, England 2000, S. 7.)

Abb. 2: Hans Bellmer, Die Puppe, Schwarzweißfotografie. Wurde erstmals in Bellmers Publikation *Die Puppe*, Carlsruhe (Oberschlesien) 1934 veröffentlicht. (Hier entnommen aus dem Ausstellungskatalog Puppen Körper Automaten. Phantasmen der Moderne, Kunstsammlung NRW, Düsseldorf 1999, S. 35.)

Abb. 3: Pierre Molinier: La Poupée, Schwarzweißfotografie 1965. (Hier entnommen aus dem Ausstellungskatalog Puppen Körper Automaten. Phantasmen der Moderne, Kunstsammlung NRW, Düsseldorf 1999, S. 464).

Abb. 4: Inez van Lamsweerde: Britt aus der Serie *Thank you Thighmaster,* digitale Fotografie, 1993. (Hier entnommen aus dem Ausstellungskatalog Puppen Körper Automaten. Phantasmen der Moderne, Kunstsammlung NRW, Düsseldorf 1999, S. 49).

Dietrich Zilleßen

Medienprobleme.
Reflexionen und Spielereien

1. Die Schönheit der Geschöpfe. Welche Macht den Medien.

Leni Riefenstahl entgegnete in einem Interview Anfang der neunziger Jahre auf Vorwürfe zu ihrem Film über die Olympischen Spiele in Berlin 1936: „Viele haben gesagt, ich hätte sie so schön gemacht, die Leute. Aber ich hab sie doch nicht geschaffen; der liebe Gott hat sie geschaffen."

Durch diese Antwort wird sich keiner täuschen lassen. Von Mode bis Schöner Wohnen, von Schönheitschirurgie bis zum genetischen Design sind Menschen dabei, sich zu verschönern. Medien machen die Welt schöner. Oder hässlicher. Jedenfalls verändern sie sie, indem sie ihre eigene Sicht kreieren. Nicht als ob die Welt schon bestünde, bevor sie gesehen werden könnte. Die Augen, die sie sehen, sehen ihre eigene Welt. Die Sinne, die sie spüren, spüren ihre Welt. Sie erobern sie. Nichts ist unmittelbar.

In Medien werden Erfahrungen geformt und Erfahrungen überschritten, verfestigt und verflüssigt.

Leni Riefenstahls Film macht aus der Olympiade 1936 eine Welt von Hochglanz, in der sich auserwählte Körper bewegen, die sie, die Regisseurin, als erwählte Männer und Frauen inszeniert hat. Sie stellt auch den Ausrichter der Olympiade, dessen Reich und Idee in den Glanz. Sportliche, dynamische Körper präsentieren, woran sich alle erfreuen, Schönheit, *Schönheiten*. Sich mit den *Guten* identifizieren vermittelt Gefühle, dabei zu sein. Diese Filmsprache ist die Sprache des Erhabenen, eine materiale Liturgie, eine Performance des Göttlichen. Keiner kann dieser Erhabenheit nahe kommen, weshalb sie alle anzieht. Der Film des olympischen Sports ist eine Körperliturgie.

Riefenstahl ist nicht deshalb wichtig, weil sie in ihrem Interview ein banales Täuschungsmanöver inszeniert. Das war in ihrem Film nicht anders. Aber ihre Antwort ist „medientheoretisch" von Interesse. Sie zeigt die Struktur von Medialität. Was Medien vermitteln, soll unvermittelt da sein und den grundsätzlichen Bruch heilen, die Wunde des Menschlichen. *Unvermittelt* im Doppelsinn des Wortes: Medien sollen Unmittelbarkeit gewähren, also sich selbst aufheben, damit sich ein Anderes plötzlich, augenblickhaft *ereignen* kann. Die Sehnsucht ist deutlich: Käme doch ein Ungeschaffenes, ein Unvergängliches auf den Einzelnen zu und erwählte ihn. In dieser Unmittelbarkeitstheologie liegt die eigentliche Versuchung der Medien, wie nicht nur Riefenstahls Film belegt. Die Inszenierungen der Medienwelten sind mythische Spiele, die, von Blicken dirigiert, allerseits Bedürfnisse nach Unmittelbarkeit erfüllen sollen. Erwählung heißt, angeblickt werden, von allen Augen, öffentlich. Alle sollen es (das Gesehenwerden) sehen, es beobachten. Im Blick sein heißt im Licht sein. Es geht auch in der säkularisierten Welt um den göttlichen Blick, den göttlichen Augenblick. Das Subjekt sieht sich selbst mit dem Blick des Anderen, des Vaters, des Gesetzes. Die Kontrolle ist reziprok, weil der Beobachtende zugleich der Beobachtete ist. Zweierbeziehung trägt eine Sehnsucht nach Unmittelbarkeit, Eindeutigkeit und Selbstverständlichkeit, aber auch eine tiefe Unsicherheit in sich, insofern jeder in dem, was er dabei auf den anderen projiziert, mit sich selbst befasst ist. Er kommt nicht von sich los und ahnt, dass der andere ein Anderer ist. Deshalb bedarf es eines Mediums, das die Rolle des Dritten übernimmt, eine Autorität, eine Instanz, die sich als Norm, Ordnung und Gesetz vermittelt. Sie fordert Gehör und verlangt Gehorsam.[1] Medien erweitern die Zweierbeziehung, in der der Einzelne sich projektiv im Anderen sieht, und vermitteln die Beziehung zum Dritten, indem sie die Norm (des Vaters) vermitteln. Darum haben alle Medien mit Verhüllen und Zeigen zu tun. Sie verhüllen, was sie angesichts der Norm, angesichts der konventionellen Ordnung nicht zeigen können. Das Theatralische ist stets eine Verhüllung im Anonymen. „Intention und Einmaligkeit" schlagen in „Konvention und Iterierbarkeit" um.[2] Die Medienwelt inszeniert sich in Formen (Performances), in denen das Individuelle, seine Performativität, verschwindet. „Situiert ist das Subjekt zwischen dem Privaten, wo es vor Einsamkeit verrückt wird, und dem Öffentlichen, wo es in Entfremdung ertrinkt" (aaO, 275). Medien verheißen Exklusivität, aber geben Uniformität. „Der 'Performer' ist nie, was er 'darzustellen' scheint".[3] So ist denn auch der „Faszinationseffekt" (aaO, 200) bestimmter Medieninszenierungen nicht durch das zu erklären, was wahrgenommen wird. Die Strategie der Formen redet der Bot-

---

[1] Jacques Derrida, Gesetzeskraft. Der 'mystische Grund der Autorität', Frankfurt a.M. 1991, es 1645; ders., Politik der Freundschaft, Frankfurt a.M. 2002, stw 1608.

[2] Mieke Bal, Kulturnalysen, Frankfurt a.M. 2002, 263-294, hier: 267, mit Bezug auf J. Derrida.

[3] K. Ludwig Pfeiffer, Das Mediale und das Imaginäre. Dimensionen kulturanthropologischer Medientheorie, Frankfurt a. M. 1999, 206.

schaft sozusagen dazwischen, fällt ihr ins Wort. Alles wird den Medien geglaubt, weil sie *Schönheit*, *Gemeinschaft* und *Exklusivität* vermitteln und noch im Hässlichen vom abwesenden Schönen reden. Nichts wird ihnen geglaubt, weil sie nicht unmittelbar sind und immer nur vom Abwesenden reden. Etwas vorsichtiger formuliert: Medien wird alles geglaubt und doch nicht ganz vertraut. Performance und Performativität fallen unausweichlich auseinander, denn das „Darstellungsdilemma" lässt sich durch keine „Mystik der Teilhabe" beseitigen (Pfeiffer, aaO, 195). Die Leere der Repräsentation steht allen „'Gemeinschaftsfiktionen'" (aaO) entgegen. Es kommt darauf an, sich nicht auf eine der beiden Seiten zu schlagen, des Privaten (in dem starke Gefühle einen persönlichen Ausdruck finden) oder des Öffentlichen (in dem ein distanziertes, sogar stereotyp-formelhaftes Rollenspiel als Unterhaltung empfunden wird). Stattdessen bedarf es einer „Poesie, die zwischen dem Privaten und dem Öffentlichen hin und her schwankt und beide umfaßt" (Bal, aaO, 284).

Das Dargestellte hat keine Präsenz. Nichts nährt so intensiv, so hysterisch, so pathetisch die Sehnsucht nach Präsenz wie die Medien. Aber was wir wahrnehmen, ist zugleich entzogen. Stärke, Souveränität, Eleganz, Erhabenheit, Macht, Achtung, Lust, Attraktivität, Spritzigkeit, Exklusivität, Gemeinschaft, Schönheit und so weiter. Diese Verheißungen entsprechen unseren Konventionen und Normen, unseren Bedürfnissen. Sie sind Projektionen. Was die Norm vermittelt, enthält ein unumgängliches Moment von Entfremdung. Aber das Pathos erregter, euphorischer Gefühle macht das Medium zum Fetisch. So wird es eine unheimliche Gabe, die gibt und zugleich entzieht und wie eine Doppelbindung wirkt, von der man schwer loskommt. Identifikation wird angeboten und beinhaltet doch eine gefährliche Leere, eine Unerreichbarkeit, eine faszinierende.

Jede ästhetische Selektion ist eine politische und moralische Entscheidung. Sie vermittelt das eine Bild, indem sie das andere ausblendet. Aber je stärker und umfassender es ausgeblendet wird, um so mehr wird es als abwesendes gezeigt. Medien vermitteln auch ihre eigenen Kontexte. In diesem Sinne verweist das Pathos des Olympia-Films auf eine Ideologie, dessen inhumane Ästhetik nicht besser zu zeigen ist. Medien sind symbolische Modi, wobei *Modus* noch der bessere Begriff als *Medium* sein könnte (Bal, aaO, 278). Sie vermitteln Erfahrungen; sie verändern sie, sie übersteigern sie und machen sie herausragend, emphatisch, pathetisch. Sie unterdrücken Erfahrungen, verallgemeinern sie, reduzieren sie, ordnen sie, verbinden sie mit anderen, machen sie kommunikabel, austauschbar. Sie verdichten sie, übertragen sie, verschieben sie. Riefenstahls Naivität ist zu groß, um ihr abzunehmen, sie wüsste nichts von Medialität, wenn sie mit dem öffentlichen Medium Film umgeht. Natürlich hat sie die Menschen schön gemacht, nicht der liebe Gott. Warum sollte der sich an ihre Maßstäbe gehalten haben?

Das Problem von Macht und Autorität ist für Medialität konstitutiv. Das gilt für alle Medien, für alle Vermittlungsmodi und symbolischen Formen, seien es technologische, sprachliche, künstlerische oder welche auch immer. Differenzierungen sind erst von Fall zu Fall nötig.

Auseinandersetzung mit Medien ist konkrete, kritische Scheidung der Geister, nicht prinzipielle Medienschelte. Unmittelbarkeit würde das Leben beenden. Die Sehnsucht nach Präsenz ist eine Art Todessehnsucht, durchaus verständlich, aber fatal. Braucht es eine Ethik, um die Geister zu scheiden?

2. Meta(ll)morphose. Oder wer fotografiert den Fotografen.

Ein Foto wird aussortiert, wenn es versehentlich einen (zweiten) Fotografen mit im Bild hat. Offenbar ist es in gewisser Weise verunreinigt. Es ist nicht mehr das reine Bild, mehr noch, nicht mehr die reine Abbildung. Das, was das Foto festhält, zeigt zugleich das Festhalten. Damit wird die irreversible Zeit als Struktur des Bildes sichtbar, mit seiner Zeitlichkeit schließlich Vergänglichkeit, Zufälligkeit. Der Fotograf, der mit im Bild ist, zeigt auch den Fotografen des Bildes, der nicht im Bild ist. So verweist das Foto nicht nur auf ein Abgebildetes, sondern auch auf das Abbilden, auf Perspektivität, Relativität und Kontingenz. „Medien provozieren den Wunsch beobachtet zu werden ebenso wie die Furcht vor dem Beobachtetwerden. ... Medien erlauben Latenzbeobachtungen und Beobachtungen zweiter Ordnung. Durch gegenseitige Beobachtungen führen sie - gewollt oder ungewollt - dazu, dass Kontingenzerfahrung, dieses Markenzeichen jeder modernen Gesellschaft, zu einem unvermeidlichen und scheinbar normalen Resultat der medienvermittelten Kommunikation im Prozess der Modernisierung wird“.[4]

---

[4] J. S. Schmidt, Modernisierung, Kontingenz, Medien. Hybride Beobachtungen, in: G. Vattimao, W. Welsch, Hg., Medien-Welten-Wirklichkeiten, München 1998, 173-.186, hier: 182.

Kontingenzerfahrungen können in der Pluralität der Positionen, Lebensstile und Kulturen eine Grundlage für „Toleranz, Mobilität und Kreativität" sein (aaO, 184). Die Postmoderne wird von Schmidt als „progressiver Kontingenzierungprozeß" definiert (aaO, 183). Offenbar zielen aber Sehnsüchte und Bedürfnisse auf Kontinuität, Eindeutigkeit und Präsenz. Die Frage Schmidts kritisiert nicht nur den Kulturalismus: Wie reagieren Arbeitslose „auf die bedrohlichen Einschränkungen von Selbstorganisation auf Dauerforderung nach Reflexivität und auf permanenten Entscheidungsdruck?" (aaO, 185). Nun ist es gewiss nicht einleuchtend, die Medien nur unter der Perspektive der Dauerreflexion und des Entscheidungsdrucks wahrzunehmen. Eher ist doch das ästhetische Potential der Medien geeignet, solche Entscheidungszwänge zeitweise auszusetzen. Aber sind Medien in der Lage, „den Menschen die Angst vor Kontingenz und Relativität zu nehmen und die befreienden und humanisierenden Konsequenzen einer Beobachtung zweiter Ordnung plausibel zu machen - nämlich u.a. Möglichkeitssinn, Toleranz und Kreativität" (Pfeiffer, aaO)? Leistet das die Beobachtung zweiter Ordnung?

Medien haben „in tiefgreifender Weise unsere Perzeptionsmodi verwandelt" (aaO, 173).

Der Mensch beherrscht sie nicht. Sie formen sein Handeln und sein Denken. Mensch und Medien sind verkoppelt. Vielleicht ist die Schnitt*stelle* eine ganze *Zone*. Darüber läuft der Kontakt, die Verbindung, die Trennung. Ist die technologische Metapher der Hardware-Welt nur eine Metapher?

Irritiert verstrickt sich das Subjekt unrettbar in die Kette des Beobachtens des Beobachtens des Beobachtens. Es kann nicht mehr körperhaft eine isolierbare Position besetzen, sondern operiert als Teil eines Beziehungsfeldes, in denen Mechanismen ablaufen. Medien sind auch hier *Modi* von Koppelungen, in denen das Bewusstsein des „Subjekts" eine jeweils spezielle Form des Ablaufs ist. Insofern ist das Subjekt selbst eine Weise des Fließens, eine „nomadische Körper-Maschine", innerhalb der Denken und Intentionalität evolutionär auftauchen und sich nomadisch realisieren.[5] „Netzwerke von Wechselverbindungen" sind „entlang von Fluglinien oder Werdenslinien arrangiert .. Diese folgen keiner linearen Bahn, sind nicht teleologisch vorgeschrieben, sondern verlaufen vielmehr im Zickzack über vielfältige, unerwartete und oft widersprüchliche Variablen"

---

[5] Rosi Braidotti, Über nomadische Subjektivität und das Word Wide Web, in: Jörg Huber, Hg., Interventionen 12: Person/Schauplatz, Zürich 2003,37-52, hier: 41.

(aaO, 42). Es gibt keine reale, isolierbare Beobachterposition, sondern nur noch Mitspieler, deren Körper in gewisser Weise „territorial zu verstehen ist, erweitert in die Umwelt und durchzogen von Sozialbeziehungen, wobei diese Verbindungen und Durchquerungen technisch vermittelt sind“ (Huber, Vorwort, aaO, 13). Braidotti geht es weder um Technikeuphorie noch um Aversion gegen technologische Mechanismen (Determinismus), sondern darum, wie sich der Prozess des Subjektwerdens innerhalb der „bio-techno-kulturellen Netzwerke“ (Huber, aaO) vollzieht. Sie sieht nüchtern, dass „zeitgenössische Technologien die Grenzen zwischen Menschen und anderen verwischen“ und „dass mit der Ankunft elektronischer Technologie die Intimität zwischen Körpern und Maschinen höhere Komplexitätsgrade erreicht“ (Braidotti, aaO, 42). Imaginationen, Bewusstsein, Intentionen entwickeln sich aus den nomadisierenden Verläufen. Die Frage ist nicht, wer wir sind, sondern „'Wer wollen wir werden?'“ (aaO, 46), „in unserer postindustriellen und posthumanen Zeit“ (aaO, 51). Aber der „radikale körperliche Materialismus nomadischen Denkens warnt entschieden vor Phantasien einer Flucht aus dem Körper. Prothetische Verbesserung ist eine Sache, Allmachtsphantasien sind etwas ganz anderes“ (aaO, 50). Gleichwohl bleibt Subjektwerden ein Weg, mag er auch im zirkulären Geflecht verlaufen, wo „unsere Gewohnheiten und Erwartungen“ durch „Veränderungs- und Mutationsprozesse“ überwältigt werden, über die wir zugleich kritisch nachdenken, „Geschlecht und Ethnizität“ achtend (aaO, 51). Der „Prozess gleichzeitiger Reizung und Enttäuschung über unsere eigene Meta(ll)morphose“ (aaO) ist kein apokalytischer Selbstläufer, sondern auf politische und ethische Interventionen angewiesen. „Unsere Politik beginnt mit dem Begehren, positive Transformationen in dem Umfeld, das wir bewohnen, zu bewirken“, was Braidotti auch als Kritik des „liberalen Individualismus“ versteht (aaO). Das geht nicht ohne „die Rolle der Leidenschaften, der Empathie und des Begehrens“ (aaO). Innerhalb ihrer „Transformationen als positiver Ausdruck einer nomadischen, nicht-einheitlichen Subjektivität“ sind wir „für die eigene raum-zeitliche Verortung verantwortlich. Dies ist der erste Schritt in Richtung einer Ethik der Verantwortlichkeit“ (aaO, 52).

Was sich vermittelt, hat unter diesen Voraussetzungen immer eine Dimension des *Ankommens*, des *Zukommens* im Rahmen eines Netzes, in das Menschen mit ihren Interventionen und Leidenschaften eingekoppelt sind. Der Aspekt des *Vorübergehens* (Passieren) im nomadischen Lebenszusammenhang (vgl. Ex 33, 18-23) verweist dabei auch auf eine Ereignisstruktur. Im Werden passiert etwas. Etwas Entscheidendes? ist die Frage. Jedenfalls sind in diesem biblischen Bezug Ansätze einer theologisch reflektieren „Mediendidaktik“ zu erkennen.

Medien sind Modi von Verkoppelungen, - Anschlüsse, Abschlüsse, Entschlüsse, Verschlüsse, Einschlüsse. Nichts weiter. Niklas Luhmann hatte Medien als „lose Koppelungen von Elementen“ verstanden und sie von Formen unterschieden, die sich im Medium bilden (vgl. Pfeiffer, aaO, 54). Dabei darf es jedoch nicht darum gehen, „den gordischen Knoten von Mensch/Medienkopplungen“ (aaO, 55) zu durchschlagen, sondern um die schlichte Frage, wie Erfahrungen konstituiert werden.

3. Modewelten. Spiele mit dem Fremdkörper.

VOGUE, die Glamourzeitschrift für den Lifestyle, bringt es auf den Punkt:
„Feminin? Maskulin? Angezogen? Ungezogen?
Die Mode lässt die alten Kategorien hinter sich und kennt nur noch - Einzigartigkeit. Unbedingt unique!“.[6]

„Ausgezogen“ fehlt in der Aufzählung. Aber das ist der Punkt: Selbst „ausgezogen“ ist „angezogen“; die Nacktheit ist ein Kleid. Nur der verkleidete Körper kann alles offenbaren. Military-Looks und Outfits zeigen Gewaltphantasien, Grenzüberschreitungen, Lust auf das Andere. Das ist en vogue. „’Unique’ lautet der Code“ (aaO).

Wir sehen Strenge und Aufgeschlossenheit verkörpert, Nähe und Unheimlichkeit, Zuwendung und Entzug, Eros und Gewalt, Sexualität und Tod, Lust und Schmerz. In der Unberührbarkeit noch das Verlangen nach Berührung, in der Verteidigung Unterwerfung.

Frivole Körper, subversiver Karneval der Gauklerinnen. Das Suspekte und Obskure wird als Puppenspiel der Mode inszeniert. Das Spiel löst die Mythen der Macht auf, die Allmachtsphantasien und ihre Symbole. Aber die Körper der Mode sind keine realen Körper. Sie sind öffentliche Bilder. *Unique* ist ihre Uniform. Sie kennen keinen Schmerz, weil sie Ikonen sind, virtuelle Gaben. Sie wissen, dass erst der Schmerz Lust möglich macht. Die Lust am Anderen, die an den Models lustvoll inszeniert ist, hat mit Symbolen von Schmerz zu tun, von Tod. Aber der Schmerz geht nicht unter die Haut, weil der Blick auf die Körper-

---

[6] VOGUE 6/2000, 299/300.

hüllen fixiert ist. Die tiefste Unheimlichkeit verbirgt sich darunter, unter der Haut, unsichtbares dunkel-drohendes blutiges Pulsieren, Verderben, Verwesung, Zersetzung. Mode spielt *virtuell* mit Gewaltphantasien, um vor dieser unheimlichen Gewalt zu schützen, die ausbricht, schmerzt und dann alle Schutzwälle der Erfahrung und des Bewusstseins niederreißt. „Unser Verhältnis zum Körper setzt den Ausschluss dessen, was sich unter der Oberfläche befindet, voraus".[7]
In den Kleidern steckt die Vertreibung aus dem Paradies des Ewigen. Sie sind Medien, die nicht vermitteln können, was ihr Sinn ist, Präsenz des Verlorenen. Die Dinge, die Kleider, ein Hemd, eine Hose geben „große Präsenz"[8], weil sich ganz präsent fühlt, wer sie trägt. In dieser Symbolik gestaltet sich das Subjekt, entwirft es seine Realität. Aber es kommt von dem Elend der Differenz nicht los. Insofern trägt die Mode ein Feindliches, ein Fremdes in sich, ein Unheimliches, weil sie die ersehnte Heimat nicht geben kann. „Der in Schein und Maskerade produzierte Überschuss kann das Sein, auf das er gerichtet ist, nicht ohne Verschiebung darstellen und diese Darstellung wäre deshalb immer Entstellung".[9] Die Struktur des Modischen ist der Wechsel, weil sich in ihm die Tödlichkeit des Todes aufhebt. Es gibt ein Neues, auf ein Neues. Im Anfang, in der Kreation, der Schöpfung ist der Keim des Endes, der Tod, der paradoxerweise den Tod verhindern soll. Mode ist „Cross-dressing" (aaO, 67). Sie ist prototypisch symbolisch, weil sie auf ein Anderes verweist, auf ein Nichts, gegen das sie sich ständig inszeniert. Darin liegt die einzige Gemeinsamkeit: Indem wir uns modisch kleiden, sind wir im Nichts, im Tod, in der Differenz, der Vertreibung (Gen 3) verbunden. Auch darin liegt Genuss, nämlich der einzig wahre. Letztlich ein Genuss des Genusses, eine Lust, die noch das Ende und Beenden genießt. Eine österliche Perspektive? Und das ist dann auch eine Mediendimension, die in aller Euphorie, in allem Pathos, in jedem Spaß und aller Hysterie ein Anderes ahnt, das nicht nur die Faszination des Mediums ausmacht, sondern auch seinen Schmerz. Lust im Schmerz ist das Lebensprinzip, nicht die Euphorie des Pathetischen, nicht die Erregung des Exklusiven, nicht die Präsenz des

---

[7] Slavoj Zizek, Metastasen des Genießens: David Lynch mit Lacan, in: Interventionen 3: „Kultur" und „Gemeinsinn", hg. v. Jörg Huber und Alois Martin Müller, Basel; Frankfurt a.M. 1994, 59-71, hier: 63.

[8] Jochen Bonz, Der Welt-Automat von Malcolm McLaren. Essays zu Pop, Skateboardfahren und Rainald Goetz, Wien 2002, 117.

[9] Barbara Vinken, Transvestie-Travestie: Mode und Geschlecht, in: Interventionen 7: Inszenierung und Geltungsdrang, hg. v. Jörg Huber und Martin Heller, Zürich 1998, 57-75, hier: 75.

erhabenen Göttlichen. Das ist ein anderes (schmerzhaft-beglückendes) Heils-Bild, in dem wir noch die Vertreibung genießen. Buntheit und Differenzierung machen alles relativ, aber auch schmerzhaft schön. Wir bedecken die Blöße und zeigen sie. Durch Bedecken wird die Wunde sichtbar.

Jedes Objekt, jeder Körper hat die Funktion des Schleiers (Bonz, aaO, 63 mit Lacan). Er verhüllt nicht, sondern er zeigt; denn es zeigt sich darin, „was ein Objekt zu etwas Wertvollem macht. Das Wertvolle des Objektes wohnt diesem nicht inne, sondern befindet sich jenseits von ihm. Das ist das, was man nie mitbekommt, wenn man das Objekt bekommt. Oder zumindest ist es das, was nicht bei einem bleibt“ (aaO). In dieser symbolischen Beziehung des Bildes zum Abwesenden zeigt sich die Macht des Abwesenden. Das Medium vermittelt „etwas Unbeabsichtigtes und Unkalkulierbares“ (Bonz, aaO, 112). Realpräsenz: „Real ist das, womit man fertigwerden muss“[10], zuletzt ein unverfügbares Nichts. Sollte sich in der Vertreibung, der Spaltung, der Differenz doch eine größere Gnade zeigen als in den Einheiten unserer Bedürfnisse? Die Ästhetik der Medien beinhaltet eine Gebrochenheit und Verschlossenheit, die jeder Instrumentalisierung entgegensteht.

So kann der weibliche Körper durchaus „als Ort fetischistischer Einschreibung lesbar“ sein und zugleich zeigen, dass „er mit dieser Einschreibung nicht identisch ist, sie nicht verkörpert, sondern fetischisierte Weiblichkeit als ihm fremdes Konstrukt mit sich herumträgt“ (Vinken, aaO, 72). Fremdkörper.

Was das Kleid vermeintlich repräsentiert, wird in ihm erst erzeugt, ein Anderes. Auch darin gründen Lust und Schmerz des Genießens: „Euphorisierende und melancholische Seite der Mode, schrecklich schöne Vanitas der Welt“ (Vinken, aaO, 75).

Was wird aufgeführt? Mit schielendem Blick gucken wir uns am fremden Körper ab, was uns fasziniert, und führen uns auf. Kleine ironische Distanzen zu den Bildern, die wir verlangen, bleiben uns immer noch, für Praktiken und Taktiken des Überlebens.[11] Die Überschreitung, die Überprägnanz, die Überbietung, die im Theater geschieht, ist das, was reizt und anzieht. Sie führt nicht zu beständigen und unkorrigierbaren Identitäten, sondern zum flexiblen, etwas carnevalesken Spiel damit.

---

[10] Charles Taylor, Quellen des Selbst, Frankfurt a.M. 1994, 117.
[11] Michel de Certeau, Kunst des Handelns, Berlin 1988, 77-97.

Probeidentifikationen, das Spiel mit dem Anderen, sind der Beginn neuer Erfahrungen: Ausprobieren, experimentieren, sich je länger je mehr an ein Anderes gewöhnen, Wohnungswechsel, Umbau -, nicht endgültiger Auszug ins Provisorische. Der Dauerexodus hätte alle Visionen verloren. *Das Spiel geht weiter.*[12]

Mediendidaktik geht spielerisch vor, indem sie Kinder und Jugendliche in ihren Medienwelten sucht und besucht. Medien eröffnen selbst Spielräume, weil sie ihnen eigen sind. Insofern werden die Medienhäuser lebendig. „Wohnst du noch oder lebst du schon?" Auf wie viele Weisen und Orte des Lebens lässt sich diese Differenz anwenden? Kinder und Jugendliche haben Phantasie, genug Lebensorte zu finden, zu erfinden, zu bauen. Kommerzielle sind ihnen nicht genug. Didaktik sieht jedenfalls darauf, dass ihnen die Fragen nicht ausgehen. Und im Haus der Mode sind sie allemal zu Hause. Warum sollten sie dort nicht die gleiche Frage hören: Wohnst du noch oder lebst du schon?

4. Wunderbare Medien. Übergangsszenen

„Er schaute, vor Verwunderung den Mund aufsperrend, auf die fallenden Gegenstände statt auf die, welche ihm noch verblieben waren, und hielt daher das Servierbrett schief, so dass weitere Stücke hinunterfielen".[13]

Sollte denn der tölpelhafte Umgang mit Medien der einzig wahre sein?

Die Alltagsszene aus Iwan Gontscharows Roman *Oblomow* (1859) verweist auf mehr, als sie zeigt. Medien bringen den Alltag durcheinander, wenn sie Ordnungen zu Fall bringen. Dann zeigen sie, was fällt, was der Fall ist (im Wittgensteinschen Sinn).

Der Roman ist eine Art ästhetisches Komplott gegen den ordentlichen Umgang mit Welt, mit den Dingen, mit dem Sein. Zurückgezogen in seinem Sankt Petersburger Zimmer leidet Oblomow, ein Besitzender, der nicht viel besitzt, ein kleiner Feudalherr, an der Welt, - nicht an seiner Welt, sondern an der Welt prinzipiell, an der Welthaftigkeit der Welt, am Sein. Der Diener Sachar,

---

[12] Nicht ohne Grund spielen spieltheoretische Ansätze in der Mediendiskussion eine wichtige Rolle: Iser, Schechner, Turner, Bal: vgl. Pfeiffer, aaO, 164-172; vgl. kritisch: Thomas Klie, Zeichen und Spiel. Semiotische und spieltheoretische Rekonstruktion der Pastoraltheologie, Gütersloh 2003, PThK 11.

[13] Iwan Gontscharow, Oblomow. Roman, [11]2002, 91.

der es sich wie ein kleiner Parasit im Hause des Herrn gutgehen lässt, verrichtet das Notwendigste.

Der Bedienstete bedient. Was für eine Szene: Servierbrett. Gontscharow eröffnet einen fast surrealen Blick. Sachar sieht die fallenden Gegenstände, die nicht sind, was sie sind, Tassen, Teller, Messer. Gebrauchsmedien sind nun mystische Dinge. Verrückt. Sie gehören einer verrückten Welt an, weil die Medien nicht vermitteln, was ihren vorbestimmten Zwecken dient. Sie stehen nicht mehr zur Verfügung. Die Anarchie der Dinge bedrängt den, der sich Medien, der sich Dinge verfügbar zu machen wünscht. Medien übertragen Ordnungen und Sicherheiten. Was sie verkoppeln, soll der Kontinuität dienen und brauchbare, nötige Verbindungen herstellen. Wie sollten sie Phantasmen, Unsicherheiten, anarchische Leidenschaften, Wunder vermitteln? Die Attraktivität der Medien, in denen sich Leidenschaften und Erregbarkeiten (wenigstens imaginativ) ausleben, leitet sich eher von dem Chaos ab, der verdrängten Kehrseite der Alltagsrituale.

Oblomows Problem ist nicht, wie er sich selbst finden, sondern wie er von sich selbst loskommen kann. Wie lässt sich den Ansprüchen des Lebens entgehen, eines Lebens, das einen immer wieder in sich selbst verwickelt? Was ist es, was an Oblomow fasziniert, mehr noch: erschüttert? Gleichgültigkeit, Melancholie, Schwermut? Vielleicht sind es Epiphanien des Unheimlichen, die sich paradoxerweise in Oblomows Zimmer ereignen, im geschlossenen. Die virtuellen Zimmer der Welt öffnen immer nur Blicke in Zimmer. Unendlichkeit ist ein Zimmer im Zimmer im Zimmer und so weiter. Russisches Figurenkabinett. Die mediale Welt, in die wir blicken, sind Zimmer, die immer wieder dasselbe Zimmer sind. Es bringt alles an dieselbe Oberfläche, eine elektronisch vernetzte Datensammlung.

Das Leben fällt uns wie die Dinge auf Sachars Servierbrett aus den Händen. Im Zimmer der Melancholie ist nicht die Spur von Überheblichkeit. Sachars Blick schaut ins Nichts. Die Banalität verwundert wahrnehmend, abwesend fasziniert „den Mund aufsperrend“, lässt sich im tölpelhaften Verhalten das Ereignis eines Anderen ahnen, das uns aus der sicheren Bahn wirft. Verrückte, Hysterische, Schlafwandler sagen uns, welche Medien wir brauchen.

Was will Oblomow? Ein Leben ohne Vermittlung, ohne Ansprüche, ohne soziale Ordnungen?

Dann könnte er an der Sehnsucht nach Unmittelbarkeit zugrunde gehen. Leben findet sich nur in der medialen Welt. In Medien wird das Leben gelebt und gestaltet.

Oblomows Schwermütigkeit und Melancholie sind die Kehrseite der Lebensgier. Gegen diese lässt sich ebenso wenig ausrichten wie gegen jene. Im Hunger und Durst des Lebens, die keiner stillen kann, sucht sich das Begehren immer wieder neu seinen Platz. Oblomow leidet daran, kein anderer sein zu können. Das Messer, die Gabel, der Teller haben die Botschaften, an die wir gewöhnt sind. In Medien (Film, Mode, Musik) wollen wir das Spiel der Leidenschaften und des dunklen Begehrens spielen und Bilder eines anderen Lebens entwerfen. Medienästhetik trägt Momente des Hermetischen in sich. Es widersteht den Zwecken, macht Spielräume frei und gibt dem Spielerischen, Wesensmoment von Medialität, (Pfeiffer, aaO, 164), Raum.

Ohne ästhetische 'Theatralik' würden „soziale wie private Lebensformen imaginativ austrocknen... Im Verlust imaginär-vitaler Handlungsketten würden Kulturen irgendwann ihre 'Handlungsfähigkeit' verlieren" (Pfeiffer, aaO, 22/23). Medien ermöglichen gesteigerte Erfahrungen, in denen sich Leidenschaften, Sehnsüchte und verdrängte Wünsche artikulieren, Grenzerfahrungen und grenzüberschreitende Schwellenerfahrungen, Formen „packender, faszinierender, flow-artiger, liminal/liminoider Erfahrung" (Pfeiffer, aaO, 57/58, mit Bezug auf Victor Turner[14]), mit Winnicott „Orte des Lebens" (vgl. Pfeiffer, aaO, 12). Das eröffnet dann auch eine kritische Perspektive: „Wenn die Medien nur die ohnehin herrschenden Werte verstärken und noch dazu eindringlich und effektiv die kommerziellen Wertorientierungen des Wirtschaftssystems anpreisen, dann haben wir gewiss nicht die Kultur, die wir brauchen".[15]

Auch in Übergangsorten bleibt der Mensch an sich selbst gebunden. Oblomow verkörpert diese unbedingte Grenze.

Gerade deshalb ist die Lebensgier nicht zu beruhigen. Sie ist eine Art Taumel. Je stärker das Pathos des Anderen ist, um so taumeliger wird das, was da ist. Es beginnt zu fallen. Fallen ist sein Grundzug. Es zieht nach unten. Todesstarre ist die andere Seite des Lebenstaumels (Rudolf Heinz). Lebensgier bleibt bezogen auf ihre andere Seite, die Todesangst. Hegel sieht hier eine Dia-

---

[14] Vgl. auch Pfeiffers Kritik an Turner, aaO, 208-212.

[15] Virginia Held, Medienkultur und Demokratie, in: Hauke Brunkhorst, Hg., Demokratischer Experimentalismus. Politik in der komplexen Gesellschaft, Frankfurt a. M. 1998, stw 1469, 67-89, hier: 74.

lektik: Der Knecht arbeitet seine Angst weg.[16] Was lebt denn noch in der Literatur, in Theater, Film, Musikwelt? Wird nur Geborgenheit gesucht (Wohnung, Gewohntes), wird nicht viel gewonnen. Auch das Unheimliche wohnt im Haus der Medien, faszinierend, irritierend. Wer wird angezogen? Wer zieht aus?

„Der Weg findet mich immer seltener, auch wenn ich in die Ordnung der Engel hineinriefe und klingelte, [...]; die Engel sollen den Weg zu mir hinübertragen, wenn sie einmal Zeit haben. Ich stehe neben meinen Schuhen. Weiß nicht mehr, wo ich wohnen werde, wenn ich wieder einmal heimkomme, denn meine Wohnung wird dann wahrscheinlich selber fortgegangen sein. Sie hat sich für mich ein Haus ausgesucht, das noch gar nicht fertig gebaut ist. Für sich selber hätte sich meine Wohnung eine schönere Wohnung ausgesucht, da bin ich mir sicher".[17]

Die Ordnung der Engel hat nicht unsere Logik, unsere Erfahrungen, unsere Moral. Was sollte sich in diesen Rationalitäten ereignen. Was sich ereignet, ist mit dem Schmerz des Unwiederholbaren verbunden. Es ereignet sich, indem es erschüttert, allen Sinn erschüttert und einen abwesenden Sinn erfüllt (Bürger, aaO, 160). Hier zeigt sich unvermittelt (im Doppelsinn des Wortes) das Nichts, der Tod, der alles weitere Denken bestimmt; denn es gibt keine „Selbstpräsenz des Bewußtseins" (aaO, 167). In gesicherten, abgesicherten Ordnungen haben Medien nur unproduktive Spielräume. Ereignisse sind im Zeitalter globaler Ökonomie nicht vorgesehen, nur noch Events.

5. Fensterputzen. Zur Fragwürdigkeit moralischer Appelle

„Als ich noch wandern durfte, da habe ich mein Denken beim Gehen leicht und froh geschwungen wie Arme. Das geht heute nicht mehr. In derselben Nähe wie ich nur noch Schlafende und Tote. Steif wie Lebzelte. Fenster putzen, das ist nötig. Wenn sie nur wenigstens einen angemessenen Rahmen hätten! Zeit wärs, dass man sie endlich sieht, die Fenster. Die wollen auch immer was vortäuschen. Am glücklichsten sind sie, wenn man glaubt, es gibt sie gar nicht, weil sie so

[16] Peter Bürger, Ursprung des postmodernen Denkens, Weilerswist 2000, 155.
[17] Elfriede Jelinek, Macht nichts. Eine kleine Trilogie des Todes, Reinbek bei Hamburg, 2002 [1999], rororo 23161, 58.

schön geputzt worden sind. Etwas so lang putzen, damit es scheinbar unsichtbar wird. Das ist meinem Geist doch schon lange eingefallen" (Jelinek, aaO, 64).

Zimmer sind, anders als früher, heute öffentliche Orte[18], in denen der Mensch gegen seine Sterblichkeit Zerstreuung sucht. In jeder Repräsentation wird gesucht, was sich nicht finden lässt: „man schlägt an alle Glocken auf einmal und erregt den dunklen Verdacht, dass man ein Gott sei".[19] Aber das Pathos der Medien belegt das Gegenteil, die Repräsentation ist „Zeichen der Differenz" (Koch, aaO). Das gilt für alle Medien. Immer geht das Objekt verloren, indem es vermittelt wird. Selbst Gott ist nicht zu repräsentieren, weshalb eine unerkennbare Leere ist, wo Gott geglaubt wurde.

Es werden also Fenster geputzt, um zu sehen, was nicht zu sehen ist. Mehr noch, um die Fenster zu übersehen. Was ist es denn, was solange geputzt wird, bis es scheinbar unsichtbar wird? Aus dem Fenster blicken wir in Fenster, aus denen wir in Fenster blicken, die in immer neue Zimmer weisen. Die unendliche Welt besteht aus Fenstern. Wo taucht darin das Reale auf? Der Fensterrahmen verweist auf eine fundamentale Vergeblichkeit, „Zeit wärs, dass man sie endlich sieht, die Fenster." Vergeblich sind die Reinigungsversuche, die wir immer schon im Sinn haben. Der menschliche Geist hält sich gegen das Nichts aufrecht. Was sollte er vom Nichts erwarten, außer den Tod?

Fangen wir also an, den Fensterrahmen zu putzen. Fenster sind Medien. Ist denn der Leere, in die wir schauen, mit Moral beizukommen? Dass die Leere heilsamer ist, als wir denken, liegt daran, dass sie zugleich die Macht kritisiert, zur Machtkritik motiviert. Der leere Platz der Macht (Ernesto Laclau) muss immer wieder besetzt, aber auch immer wieder verlassen werden. Er kann nur vorläufig besetzt werden, auf Zeit. Wann kann oder soll er verlassen werden?

Es geht hier nicht nur um Mehrheitsentscheidungen, um Konsensverfahren, Verständigung und Abgrenzung, um Scheidung der Geister. Es geht auch darum, von Zeit zu Zeit, gelegentlich Rationalität, Politik, Moral zugunsten ästhetischer Achtsamkeit auszusparen, auszusetzen, auszuklammern und sich zu unterhalten, ohne Entscheidungen und Scheidungen zu treffen. Entgegen jeder Moralisierung schert sich diese Suspension dann wenig darum, ob Ästhetik soziale oder nicht soziale, friedliche oder gewalttätige Fiktionen vorstellt. Etwas Unheimliches wäre schon richtig.

---

[18] Gertrud Koch, Unterhaltung und Autorität. Kon
stellationen der Massenmedien, in: Brunkhorst 1998, 92f..

[19] Nietzsche, Der Wille zur Macht, Nr. 824, vgl. b. Koch, aaO, 93.

Nichts spricht dagegen, für das „*Offenhalten* des kommunalen Lebens auch für die Formen der Distanz zu ihm" zu plädieren.[20] Aber geschieht das sinnvollerweise durch moralische Appelle oder durch ästhetische Subversion der Moral? Muss die Medientheorie danach zur Moral kommen? Bedarf es moralischer Zurückhaltung, wenn mit den Dingen und den Medien umgegangen wird? Seel ist hier entschieden: „Die umfassende ethische Einstellung erkennt einen Primat des kommunikativen Lebens an ... Das auf die ästhetischen Wertaspekte - und *ihre* Interaktion - eingeschränkte Lebensideal erkennt dagegen keinen Primat des kommunalen Lebens vor den imaginativen und kontemplativen an; würde es überhaupt einen Primat anerkennen, würde es einer der beiden letzten Aspekte sein" (aaO, 326). Das Dilemma der Ethik arbeitet Seel selbst heraus: „Im Namen universalen Respekts ist unsere Vorstellung vom Guten kritisierbar; im Namen der Ermöglichung guten Lebens aber gilt der universale Respekt" (aaO, 362). Deshalb argumentiere philosophische Ethik stets „im Namen des Richtigen", wie sie zugleich „im Namen des Guten" Kritik an jedem Verständnis des Richtigen zu üben habe (aaO, 363). Der Konflikt zwischen Individualität und Moralität „ist ein gutes Stück des umfassenden ethischen Lebens selbst" (aaO). Gerade wenn diese These akzeptiert wird, wird die Ästhetik der Medien kritisches Element der Ethik sein müssen. Ihre Spielformen sind doch immer auch Entdeckungsspiele, die auf individuelles und kollektives Erleben Einfluss haben. Diese Beeinflussung ist zu erörtern und zu bedenken. Dazu bedarf es auch einer Reflexion über die Kriterien des Kommunalen. Gemeinschaft ist nicht das, was wir (auch ein Gemeinschaftsbild) als Gemeinschaft entwerfen. Aber ohne Entwürfe bliebe sie abstrakt und unverbindlich. Gerade die *Experimente* mit Gemeinschaftsbildern bedürfen ästhetischer Phantasie, um ideologischer Verfestigung zu entkommen. Jedenfalls müsste der Nächste der Fernste sein, damit er nicht die Projektion im Sinne des moralischen Appells ist. Fremd und fern ist der Andere als er selbst.

Die Fernstenliebe ruft den Anderen bei einem Namen, „der nicht mehr der des Nahen oder der des Nächsten, und zweifellos nicht mehr der des Menschen ist" (Derrida, Politik der Freundschaft, aaO, 391)? Das Wunschbild *Gemeinschaft* vereinnahmt den Anderen. Allein die „'Gemeinschaft ohne Gemeinschaft', dieses Band ohne Band" (Derrida zit. Nietzsche, aaO, 394) beruht nicht auf Vereinnahmung: Eins sein mit allen, die allein und sie selbst sind. Eins sein

[20] Martin Seel, Eine Ästhetik der Natur, Frankfurt a. M. 1996, stw 1231, 326.

mit allen, die unbeständig sind, sterbenseinsam, fremd den anderen und sich selbst. Sie sind nicht unsere Familie, nicht die Gemeinde, die wir uns wünschen. Von Feinden wird nichts (Gutes) erwartet. Sie haben keinen Platz in der Reziprozität der Gaben. „Feind" ist keine Gabe. Er ist eine Zumutung, ein unheimliches Phantasma, gleichwohl von schmerzhafter Faszination. Der Anspruch des Fremden, des Fremdesten, des Fernsten stört alle Beziehungen, deren Grundlage die Reziprozität der Gaben ist. Darum sind die Erwählten Gottes nicht die Nächsten. Keine Moral kann für Gemeinschaft mit den Fremden sorgen. Allenfalls der Ruf, sie, die Gemeinschaft, möge kommen. Wir können sie nicht konkret, in einem konkreten Bild, erwarten. Aber im Hoffen auf das Ereignis ihres Kommens (so Derrida) kann der lustvoll-schmerzhafte Umgang mit Medien durchaus fröhlich gelassen sein. Jedenfalls könnten dabei in diesen oder jenen banalen, populären, alten oder neuen Medien Botschaften des anderen Lebens zu hören sein, wenn uns dabei Hören und Sehen vergehen.

Kafka zum Schluss: Das Schweigen der Sirenen

„Tatsächlich sangen, als Odysseus kam, die gewaltigen Sängerinnen nicht, sei es, dass sie glaubten, diesem Gegner könne nur noch das Schweigen beikommen, sei es, dass der Anblick der Glückseligkeit im Gesicht des Odysseus, der an nichts anderes als an Wachs und Ketten dachte, sie allen Gesang vergessen ließ. Odysseus aber, um es so auszudrücken, hörte ihr Schweigen nicht, er glaubte, sie sängen, und nur er sei behütet, es zu hören."

„Kurz, Odysseus war so mit sich selbst beschäftigt, dass er nicht bemerkte, dass die Sirenen gar nicht sangen".[21]

Literatur

Bal, Mieke: Kulturnalyse, Frankfurt a.M. 2002, 263-294.
Bonz, Jochen: Der Welt-Automat von Malcolm McLaren. Essays zu Pop, Skateboardfahren und Rainald Goetz, Wien 2002.
Braidotti, Rosi: Über nomadische Subjektivität und das Word Wide Web, in: Jörg Huber, Hg., Interventionen 12: Person/Schauplatz, Zürich 2003,37-52.
Bürger, Peter: Ursprung des postmodernen Denkens, Weilerswist 2000.
Certeau, Michael de: Kunst des Handelns, Berlin 1988.
Derrida, Jacques: Gesetzeskraft. Der 'mystische Grund der Autorität', Frankfurt a.M. 1991.

[21] Renata Salecl, (Per)Versionen von Liebe und Hass, Berlin 2000, 107.

Derrida, Jacques: Politik der Freundschaft, Frankfurt a.M. 2002.
Gontscharow, Iwan: Oblomow. Roman, [11]2002.
Held, Virginia: Medienkultur und Demokratie, in: Hauke Brunkhorst, Hg., Demokratischer Experimentalismus. Politik in der komplexen Gesellschaft, Frankfurt a. M. 1998, 67-89.
Jelinek, Elfriede: Macht nichts. Eine kleine Trilogie des Todes, Reinbek bei Hamburg, 2002 [1999].
Klie, Thomas: Zeichen und Spiel. Semiotische und spieltheoretische Rekonstruktion der Pastoraltheologie, Gütersloh 2003.
Koch, Gertrud: Unterhaltung und Autorität. Konstellationen der Massenmedien, in: Brunkhorst 1998.
Pfeiffer, K. Ludwig: Das Mediale und das Imaginäre. Dimensionen kulturanthropologischer Medientheorie, Frankfurt a. M. 1999.
Salecl, Renata: (Per)Versionen von Liebe und Hass, Berlin 2000.
Schmidt, J.S.: Modernisierung, Kontingenz, Medien. Hybride Beobachtungen, in: G. Vattimao, W. Welsch, Hg., Medien-Welten-Wirklichkeiten, München 1998, 173-.186.
Seel, Martin: Eine Ästhetik der Natur, Frankfurt a. M. 1996, stw 1231.
Taylor, Charles: Quellen des Selbst, Frankfurt a.M. 1994.
Vinken, Barbara: Transvestie-Travestie: Mode und Geschlecht, in: Interventionen 7: Inszenierung und Geltungsdrang, hg. v. Jörg Huber und Martin Heller, Zürich 1998, 57-75.
VOGUE 6/2000, 299/300.
Zizek, Slavoj: Metastasen des Genießens: David Lynch mit Lacan, in: Interventionen 3: „Kultur“ und „Gemeinsinn“, hg. v. Jörg Huber und Alois Martin Müller, Basel; Frankfurt a.M. 1994, 59-71.

Über die Autoren und Autorinnen

Bernd Beuscher

1959 geboren. Dr. päd. habil., verheiratet, zwei Kinder. Privatdozent für Religionspädagogik und Systematische Theologie am Seminar für Ev. Theologie und ihre Didaktik der Erziehungswissenschaftlichen Fakultät der Universität zu Köln.

Forschungsschwerpunkte: Religionspädagogische Grundlagenforschung, Theologie und Ethik digitaler Medien.

Veröffentlichungen (in Auswahl):

(Hg.), Schnittstelle Mensch. Mensch und Maschine — Erfahrungen zwischen Anthropologie und Technologie, Heidelberg 1994.

Über die Wirklichkeit von „realen" und „virtuellen" Welten, in: W. Nethöfel u. M. Schnell (Hg.), Kirche im Internet, Gemeinschaftswerk der Evangelischen Publizistik 1998, 54-74.

Blicks. Ethik im Alltag. Arbeitsbuch für Ethik an Berufsbildenden Schulen, hg. v. U. Gerber u. D. Zilleßen, Bad Homburg 1999. Von Bernd Beuscher sind die Kapitel *Medien* (Medien und Konsum, Medien und Gewalt, Vorbilder-Leitbilder-Idole, Autorität-Lüge-Wahrhaftigkeit, Selbstbewußtsein und Selbstwert) und *Technik* (Umwelttechnologie-Energietechnologie, Biotechnologie-Gentechnologie, Informations- und Kommunikationstechnologie).

Cyber(n)ethik. Zur angekündigten Hochzeit zwischen dem Geborenen und Gemachten, in: Thomas Klie (Hg.), Darstellung und Wahrnehmung, Münster 2000, 46-59.

Astrid Dinter

1969 geboren. 1988-1989 Praxisjahr in Washington D.C. 1989-1994 Studium der evangelischen Theologie (Pfarramt) in Münster, Erlangen und Heidelberg. 1996-1998 Stipendiatin des Graduiertenkollegs „Religion in der Lebenswelt der Moderne". 1999 Promotion zum Thema „John Polkinghornes Beitrag zum theologisch-naturwissenschaftlichen Diskurs" an der Universität Marburg. Seit September 2001 Pfarrerin z.A. der bayrischen Landeskirche und wissenschaftliche Mitarbeiterin im Fachgebiet Praktische Theologie/Religionspädagogik an der Universität Frankfurt/M. Arbeit an einer Habilitationsschrift zum Thema „Jugendliche am Computer in religionspädagogischer Perspektive".

Veröffentlichungen (in Auswahl):

Vom Glauben eines Physikers. John Polkinghornes Beitrag zum Dialog zwischen Theologie und Naturwissenschaften, (Matthias-Grünewald-Verlag), Mainz 1999.

Theologie und Naturwissenschaften - zwei komplementäre Weisen von Weltsicht?, in: Evangelium und Wissenschaft 37, Mai 2000, S. 4-15.

Susanne Dungs

1966 in Schwerte/Ruhr geboren. 1989-1993 Studium der Sozialarbeit an der EFH Darmstadt. 1993-1998 Berufstätigkeit als Sozialarbeiterin in der Kinder- und Jugendpsychiatrie, im Jugendamt und in der Betreuung von Asylantinnen. 1994-2000 Studium der Philosophie, Evang. Theologie und Pädagogik an der TU Darmstadt. Seit 1997 Mitarbeiterin am Institut für Theologie und Sozialethik der TUD. Seit 2001 Stipendiatin des Evangelischen Studienwerks Villigst und Kollegiatin des Graduiertenkollegs „Technisierung und Gesellschaft" der TUD. Arbeit an einer Dissertation zum Thema „Face-to-face im Cyberspace. Anerkennung des Anderen im Zeitalter der Mediatisierung".

Veröffentlichungen (in Auswahl):

Gott als Mutter, Clownin oder Cyborg. Facetten moderner und postmoderner feministischer Theologien. In: Dietrich Zilleßen (Hrsg.): Religion, Politik, Kultur. Diskussionen im religionspädagogischen Kontext. Festschrift für Uwe Gerber zum 60. Geburtstag, Münster 2001.

Umstrittenes Gewissen (zusammen mit Walter Bechinger und Uwe Gerber): Frankfurt/M. 2002.

Gott im Netz. Virtuelle Welten und das Denken von Gott. In: Uwe Gerber (Hg.): Berufsschulreligionsunterricht in der Informationsgesellschaft. Bielefeld 2002 (Bertelsmann), S. 61-70.

Endstation Sehnsucht nach Anerkennung. Einige sozialphilosophische Überlegungen. In: Parapluie 15(2002/03).

Hardy Frehe

1968 geboren. Studium der Philosophie und Elektrotechnik an der TU Darmstadt. Stipendiat des Graduiertenkollegs „Technisierung und Gesellschaft" der TUD. Arbeit an einer Dissertation zum Thema „Videoüberwachung öffentlicher Plätze". Mitinitiator des Arbeitskreises „Videoüberwachung und Bürgerrechte" (www.ak-videoüberwachung.de). E-Mail: frehe@gk-fb2.tu-darmstadt.de

Veröffentlichung:
Freiheit und ihre Verstümmelung im ‚Synopticon'. Zur philosophischen Dimension der Überwachungstechnik. In: FifF-Kommunikation 01(2001), S.

Uwe Gerber

1939 in Horb a. N. geboren. Studium der Theologie an den Universitäten Tübingen und Bonn. Dissertation "Der katholische Glaubensbegriff seit 1870" an der Universität Basel. Pfarramt und Repetentur am Evangelischen Stift in Tübingen. Habilitation "Disputatio als Sprache des Glaubens" in Basel. A. o. Prof. für Systematische Theologie an der Universität Basel und Akademischer Oberrat am Institut für Theologie und Sozialethik der Technischen Universität Darmstadt.
Arbeits- und Forschungsschwerpunkte:
Christologie, Religiosität Jugendlicher in der Postmoderne, Modernisierungstheorien, Ethikrelevante Wissenszugänge zur Natur, Technik und Wissenschaft (Gentechnologie, Informationstechnologie).
Veröffentlichungen (in Auswahl):
Die Feministische Eroberung der Theologie, München 1987.
Herausgeber: Religiosität in der Postmoderne, Frankfurt/Bern/New York 1998.
Zus. mit P. Höhmann, R. Jungnitsch: Religiosität Jugendlicher an berufsbildenden Schulen, Frankfurt/M. 2002.
Zus. mit Walter Bechinger und Susanne Dungs: Umstrittenes Gewissen, Frankfurt/M. 2002.

Markus Hundeck

1965 in Radevormwald geboren. Dr. theol., verheiratet, zwei Kinder. Studium der Katholischen Theologie und der Philosophie in Bonn und Freiburg/Br. Ständiger Diakon, Referent im Bischöflichen Ordinariat der Diözese Regensburg. Arbeit an einer Monographie über B. de Spinoza und A.N. Whitehead.
Veröffentlichungen (in Auswahl):
Welt und Zeit. Hans Blumenbergs Philosophie zwischen Schöpfungs- und Erlösungslehre, Würzburg 2000.
Wenn Gott Nicht-gott sein will. Theologische Variationen (voraussichtlich Regensburg 2004).
–/Philipp Stoellger (Hg.), Eines Gottes Eskalationen. Eine philosophische und theologische Auseinandersetzung mit Hans Blumenbergs „Matthäuspassion" (voraussichtlich Tübingen 2003).

Verschiedene Aufsätze zu Hans Blumenberg, Emmanuel Lévinas, Baruch de Spinoza, zu Fragen der Sozialen Arbeit und zu Themen der Liturgie.

Birgit Käufer

1967 geboren. Studium der Kunstgeschichte, Neueren deutschen Literaturwissenschaft und der Klassischen Archäologie an der Ruhr-Universität Bochum. Assistenz der Kuratorinnen zur Ausstellung *Puppen Körper Automaten. Phantasmen der Moderne*. Kunstsammlung NRW, Düsseldorf 1999. Promotionsstipendiatin des ev. Studienwerkes Villigst, Forschungsschwerpunkt *Gender und Medien*. Dissertationsprojekt: (Arbeitstitel) Die Obsession der Puppe im Brennpunkt des fotografischen Blickes (Hans Bellmer, Pierre Molinier und Cindy Sherman). Lehrtätigkeit und Publikationen zu den Themenbereichen der Gender Studies, Foto- und Medientheorien und künstlichen Menschen.

Veröffentlichungen (in Auswahl):

„True Bodies: Von der Suche nach dem wahren Körper und dem Finden der Kunstfigur." In: Querelles: Menschenkonstruktionen. Künstliche Menschen in Literatur, Film, Theater und Kunst des 19. Und 20. Jahrhunderts. Hrsg. von Gisela Febel und Cerstin Bauer-Funke, Göttingen, wird im I. Quartal 2004 erscheinen.

Birgit Käufer, Alexandra Karentzos, Katharina Sykora (Hg): Körperproduktionen. Zur Artifizialität der Geschlechter, Marburg 2002.

„Hans Bellmer und das Double der Wirklichkeit." In: Surreale Welten. Katalog zur Ausstellung in der Hamburger Kunsthalle, Von der Heydt-Museum Wuppertal, Kunsthalle Tübingen, Neue Nationalgalerie Berlin, 02.2000. bis 01.2001.

„Es war einmal die Fotografie, die Puppe und die Verwirrung der Geschlechter. Cindy Shermans *Fitcher's Bird*." In: Frauen Kunst Wissenschaft, Heft 30, Dezember 2000.

Hubert Meisinger

1966 geboren. Dr. theol. mit einer Arbeit über „Liebesgebot und Altruismusforschung. Ein exegetischer Beitrag zum Dialog zwischen Theologie und Naturwissenschaft". Hochschulpfarrer an der Ev. Hochschulgemeinde in Darmstadt und Scientific Programme Officer der "European Society for the Study of Science and Theology" (ESSSAT). Mitglied der Beratungskommission für Gentechnik und Biotechnologie der Ev. Kirche in Hessen und Nassau und dem Ar-

beitskreis „Naturwissenschaft und Technik" der Ev. Akademie Arnoldshain. Mitglied bei ESSSAT, dem „Institute on Religion in an Age of Science" (IRAS) und der „International Society for Science and Religion" (ISSR). Seine Doktorarbeit und zwei Seminare an der ESG bzw. an der Technischen Universität Darmstadt wurden mit internationalen Preisen ausgezeichnet.
Arbeitsschwerpunkt:
Dialog zwischen Naturwissenschaft, Technik und Theologie.
Veröffentlichungen (in Auswahl):
Mitherausgeber von „Studies in Science and Theology", „Issues in Science and Theology".
Zus. mit Uwe Gerber: Schülerheft mit Lehrerband zur „Medizinethik".
Zahlreiche Lexikonartikel (u.a. RGG[4]) und Buchbesprechungen.

Andreas Mertin
1958 in Hagen/Westf. geboren. Medienpädagoge, Publizist und Ausstellungsmacher. Studium der Theologie, Philosophie und Kunstgeschichte in Bochum, Berlin und Marburg. 1983-1988 Arbeit am EKD-Institut für Kirchenbau und kirchliche Kunst der Gegenwart an der Philipps-Universität Marburg, seitdem freiberuflich tätig. Seit 1998 verantwortlicher Herausgeber der Internet-Zeitschrift „Magazin für Theologie und Ästhetik". http://www.theomag.de.
Veröffentlichungen (in Auswahl):
Herrmann/Mertin/Valtink (Hg.), Die Gegenwart der Kunst. Ästhetische und religiöse Erfahrung heute, München 1998.
Videoclips im Religionsunterricht, Göttingen 1999.
Internet im Religionsunterricht. Göttingen 2/2001.
Mertin/Wendt, Mit zeitgenössischer Kunst arbeiten, Göttingen 2003.

Eric Mührel
1965 in Montabaur geboren. Dr. phil., Diplom-Sozialarbeiter (FH), Diplom-Pädagoge – Studienschwerpunkt Sozialpädagogik, seit März 2000 Professor für Sozialpädagogik und Sozialarbeitswissenschaft an der Fachhochschule Oldenburg/Ostfriesland/Wilhelmshaven - Standort Emden. Studium der kath. Theologie, Philosophie, Sozialarbeit und Erziehungswissenschaft an den Universitäten Bonn und Köln sowie an der Fachhochschule Köln. 1997 Promotion in Philosophie an der Universität Stuttgart, Dissertation: *Zum Problem der Anerkennung und Verantwortung bei Emmanuel Lévinas.* Berufstätigkeit als Diplom-

Sozialarbeiter in der Jugendhilfe (1993-94) und Bewährungshilfe (1994-2000).
e-mail: muehrel@fho-emden.de; muehrel@t-online.de.
Aufbau und Moderation des *Internetcenter für Sozialarbeitswissenschaften*; http://www.sozialarbeitswissenschaften.de.
Arbeits- und Forschungsschwerpunkte: Ethik und Anthropologie der Sozialen Arbeit; Wissenschaftstheorie; Straffälligenhilfe.
Veröffentlichungen (in Auswahl):

Zum Problem der Anerkennung und Verantwortung bei Emmanuel Lévinas, Essen 1997.

Hrsg.: Ethik und Menschenbild der Sozialen Arbeit, Essen 2003.

Hrsg.: Soziale Arbeit und ihre Wissenschaften in der Postmoderne, unter http://www.sozialarbeitswissenschaften.de.

Dietrich Zilleßen

1937 geboren. Prof. Dr. theol. (em.) für Religionspädagogik (mit dem Schwerpunkt Systematische Theologie) an der Erziehungswissenschaftlichen Fakultät der Universität Köln.
Arbeitsbereiche und Forschungsschwerpunkte:
Arbeiten zu Religionspädagogik und Didaktik, Schulbuchentwicklung, interdisziplinäre Projekte (Theologie/Kunst; Theologie/Soziologie) und Arbeiten zur Postmoderne-Diskussion/Interkultureller Dialog.
Veröffentlichungen (in Auswahl):

D. Zilleßen, U. Gerber : Und der König stieg herab von seinem Thron. Das Unterrichtskonzept religion elementar. Frankfurt/M. 1997.

B. Beuscher, D. Zilleßen: Religion und Profanität. Entwurf einer profanen Religionspädagogik. Weinheim 1998.

D. Zilleßen (Hg.): Religion, Politik, Kultur. Diskussionen im religionspädagogischen Kontext. Münster 2001 (Profane Religionspädagogik, Bd. 2).

Darmstädter Theologische Beiträge zu Gegenwartsfragen

Herausgegeben von Walter Bechinger und Uwe Gerber

Band 1 Walter Bechinger / Uwe Gerber / Peter Höhmann (Hrsg.): Stadtkultur leben. 1997.

Band 2 Elisabeth Hartlieb: Natur als Schöpfung. Studien zum Verhältnis von Naturbegriff und Schöpfungsverständis bei Günter Altner, Sigurd M. Daecke, Hermann Dembowski und Christian Link. 1996.

Band 3 Uwe Gerber (Hrsg.): Religiosität in der Postmoderne. 1998.

Band 4 Georg Hofmeister: Ethikrelevantes Natur- und Schöpfungsverständnis. Umweltpolitische Herausforderungen. Naturwissenschaftlich-philosophische Grundlagen. Schöpfungstheologische Perspektiven. Fallbeispiel: Grüne Gentechnik. Mit einem Geleitwort von Günter Altner. 2000.

Band 5 Stephan Degen-Ballmer: Gott – Mensch – Welt. Eine Untersuchung über mögliche holistische Denkmodelle in der Prozesstheologie und der ostkirchlich-orthodoxen Theologie als Beitrag für ein ethikrelevantes Natur- und Schöpfungsverständnis. Mit einem Geleitwort von Günter Altner. 2001.

Band 6 Katrin Platzer: *symbolica venatio* und *scientia aenigmatica*. Eine Strukturanalyse der Symbolsprache bei Nikolaus von Kues. 2001.

Band 7 Uwe Gerber / Peter Höhmann / Reiner Jungnitsch: Religion und Religionsunterricht. Eine Untersuchung zur Religiosität Jugendlicher an berufsbildenden Schulen. 2002.

Band 8 Walter Bechinger / Susanne Dungs / Uwe Gerber (Hrsg.): Umstrittenes Gewissen. 2002.

Band 9 Susanne Dungs / Uwe Gerber (Hrsg.): Der Mensch im virtuellen Zeitalter. Wissensschöpfer oder Informationsnull. 2003

FSC
www.fsc.org
MIX
Papier | Fördert gute Waldnutzung
FSC® C083411

Kolibri 360 GmbH
Ferdinand-Jühlke-Straße 7
99095 Erfurt, Deutschland
produktsicherheit@kolibri360.de

Druck:
CPI Druckdienstleistungen GmbH
im Auftrag der
Kolibri 360 GmbH
Ferdinand-Jühlke-Str. 7
99095 Erfurt